21 世纪高职高专能力本位型系列规划教材·物流管理系列

采购作业与管理实务

主　编　李陶然
副主编　江新社　李晓琴
参　编　郭东阳　冯　娜　杨芃博　杨　丽

北京大学出版社
PEKING UNIVERSITY PRESS

内 容 简 介

采购作业与管理实务是高职高专物流管理专业、工商管理专业和连锁经营专业的核心课程之一，采取“任务驱动”与“项目导向”两种教学模式的有机结合，全面阐述了采购作业与管理的基本知识和作业实践。本书的内容分为3篇：导读、采购作业、采购管理。导读篇包括采购与采购管理、采购组织的构建、采购战略解读；采购作业篇包括制订采购计划、供应商选择与评价、采购谈判与合同订立、采购运作、其他采购方式应用；采购管理篇包括供应商管理与激励、采购质量与成本管理、采购绩效管理。

本书可作为高职高专物流管理、工商管理、连锁经营等专业的教材，也可作为经济类与管理类相关专业的教材，同时还可作为企业一线采购作业的管理者和作业人员的参考用书。

图书在版编目(CIP)数据

采购作业与管理实务/李陶然主编.—北京：北京大学出版社，2013.1

(21世纪高职高专能力本位型系列规划教材·物流管理系列)

ISBN 978-7-301-22035-1

Ⅰ.①采… Ⅱ.①李… Ⅲ.①采购管理—高等职业教育—教材 Ⅳ.①F253.2

中国版本图书馆CIP数据核字(2013)第016408号

书　　　名：采购作业与管理实务

著作责任者：李陶然　主编

策 划 编 辑：蔡华兵

责 任 编 辑：刘健军

标 准 书 号：ISBN 978-7-301-22035-1/F·3513

出 版 发 行：北京大学出版社

地　　　址：北京市海淀区成府路205号　100871

网　　　址：http://www.pup.cn　　新浪官方微博:@北京大学出版社

电 子 信 箱：pup_6@163.com

电　　　话：邮购部62752015　发行部62750672　编辑部62750667　出版部62754962

印　刷　者：北京鑫海金澳胶印有限公司

经　销　者：新华书店

787毫米×1092毫米　16开本　15印张　344千字

2013年1月第1版　2013年1月第1次印刷

定　　　价：30.00元

前　　言

在全球经济一体化的今天，随着市场经济的发展，企业经营日趋复杂，市场竞争不断加剧，迫使企业不断提升其管理科学化和现代化的水平。同时，伴随着物流业成为十大振兴产业之一，物流业的发展备受政府和企业经营管理者重视，采购作业与管理作为物流学科的内容之一，也备受关注。

采购是选择企业上游供应商并从供应商处购买企业所需的物料的活动，企业供应链物流运作的一个重要环节，是经济活动和物料活动相结合的活动，也是商流、物流、信息流、资金流相结合的活动，是制造企业、商贸流通企业运营中的核心支撑。

本书的宗旨在于为物流管理专业、工商管理专业及相关专业的高职高专学生和从事经营管理实践的经理人员提供一本阐述采购与采购管理知识和采购作业实务的教材或专业书籍，以适应我国在工商企业管理和物流管理专业方面的教育需要，并能够为我国企业提高管理水平和竞争力提供最基本的方法。

本书依据理实结合、突出作业实务的原则，实现了“任务驱动”与“项目导向”两种教学模式的有机结合。在力图系统地介绍采购作业和管理实务基本理论和操作技能与方法的基础上，尽可能反映和体现当代采购作业与管理实务的新概念、新体系和新方法，使读者对采购作业与管理实务能有一个新的认识和理解，并能了解当前采购作业与管理的国际水平。

本书在内容的编写上主要有以下特色。

(1) 结构体系新颖。本书按照导读、采购作业和采购管理来组织内容。第一篇为导读，包括采购与采购管理、采购组织的构建、采购战略解读；第二篇为采购作业，包括制订采购计划、供应商选择与评价、采购谈判与合同订立、采购运作、其他采购方式应用；第三篇为采购管理，包括供应商管理与激励、采购质量与成本管理、采购绩效管理。

(2) 将“任务驱动”与“项目导向”两种教学模式进行了有机结合。以“采购策略制订、采购组织构建、采购管理”为项目，以“采购作业的计划制订、供应商选择、采购谈判与合同订立、采购运作”等为作业任务，把采购与采购管理的基本概念与采购作业和采购管理的知识和操作实务科学地展现给读者。

(3) 企业事业单位有经营与管理经验的高层管理者参与本书的策划与编写。为了使本书既能体现采购作业与管理实务的特色，又能使采购作业理论密切地结合企业实践，以至使本书的理论管理实务和企业采购作业与管理零距离，在编写策划阶段和编写过程中与南阳市农产品质量检验中心、南阳防爆电机集团公司、南阳路德筑路机械有限公司、南阳神威民爆器材有限公司等企事业单位的管理者一起研讨、共同策划完成，其中南阳市农产品质量检验中心主任江新社参与了本书的编写。

(4) 体例规范。每部分前面都有学习目标、任务和任务实施、导入案例，后面都有应用分析、思考题和实训与考核，充分体现作业实务的特性，便于读者学习。

本书编写人员都是来自高职高专院校的一线教学优秀教师和企业的高层管理者，李陶然为主编，江新社、李晓琴为副主编，参编人员有：郭东阳、冯娜、杨芃博、杨丽。其中：李陶然编写了第一篇的导读一、导读二、导读三、第二篇的行动二；江新社编写了第三篇的管理二；李晓琴编写了第二篇的行动三、行动五；郭东阳编写了第二篇的行动一；冯娜编写了第三篇的管理三；杨芃博编写了第二篇的行动四；杨丽编写了第三篇的管理一。

为了使本书的结构具有系统性和完整性，编者兼收并蓄，在本书中引用了不少文献作者的观点，借此机会向这些文献作者表示诚挚谢意。

由于编者水平有限，加之采购作业与管理理论和技术仍在不断发展、充实和完善中，因此本书难免有不足之处，真心希望广大专家、学者和读者不吝赐教。

编　者

2012年8月

目　录

第一篇　导读

采购是企业运营的龙头，是企业运营的关键。

本篇的内容有：采购与采购管理的基本知识与概念、采购组织的构建与组织职能、采购策略的制定和不同采购物料的采购策略。这些都是采购作业实施和采购作业管理与控制的基础。

导读一

采购与采购管理

CAIGOU YU CAIGOU GUANLI

【学习目标】

熟悉采购的概念；了解采购在企业中的作用、地位和一般作业程序；了解采购的类型和方式；熟悉采购管理的概念；熟悉采购管理的目标、内容；了解采购管理的发展趋势。

【导读任务】

任何企业在不同市场上的经营运作，都离不开采购、生产和销售这3个环节，采购对企业来讲是非常重要的一个环节。如何保证企业以最小的采购成本，创造最大的采购效益，是所有企业和个人的采购行为追寻的主要目标。通用电器公司前CEO杰克·韦尔奇说过，“采购和销售是公司能挣钱的部门。”

如果你是学生小李，需要完成如下任务。

1. 任务要求

小李要想学习和领会本导读的知识，需要进行一次采购体验或到企业调研企业的采购与采购管理，并写出自己的体会。

2. 任务实施

小李以个人或和同学组成3人小组；制定任务目标及实施路径；进行自主采购或到企业进行调研；然后写出自己的感想和体会，着重分析采购流程和采购管理的目标和控制点。

【导读案例】

云南锡业集团的采购

云南锡业集团，历经 9 年探索，2 年实践后，终于在 2010 年成功实现了从传统采购向电子化采购的历史跨越。云南锡业电子采购管理平台的成功运营，不仅是云锡集团信息化的重要里程碑，更是开启了西部冶金领域在信息化时代采购管理的全新模式。

1. 艰难决策

云南锡业集团(控股)有限责任公司是世界著名的锡生产、加工基地，拥有超过 120 年的发展历史，同时也是国家 520 户重点企业之一、云南省重点培育的十大企业集团之一。随着企业长远发展及业务量的巨大增加，如今的云南锡业为实现更长远战略和目标的规划，原有的采购管理机制已经远远不能满足企业发展与采购管理优化的需求，如何缩短采购周期，提高采购效率？如何增加采购透明度，杜绝恶意串通？如何强化采购的日常监管，维护采购形象？这些问题成为了现代采购管理日益突出的难题。因此建设全新的采购管理解决方案势在必行。2008 年，云锡控股公司物资处先后率物资招标的相关人员到外地学习调研电子采购技术的相关工作。经过调研考察，2008 年 11 月 5 日，成功举行“云锡集团电子采购平台”软件开发邀标，经过专家评审员对投标单位的软件系统、建设方案、项目报价、售后服务，以及目标理念、技术方案、实施方案、传输系统、系统安全、人员培训、信息平台、数据采集、电子系统、竞价系统等具体建设方案进行严格评审，北京网达信联科技发展有限公司的一采通［Go8］电子采购管理解决方案脱颖而出，一举中标。由此，网达信联开始了和云锡集团共同打造云南锡业集团电子采购管理平台的征程。

2. 成功飞跃

云锡电子采购管理平台，整体管理架构是按照云锡管理理念、管理思想、管理目标的需求而设计的，其电子采购管理平台的软件开发整体构架，是基于网达信联的一采通［Go8］生产型采购解决方案和［Go8］供应商管理解决方案构建的。也可以说，一采通［Go8］电子采购系列解决方案是帮助云锡采购管理从思想理念到 IT 信息化实现的一个全过程。

一采通［Go8］生产型采购解决方案针对采购物资的多样性提供多种定价流程，从谈判技术上解决采购寻源全流程管理。通过标准化、程序化、集成化、网络化的电子采购系统平台，帮助云南锡业实现了定价流程电子化、数据分析自动化、结果审批系统化，有效提高了采购效率，缩短了采购周期。

一采通［Go8］供应商管理解决方案，则帮助云南锡业建立了一个针对供应商的持续、动态、闭环的科学管理体系，通过信息化手段将管理体系流程化、数据化、常态化，帮助企业建立持续、科学的供应商管理平台。

云南锡业电子采购管理平台的运营，真正帮助云锡实现了从传统采购向电子化采购的成功飞跃。

3. 可喜成效

“千淘万漉虽辛苦，吹尽黄沙始到金。”云锡集团电子采购管理平台承载着时代的期望，风雨兼程、一路坎坷，在饱尝创业艰辛的同时，三大业绩为云南锡业和网达信联双方都带来了实实在在的成效，这也使得一采通电子采购管理系统的价值再一次得到了企业实践的检验。

(1) 缩短采购周期，提高采购效率。①电子采购平台，扩大供销渠道：凡是符合云锡控股公司要求的全国各地供应商均可在平台系统正式注册，实现了供应商信息档案化、采购信息网络化、招投标文件电子化、业务沟通平台化；②可以节约采购成本：通过网上交易，供需双方可节省可观的差旅费、食宿费，供需双方通过网上联系，省掉了供需见面这一环节，大大缩短了采购周期，提高了采购效率。从云锡控股公司在线交易情况看，电子采购实现了比传统采购节约 10%～20%的相应成本，并为异地投标商打开了及时、准确、方便的快速通道，供应商可以不受空间、地域限制，进行足不出户的竞争，只要竞价截止时间一到，就可以知道自己是否中标，大大降低了采购成本，缩短了采购周期，使更多的中小供应商和异地供应商有机会在网上公开参与报价投标，增强了采购项目的竞争性，扩大了云锡采购的选择范围，大大提高了工作效率。

（2）增加采购透明度，杜绝恶意串通。云锡控股公司为防止在采购过程中采购人员与供应商私下互串，公司对供应商进行合格供方认定的透明化管理，并实行供应商资格设定权的最大公开透明化，以制约采购人员对供应商资格条件的设定权力，有效预防供应商行贿现象的发生，建立了有效的廉政防火墙。云锡电子采购管理平台网上竞价的成功运行，进一步提高了采购行为的透明度，规范了采购行为，运作流程以办理的程序化来实现行为的规范化，严把信息发布关、受理准入关、资格审查关、招标文件编制关、专家评委关、公示报告关，最大限度地避免了供应商恶意串标行为。采购文件以及有关交易记录都在网站上公示，所有采购行为都形成历史记录并保存在系统之中，而且竞价在互联网上公开进行，避免了人为因素的影响，使得招标采购更加公正透明。系统规定了在报价截止时间前所有竞价供应商和报价信息无法查看，实现了整个采购过程的公开透明，真正体现了云锡控股公司物资招标采购“公开、公平、公正”的原则，为供需双方提供了更为规范、快捷的采购环境。

（3）强化日常监管，维护采购形象。云锡电子采购管理平台的建立有以下特点：①进一步强化了采购全程监管，按照《云南锡业集团有限责任公司招标采购实施办法》、《云南锡业集团有限责任公司物资采购、供应管理公开实施办法》职能定位，对机构进行分层设立，实行“统一受理、分步操作、定岗定责、项目负责、规范透明、全程监管”的管理运作模式，科学合理地设置了监管机构，初步形成了办事的人不管事、管事的人不办事、管理与办理分开、计划与采购分开的工作机制，加之业务办理分段实施，实现了有效的内控运行机制，杜绝了“暗箱操作”，减少了“权力干预”，从源头上预防腐败行为产生，有效铲除了腐败现象的根源。②对供应商实现了“三化”管理，即监督网络化，供应商一旦注册经审定成为合格供应商后，相关资料就保存在电子采购系统而成为公开的信息，避免业务人员调走，供应商信息带走的现象；进一步加强了对中标供应商履约情况的跟踪监督，监督供应商的服务质量与价格。管理制度化，对供应商的管理实行黄牌警告、红牌罚出的管理制度，这种考核制度，以一年为一个考核期，如有一次违规或不履行合同，给予黄牌警告；有两次黄牌又无正当理由解释的，给予红牌罚出，撤销其合格供应商资格。考核数字化，电子采购系统对合格供应商进行量化考核，并纳入下一年度招标资格评审的主要内容，有效防止了其降低服务水平、抬高价格等不良行为，确保物资采购产品好、质量满足需要、服务优，提高了采购质量，维护了采购的信誉和形象。

（资料来源：http：//www. chinawuliu. com. cn/cflp/newss/content1/201106/765 _ 35008. html）

思考与分析：

从以上案例可以看出：采购业务对企业的发展和企业竞争力影响很大，采购模式和采购运作与管理要随着企业的发展和外部环境的变化而不断改进和创新。

【导读知识】

一、采购概述

（一）采购的概念

采购是经济发展和社会化分工的产物，在社会化分工高速发展的现代社会中是一个既普遍又重要的概念，采购的概念有狭义和广义之分。

1. 狭义的采购概念

狭义的采购是指以购买的方式，由买方支付对等的代价，向卖方换取产品与服务的行为过程，这种以货币换产品与服务的方式是最普遍的采购。

在狭义的采购中，货币成为交易的中介，买方应该先具备购买能力，才能够换取他人的产品与服务来满足自己的需要。

2. 广义的采购概念

广义的采购是指除了以购买的方式获取产品与服务以外，还可以通过各种不同的途径，包括购买、租赁、借贷、交换等方式，取得产品与服务的使用权或所有权，以满足某种特定的需求。如何来理解租赁、借贷和交换呢？

1）租赁

租赁指一方以支付租金的方式取得他人商品的使用权，如租房、租车、租厂房、租赁设备等。

2）借贷

借贷指一方以无须支付任何代价的方式取得他人商品的使用权，使用完毕后，返还原商品，这种无偿借用他人商品的方式，通常是基于借贷双方的情谊与密切关系，特别是借方的信用。

3）交换

交换指通过以物换物的方式取得商品的所有权与使用权，不需支付货款。即当双方交换价值时，不需要以货币的形式补偿对方，当双方价值不相等时，由交换价值低的一方以货币的形式将差额部分补贴给对方。

（二）采购的作用

1. 采购的价值作用

在现代企业管理中，采购是最有价值的部分。采购成本是企业产品成本的主体和核心部分。从世界范围看，对于一个典型的企业，一般采购成本占企业产品总成本的60%以上，在中国企业中，各种物资的采购成本要占企业产品总成本的70%以上。例如，五金行业的原材料一般占产品成本的50%以上，最大比例占到90%以上，酒类行业一般占到60%左右。因此，是否能够有效控制和降低采购成本是企业利润增长的关键。

2. 采购的供应作用

在商品生产和流通的整体供应链中，每个企业既是客户也是供应商。为了满足最终客户的需求，企业都力求以最低的成本将高质量的产品以最快的速度供应到市场，以获取最大利润。从整体供应链的角度看，企业为了获取尽可能多的利润，都会想方设法加快物料和信息流动，这样就必须依靠采购的力量，充分发挥供应商的作用，供应商通过提高供应可靠性及灵活性、缩短交货周期、提高送货频率等方式，可以极大地促进企业的采购工作更上一个台阶。

（三）采购的类型

采购活动多种多样，可以从采购对象、采购主体和采购技术等不同角度对其进行分类。

1. 按照采购对象划分

按照采购对象划分，采购分为有形商品采购和无形服务采购。

1）有形商品采购

有形商品采购可分为机器设备采购、原材料采购、零部件采购和MRO采购。

（1）机器设备采购。机器设备属于在企业生产经营过程中长期、反复使用而基本保持原本实物形态的劳动工具。其采购则具体表现为生产和运营所需的各类设备的购买。采购特点是金额大、技术性和专业性强，往往需要采用招标、租赁、委托与调拨等采购方式灵活进行。

(2) 原材料采购。原材料是构成产品实体的基本部分，它在生产过程中要改变物理和化学特性，并有较大消耗。企业采购中原材料采购的比重大、频率高。同时，原材料存在不同种类，可依其功能、质地、产业类别、形态和产地做出多种划分，其品种、形式、等级和特性往往有很大差异，采购过程也比较复杂。

(3) 零部件采购。在加工装配产业，零部件是最基本的生产资料。随着产业分工的日益深化，企业所使用的大多数零部件需要外购。零部件种类繁多，规格、型号复杂，技术性强，生产过程中又需频繁供应，因此其采购具有较强的专业性。

(4) MRO 采购。即 Maintenance(维护)、Repair(维修)、Operation(运行)，简称 MRO，通常是指在实际的生产过程中不直接构成产品，只用于维护、维修、运行设备的物料和服务。MRO 是指非生产原料性质的工业用品。MRO 物料通常都是低值商品，品种繁多，不同行业的 MRO 物料需求差异极大，而且单项商品采购规模一般也较小，但对生产经营的正常进行意义重大。

2) 无形服务采购

无形服务采购可分为技术采购、服务采购、工程发包。

(1) 技术采购。技术采购一般包括专利、商标、版权和专业技术诀窍的获取，主要特点是大多采用许可贸易的方式进行，往往是使用权而不是所有权的转让。

(2) 服务采购。售前服务的提供，即卖方在交易前提供的诸如产品说明、操作示范、制作规范或材料规范说明等产品信息，这些信息可增加采购人员的产品知识，利于采购决策；售后服务的提供，即卖方提供的关于设备或产品的安装、维护、操作或使用方法的培训、运送及退换货等服务；专业服务的提供，即由律师、管理顾问、会计师、建筑师、电气技师、广告设计师和程序设计人员等所提供的特殊服务；物流和勤务服务的提供，主要涉及物流、信息、通信、餐饮、清洁、警卫等方面的服务。

(3) 工程发包。工程发包包括厂房、办公楼等的建设与修缮以及配管工程、机械储槽架设工程、空调或保温工程、动力或网络的综合配线和仪表安装等。

2. 按照采购主体划分

按照采购主体划分，采购分为个人采购、企业采购、团体采购和政府采购。

(1) 个人采购，指个人或家庭通过各种市场渠道进行的旨在满足消费需要的购买行为。

(2) 企业采购，指企业为满足生产经营需要进行的购买行为。

(3) 团体采购，指政府以外的非营利组织所进行的各种采购活动。

(4) 政府采购，指各级政府及其所属实体为了开展日常的政务活动和为公众提供社会公共产品或公共服务的需要，在财政部门的监督下，以法定的方式、方法和程序从国内外市场为政府部门及其所属公共部门购买所需货物、工程和服务的行为。

3. 按照采购技术划分

按照采购技术划分，采购分为传统采购和现代采购。

1) 传统采购

每月末，企业各部门把下个月的采购申请计划报到采购部门，采购部门把采购申请计划汇总，形成统一的采购计划。采购部门根据采购计划，分别派人找各个供应商订货，然后策划组织运输，将所采购的物资运输回来并验收入库，存放于企业的仓库中，满足下个月的物资需要，这就是传统采购。这种采购以各个部门的采购申请计划为根据，以补充库存为目的，管理比较简单、粗糙，市场响应不灵敏，库存量大，资金积压多，库存风险大。

2）现代采购

现代采购包括定量订货、定期订货、准时期采购和电子商务采购。

(1) 定量订货。指预先确定一个订货点和一个订货批量，然后随时检查库存，当库存下降到订货点时，就发出订货。订货批量的大小每次都相同，都等于规定的订货批量。

(2) 定期订货。指预先确定一个订货周期和最高库存水准，然后按照规定的订货周期定期检查库存，发出订货。订货批量的大小每次不一定相同，订货量的大小等于当时的实际库存量与规定的最高库存水准的差额。

(3) 准时制采购。指需要方根据需要对供应商下达订货指令，供应商在指定的时间将指定商品按品种、数量要求送到指定的地点。

(4) 电子商务采购。在电子商务环境下的采购模式。采购人员在网上寻找供应商和所需品种，并在网上洽谈贸易、订货，然后经过送货、进货环节支付货款，完成全部采购活动。

(四) 采购方式的种类

采购方式是指采购主体获取资源(商品)、工程、服务的途径、形式和方法的总称。

1. 按照货物需求期限划分

按照货物需求期限划分，采购方式主要有现货采购、远期合同采购、期货采购。

1）现货采购

现货采购是商品交换中即期实现将货币转化为商品的购买行为。

该方式适用于：企业生产和经营临时需要的物资；企业新产品开发或研制所需要的物资；设备维护、保养、修理或更新改造所需要的物资；企业生产需要的通用、标准、易损件，普通原材料及辅料，工具、夹具和低值易耗品等。

2）远期合同采购

远期合同采购是供需双方为稳定供需关系、实现商品购销而签订远期合同的采购方式。通过合同规定，实现商品的供应和资金的结算，并通过法律和供需双方信誉与能力来保证预定交割的实现。

该方式适用于：企业生产和经营长期需要的物资，以主料和关键件为主；科技开发与产品开发进入稳定成长期后的物资；国家战略收购、大宗农副产品收购、国防需要的物资等。

3）期货采购

期货采购是采购者在交易所买入标准化的、受法律约束的期货合约，在未来的某时间、某地点按规定购入货物的采购方式。

该方式适用于能进行期货交易的商品。

2. 按照采购权限的种类划分

按照采购权限的种类划分，采购方式可分为集中采购和分散采购。

1）集中采购

集中采购指企业在核心管理层建立专门的采购机构，统一组织实施企业所需商品的采购进货业务。

该方式适用于：大宗或批量商品，价值高或总量高的商品；关键零部件、原材料或其他战略资源，保密程度高、产权约束多的商品；易出问题或已出问题的商品；最好是定期采购的商品，以免影响决策者的正常工作。

2）分散采购

分散采购是将企业或企业集团的采购权限分散到下属各个需求单位，需求单位根据自身生产经营需要自行组织实施的采购方式。

该方式适用于：小批量、单件、价格低，总支出在产品经营范围中所占比重小的商品；分散采购优于集中采购的商品；市场资源有保证、易于传达、支付较少物流费用的商品；分散后各基层有采购与检测这方面能力的商品。

3. 按照采购主体完成采购任务的途径划分

按照采购主体完成采购任务的途径划分，采购方式可分为直接采购、间接采购、招标采购和网上采购。

1）直接采购

直接采购是采购主体直接向商品供应单位实施采购的方式。一般指企业从商品源头实施采购，满足生产经营的需要。

该方式适用于：需求方的采购量足够大，供应方能够接受并实现的商品；在没有制度限制及各种特权影响的情况下实施采购的商品；采购方自身有相应的采购和储运渠道、机构与设施等的商品。

2）间接采购

间接采购是通过中间商实施采购行为的方式，也称委托采购或中介采购。

该方式适用于：当地或较近的地区有能够承担采购业务的流通企业或中介组织的商品；直接采购的费用和时间大于间接采购的费用和时间的商品。

3）招标采购

招标采购是通过招标的方式邀请全部或一定范围的供应商参加投标，采购实体通过某种事先确定并公布的标准从所有投标者中评选出中标供应商，并与其签订合同的一种采购方式。它适用于大多数商品。

4）网上采购

网上采购是指通过互联网来完成采购的全过程。包括网上提交采购需求、网上确认采购资金和采购方式、网上发布采购信息、接受供应商网上投标报价、网上开标定标、网上公布采购结果以及网上办理结算手续等。网上采购减少了采购需要的书面文档材料，减少了对电话传真等传统通信工具的依赖，提高了采购效率，大幅降低了采购成本，使采购范围国际化，有效地保证了采购质量，并在一定程度上减少了采购过程中的人为干扰因素，使同行业之间的竞争为“多赢”。它适用于大多数商品。

二、采购管理概述

(一) 采购管理的概念

采购管理(Purchasing Management)是指为保障整个企业物资供应而对企业采购进货活动进行管理的活动，是整个物流活动的重要组成部分。它着眼于组织内部、组织和其供应商之间构建和持续改进采购过程。

1. 采购管理与采购的区别

采购管理是对整个企业采购活动的计划、组织、指挥、协调和控制的活动，是管理活动，是面向整个企业的活动。采购管理一般由企业的采购部门经理或企业副总经理来承担，其职责是要保证整个企业的物资供应，其权利可以调动整个企业的资源。

采购是具体的采购业务活动，是作业活动，一般由采购人员承担的工作，只涉及采购人员个人。其职责是完成采购经理布置的具体任务，其权利只能调动采购经理分配的有限资源。

2. 采购管理与采购的联系

采购本身也有具体管理工作，它属于采购管理。采购管理本身，又可以直接管理到具体的采购业务的每一个步骤、每一个环节、每一个采购员。

（二）采购管理的目标

采购管理的总目标是为了保证企业的物资供应。为了保证物资供应的有效性，应通过实施采购管理，在确保适当质量的前提下，能够以适当的价格，在适当的时期，从适当的供应商那里采购到适当数量的物资和服务。采购管理目标可以表述为以下几个方面。

1. 适当的供应商(Right Vendor)

选择适当的供应商是采购管理的首要目标。对于采购方来讲，选择的供应商是否合适，会直接关系到采购方的利益。在采购中要从供应商整体实力、生产供应能力、信誉等方面来选择供应商，以便建立双方相互信任协作的关系，实现采购与供应的“双赢”战略。

2. 适当的质量(Right Quality)

采购商进行采购的目的，是为了满足生产需要，因而采购商品的质量必须能够满足企业生产的质量标准要求。在采购中要保证采购质量是否“适当”，一方面如果产品质量过高，会加大采购成本，同时也造成功能过剩；另一方面如果所采购原料质量太差，就不能满足企业生产对原材料品质的要求，影响到产品最终质量，甚至危及人民生命财产安全。

3. 适当的时间(Right Time)

采购管理对采购时间有严格的要求，即要选择适当的采购时间，一方面要保证供应不间断，库存合理；另一方面又不能过早采购而出现积压，占用过多仓库面积，加大库存成本。

4. 适当的数量(Right Quantity)

科学地确定采购数量是采购管理的一个重要目标，在采购过程中要确定“适当”的采购量，防止超量采购和少量采购。如果采购量过大，易出现积压现象；如果采购量过小，可能出现供应中断，采购次数增多，使采购成本增大。

5. 适当的价格(Right Price)

采购管理的重要目标就是以“适当的价格”完成采购任务。在采购过程中应保证采购价格的“公平合理”。如果采购价格过高，则会加大采购成本，产品将失去竞争力，供应商将会失去一个客户；如果采购价格过低，则供应商利润空间小或无利可图，将会影响供应商供货积极性，甚至出现以次充好、降低产品质量以维护供应的现象，采购方也会失去一个供应商。

在现实中，以上目标可能会在采购作业环节中相互冲突。因此，采购管理的任务是要在相互冲突的目标中进行权衡，寻找平衡点，以求得企业利益最大化。

(三) 采购管理的内容

为了实现采购管理的目标，企业应该实施一系列管理活动，这些管理活动构成了采购管理的基本内容。采购管理的基本内容和模式如图 1.1 所示。

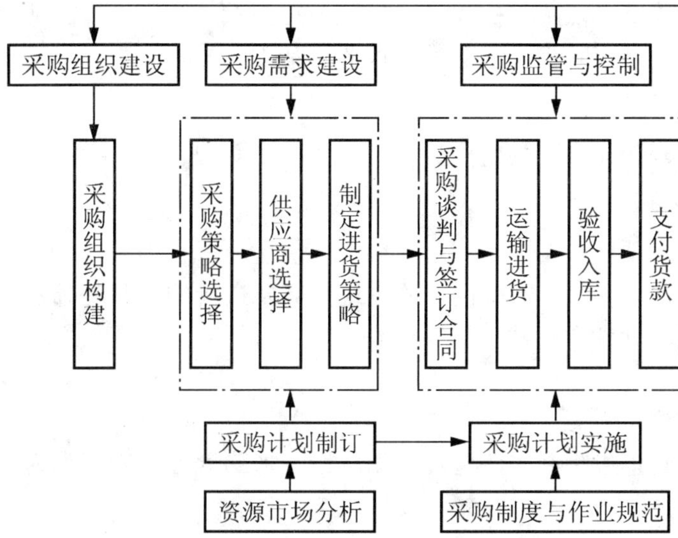

图 1.1　采购管理所涉及的内容

1. 采购管理组织

采购管理组织是采购管理最基本的组成部分。为了做好采购管理工作，需要一个合理的管理机制和管理组织机构，要有一批能干的管理人员和操作人员。

2. 采购需求管理

采购需求分析就是弄清企业需要采购什么品种，需要采购多少，什么时候需要什么品种、需要多少等问题。作为物资采购部门应当掌握企业的物资需求情况，制订物资需求计划，从而为制订科学合理的采购订货计划做好准备。

3. 资源市场分析

资源市场分析就是根据企业所需求的物资品种，分析资源市场的情况，包括资源分布情况、供应商情况、品种质量、价格情况、交通运输情况等。资源市场分析的重点是供应商分析和品种分析，分析的目的是为制订采购订货计划做好准备。

4. 制订采购计划

制订采购计划是根据需求品种情况和供应商的情况，制订切实可行的采购订货计划，包括选择供应商、供应品种、具体的订货策略、运输进货策略以及具体的实施进度计划等，具体解决什么时候订货、订购什么、订购多少、向谁订、怎样订、怎样进货、怎样支付等问题。

5. 实施采购计划

实施采购计划就是把制订好的采购订货计划分配落实到工作人员，然后工作人员根据既定的进度去实施。具体内容包括联系指定的供应商、进行采购谈判、签订订货合同、运输进货、到货验收入库、支付货款以及善后处理等。经过这样一系列的具体活动即完成了一次完整的采购活动。

6. 采购作业绩效的评价与分析

采购作业绩效的评价与分析就是在一次采购完成后，对这次采购作业进行评估，或月末、季末、年末对一定时间内的采购作业进行总结评估，目的主要在于评估采购活动的效果、总结经验教训、找出问题、提出改进方法等。通过总结评估，可以肯定成绩、发现问题、制定措施、改进工作，这是不断提高采购管理水平的保证。

7. 采购监督与控制

采购监督与控制是对采购活动进行的监控活动，包括对采购的有关人员、采购成本、采购商品质量进行监控。

8. 采购制度与作业规范

采购制度与作业规范是建立科学、有效的采购系统，需要进行的一些基础建设工作，包括管理制度、采购作业规范、软件和硬件工作要求等。

(四) 采购管理的发展趋势

随着采购环境和供应链管理思想在采购管理中的应用，采购管理未来表现为以下两种发展趋势。

1. 采购管理一体化

随着供应链管理思想在采购领域中的运用，采购管理要求采购不能够只是遵循自身的原则，而是将生产计划、库存控制、质量检查和采购进行有效的整合，实现采购管理一体化。

2. 采购管理集中化

采购的竞争优势是企业核心竞争力的重要内容，采购管理集中化可以集中企业的采购。

【应用案例】

跨国公司的采购管理

企业在竞争中能否制胜取决于实力。领先的核心技术是实力，英明的经营决策是实力，优秀的人力资源是实力，可观的规模效应、优良的企业资产和科学的管理体系等，都是有实力的企业所应具备的。然而，除上述先决条件外，企业生产经营中的成本控制也是关键的一环。成本乃生存之道，经营效益的好坏与生产成本能否有效控制密切相关。以原材料、零配件采购为例，若采购成本高，生产成本必然也高，反之亦然。因此，采购作为企业为满足特定的需要而发生的外部购买行为，采购管理对企业就意味着使购买物有所值。

采购管理离不开 3 个主题：降低成本、提高质量、提高效率。既然采购是“外部”购买行为，也意味着供应商和客户之间的利益关系并不完全一致。为此，要在变动的采购利益关系中准确界定企业的利害关系，并以此为基础展开采购行为。

现在国内大部分企业存在着一个误区，即认为采购工作就是和供应商搞好关系，然后在这种关系基础上，与企业需求之间寻求磨合和平衡。其实对企业而言，这种情况是很危险的。在采购行为中，与供应商建立良好的个人关系固然重要，但企业间的利益关系更为本质并且具有决定性。在采购管理方面，跨国公司们有很多成功的经验值得学习。

1. 跨国公司的采购操作

许多跨国公司在操作采购活动中，都采用“业务外包”的做法，将采购部门从单纯的服务于生产的职能中解放出来。耐克(Nike)公司就是一个广为人知的极端例子。这家世界运动鞋霸主没有直接的原材料供应商，甚至没有自己的工厂。在很多发展中国家的工厂里，耐克鞋被日夜不停地生产出来，而工厂的主人却不是耐克。这些工厂拥有自己的原料供应商——布匹、塑料、生产设备等。这些供应商们也同样拥有自己的供应商。

耐克无疑是成功的。从 1992—1998 年，这家公司的股东获得了超过 30%的股本收益。这种成功在很大程度上是建立在“大采购”战略成功的基础之上的。从生产到广告，从飞机票到午餐，从仓储到市场调研等，都是通过采购得以实现的。

认识自己的核心能力对于采购也是很重要的。在美国微软公司全球的 3 万余名雇员中，有超过一半的雇员是从事软件开发的，1 万人左右做市场和销售工作，另有 4000 人左右从事财务、人事、办公室管理和物流管理工作。其他业务和资源全部通过采购获得。

世界饮料工业的头号巨人可口可乐公司也采取了同微软类似的做法。它虽然保留了“可口可乐”工厂，保留了诸如财务、人事等管理职能，但始终把大部分精力投入市场和销售领域。即使在市场部门的工作中，工作的主要内容也是保证利用通过采购获得的消费者研究、零售研究、竞争对手等研究结果的准确性，并保证能够应用到公司的渠道策略、广告策略和新产品开发策略中去。这几年来，可口可乐公司也开始对生产进行采购，即进行“合作生产”，如“天与地”、“醒目”等。

微软注重研发，可口可乐注重市场，并非偶然。提到微软，人们首先想到的是好用的软件；提到可口可乐，人们首先想到的是充满活力的广告和地道的美国文化，大概除了供应商本身，没有人会去注意“office 软件的包装是哪里生产的”、“可口可乐的水是哪条河里的”等问题。

可以说，对那些成熟的跨国公司而言，他们把资源和注意力更多地放在“核心能力”上面，而对于那些与核心能力无关的业务，则尽量通过采购获得，这是他们的普遍战略，是值得国内企业借鉴的成功之处。

2. 在采购中融入技术创新

从某种意义上说，厂商的产品是供应商的产品的组合。产品的价值蕴含在它的各个组成部分的价值之中，如果组成部分的价值增加，产品的价值就自然得到增加，而且这种增加在大多数情况下要远远大于部分价值的增加。相同品牌的笔记本电脑，采用奔腾Ⅲ处理器和采用奔腾Ⅱ处理器要相差数千元，而处理器本身的差价仅有数百元，这说明供应商的技术创新能力对厂商产品的价值有很大的影响。

厂商和供应商的关系看作以一个厂商为中心的巨大网络，这个网络并不是由一个厂商完全占有的，而是由多家同类厂商所共同占有的。在这个以创新和速度决定企业生存的时代，可以说，谁善于使用供应商的创新能力，谁就在竞争的天平上掌握了一个重重的砝码。

美国通用汽车公司从 20 世纪 80 年代中期就开始与供应商联合进行汽车发动机的研发，有力地保证了该公司在美国市场上的主导地位；雅马哈公司甚至将非关键零配件的研发工作全部交给供应商去做。

供应商的技术创新一般有两种类型：①为了降低成本、提高质量和生产效率，供应商进行改善生产流程、引入新的设备、优化生产工艺等活动；这类活动并不导致最终产品的改变，只是对生产的过程进行技术创新。②为了增加产品的附加值，供应商对产品进行重新设计或发明创造，使产品的最终形态发生变化，这种变化直接导致产品性能的提高、更具有吸引力、价值更高。如应用于客户的产品，将直接导致客户产品附加值的提高。

增值创新的回报是巨大的。对于供应商来说，增值创新意味着获得竞争对手难以模仿的竞争优势，如果获得自主知识产权，这种优势将会扩大。而且，这种创新面对的是全部客户，而不是单一客户。瑞典的利乐公司就是进行这种创新活动的典范。该公司的专利技术——超高温灭菌技术和无菌纸包装技术——被全世界的食品、饮料公司广泛应用。该公司的技术优势被认为是不可模仿的。对于厂商来说，首先利用供应商的增值创新，同样会获得难以模仿的竞争优势。在欧洲和美国，IBM 公司率先倡导使用人机界面更加友好的 Linux 的操作系统，正在威胁微软在这一领域的领先地位。

增值创新需要通过供应商和厂商之间的某种机制才能够得到。跨国公司在同供应商的创新合作时有 3 种模式：交易型、服务型和伙伴型。

(1) 交易型：即直接采购供应商的技术成果或创新产品。这种合作最为简单，甚至在双方没有任何合作历史的情况下也可以进行。一般来说，进行这种交易不涉及企业之间其他方面的联系。该技术或创新产品的价值已经得到验证，风险较小。

(2) 服务型：供应商根据厂家的要求进行技术创新。这种合作一般建立在双方供货合同的基础上，技术创新作为增值服务，内容多是在现有产品的基础上改变产品设计，核心并不复杂，风险较小。客户可以付费，也可以不付费。有些精明的供应商甚至主动向客户提供这种服务。跨国公司与国内企业的合作多属于这种类型。

(3) 伙伴型：供应商与厂家结成创新伙伴，双方的研究人员组成技术创新小组直至成立专门的研究机构进行深度合作，成果共享，风险共担。一般来说，双方具有长时间的合作历史和深厚的合作基础，技术的互补性很强，技术成果对双方都具有重要意义。相对来说，合作项目的风险较高。IBM公司和东大阿尔派之间的战略合作伙伴关系就是一个很好的例证。

3. 采购中的管理体系

在跨国公司，考核制度、企业文化和采购制度建设是限制采购腐败的3种主要手段。采购人员的绩效考核不但是调动员工积极性的主要手段，而且是防止业务活动中非职业行为的主要手段，在采购管理中也是如此。甚至可以说，绩效考核是防止采购腐败的最有力的武器。好的绩效考核可以达到这样的效果：采购人员主观上必须为公司的利益着想，客观上必须为公司的利益服务，没有为个人谋利的空间。

如何对采购人员进行绩效考核？跨国公司有许多成熟的经验可以借鉴。其中的精髓是量化业务目标和等级评价。

在年中和年初(或年底)，跨国公司都会集中进行员工的绩效考核和职业规划设计。针对采购部门的人员，对采购管理的业绩回顾评价和制定未来的目标。在考核中，交替运用两套指标体系，即业务指标体系和个人素质指标体系。业务指标体系主要包括：采购成本是否降低？卖方市场的条件下是否维持了原有的成本水平？采购质量是否提高？质量事故造成的损失是否得到有效的控制？供应商的服务是否增值？采购是否有效地支持了其他部门，尤其是生产部门？采购管理水平和技能是否得到提高？

当然，这些指标还可以进一步细化，如采购成本可以细化为：购买费用、运输成本、废弃成本、定货成本、期限成本、仓储成本等。把这些指标一一量化，并同上一个半年的相同指标进行对比所得到的综合评价，就是业务绩效。

对个人素质的评价相对就会灵活一些，因为不仅要包括现有的能力评价，还要包括进步的幅度和潜力。主要内容可能包括：谈判技巧、沟通技巧、合作能力、创新能力、决策能力等。这些能力评价都是与业绩的评价联系在一起的，重要的是针对业绩中不尽如人意的方面，如何进一步在个人能力上提高。为配合这些改进，跨国公司为员工安排了许多内部的或外部的培训课程。

在绩效评估结束后，安排的是职业规划设计。职业规划设计包含下一个半年的主要业务指标和为完成这些指标所需要的行动计划。这其中又有两个原则：第一个原则是量化原则，如质量事故的次数、成本量、供货量等；第二个原则是改进原则：在大多数情况下，仅仅维持现状是不行的，必须在上一次的绩效基础上有所提高，但提高的幅度要依具体情况而定。

4. 向跨国公司们学什么

跨国公司的采购管理也在发展变化，远非完美，但一些基本的原则，尤其是那些非常合理的原则，确实值得国内企业认真学习和借鉴。这些原则包括：把个人关系同采购关系严格地区分开来；目标和战略先于采购行为；注重市场环境的基础研究；运用考核、培训和企业文化来提高采购人员的素质；树立“采购部门是服务部门的观念”，切实理解其他部门的采购需求；运用采购推动创新；量化采购指标，避免模糊决策。

另一方面，中国的企业如何同跨国公司开展合作、成为他们的供应商？①要遵循国际通行的标准，这是作为与跨国公司进行合作的最基本条件；②把产品和服务“打包”，将产品和相应的服务，甚至包括可以灵活操作的生产流程、定价中的折扣空间等信息综合起来，组成一个或几个“服务包”，来供买主选择；③一定要有突出的“比较优势”，也就是某个供应商相对于其他供应商的突出优点，有些是先天的，比如产地优势，但大多数是后天的，如成本、质量、售后服务、技术含量等；④要展示自己的发展性，做好打"持久战"的准备。一方面长期与跨国公司保持接触，了解需求，另一方面完善自己，在质量和研发能力上不断提高。

（资料来源：http：//www.cflp.org.cn/xsyj/201012/15/143683.shtml）

问题思考：

跨国公司采购管理的优势表现在哪里？中国的企业如何才能学到这些优势？

[复习题]

(1) 采购的作业范围包括哪些？

(2) 采购管理在现代企业运转中的作用是什么？

(3) 试论述采购与采购管理的发展趋势？

[实训巩固]

实训目的

本部分内容比较抽象，通过实际训练使学员能够掌握不同采购任务的采购方式和采购管理知识与要点。

实训内容

某中型服装加工生产企业，需要采购一些物料满足公司生产需求：服装加工设备 80 台；布料 1000m；员工工作服 100 套；对讲机 20 台。

以 5 个小组为单位讨论问题：以上采购的物料分别属于什么采购类型？各物料应采用什么采购方式？

实训考核

实训评价的方式有教师评价、小组内部成员评价和第三方评分组成员评价 3 种，建议教师评价占 60%的权重，小组内部成员评价占 20%的权重，第三方评分组成员评价占 20%的权重，将三者综合起来的得分为该生在该项目的评价分。实训工作评价表见表 1-1。

表 1-1 实训工作评价表

考评人		被考评人	
考评地点			
考评内容	物料的采购分类与采购方式确定		
考评标准	具体内容	分值/分	实际得分
	工作态度	20	
	团队合作	20	
	实训任务的完成度	30	
	成果展示与汇报	30	
合计		100	

注：考评满分 100 分，60 分以下为不及格，60～69 分为及格，70～79 分为中，80～89 分为良，90 分以上为优。

导读二

采购组织的构建

CAIGOU ZUZHI DE GOUJIAN

【学习目标】

了解采购组织的几种常见类型；重点掌握采购组织的设计；重点掌握采购人员的职责和要求。

【导读任务】

现代企业已经逐步认识到采购组织的重要性，投入各种资源建立采购组织，将其纳入企业战略的一个重要组成部分，并直接与财务目标相联系，希望它能为企业绩效做出卓越的贡献。合理地建设一个好的采购组织，不仅能满足公司运营的基本要求，还能对整个企业的运作发挥整合协调的作用，并且帮助企业建立竞争优势。

如果你是学生小李，需要完成如下任务。

1. 任务要求

三乙医疗信息产业公司是从事康复仪器开发、生产和销售的高科技公司。该公司长期以来都实行分散式的采购形式。采购的商品主要包括电脑的相关配件，电子元器件、台车架、PCB板、线材和基本的办公耗材。公司的年销售额在1.5亿元左右，平均采购成本占营业额的15%左右。

今年年初，公司新招聘唐总为公司总经理，唐总上任后，决定从公司的采购改革做起，认为公司应该组建独立的采购部门集中负责采购事务的管理。

唐总有意任命小李来负责本公司的采购部门，于是交给小李一个任务，由小李来起草一个组建采购部门的方案，方案的内容主要包括：采购部门的隶属关系，采购部门应设置哪些下设机构，采购部门的岗位设置，并为每一个岗位拟定岗位职责。

2. 任务实施

小李以个人或和同学组成3人小组；查阅和搜集资料；起草组建采购部门的方案；然后小组讨论方案，着重分析采购组织的设计和采购岗位的职责。

【导读案例】

麦德龙采购权下放成现实

麦德龙是国际知名的经销商和现购自运(C&C)经销系统的领头公司，1964年在德国开设第一家C&C商场。目前在世界商业集团中排位第三，欧洲第二。2001年销售额433.71亿美元，全球500强企业排名第75位。

2008年，麦德龙在中国市场实现销售额126.46亿元，名列2008中国连锁百强第26位；单店销售达到3.3亿元，在外资连锁零售企业中仅次于大润发的3.33亿元，超过了沃尔玛和家乐福全球两大巨头，同时远远超过部分内资百强连锁百货企业的单店销售。

业内期待了近2年的麦德龙采购权“下放”终于成为现实。

2005年7月底，锦江麦德龙现购自运有限公司总部有知情人士向《每日经济新闻》透露，麦德龙在中国推行的采购新政，将使区域公司在生鲜、蔬果的当地采购上获得一定的自主权。该人士透露，实行采购新政之后，总部采购部门将与区域采购部门联合采购，华北、华南、华中和华东四大区域的区域采购部，将取代总部担负起收集资料、与当地供应商洽谈业务等工作。具体来说，就是区域采购部门有权在当地选择生鲜、蔬果类产品的供应商，并洽谈具体的供货事宜，然后再由总部的质量监测等相关部门作出综合评估，最后在总部与分公司协商之后“拍板”。而据麦德龙内部人士透露，麦德龙卖场里的食品与非食品商品比例分别为60%与40%，而生鲜、蔬果类商品在食品中又占据着“比较大的比例”。

为什么要放权?

早在2002年，随着向全国开发节奏的加快，麦德龙在中国成立了华东、华南、华北、华中四大区域，并以上海、广州、北京、武汉为中心城市，主要目的是进行地域协调。麦德龙在各个区域总部设立了区域采购、物流、客户开发等团队，尽可能接近顾客、供应商及员工。区域采购对当地顾客需求和市场结构有更直接的了解，采购的商品比重在不断提高，从而更贴近当地市场。2002年区域采购在麦德龙体系中只占10%，而随着发展，这一比例提高到了25%～30%。

2003年初，麦德龙中国在上海建立自己的全国配送中心，“麦德龙原本希望配送中心介入到供应商管理，即把不同供应商的货物汇集到一起再配送到各个门店。麦德龙以为，比起供应商自己送货，物流费用会减少很多。”一位业内人士说。实际上，麦德龙试图将其德国的全套做法都搬到中国来：以中央采购为主体，再辅以配送中心的集中配送，从而达到降低成本的目的。物流效益的体现是以规模经济为前提的。在德国，麦德龙物流体系不仅包含了现购自运制商场，也包括超级市场和百货商店。在德国门店总数已超过1700家。并且在德国，从配送中心到门店的平均距离少于250公里。而在中国，同一区域内平均送货距离就接近500公里。2003年，麦德龙18家店散布于全国各地，相对于他们在德国本土以至于欧洲开店的密度终究差之千里。实际上，麦德龙的物流成本不降反升。

一位已离开麦德龙的员工告诉记者，早在2005年的上半年，麦德龙就已在着手策划采购权“下放”，将以前由总部统一管理的商品目录数据库分类之后交付给了四大区域中心各自管理。该举措打破了麦德龙全球通行的中央集权采购体系。无论是德国麦德龙，还是法国的家乐福，其本国都以中央采购为主。而家乐福在1995年进入中国之后，一直以“比对手更快”为最高目标，将中国市场分为5个大区，各大区各自为政，实行分区采购。据介绍，麦德龙之所以将采购权下放是因看到与其同年进入中国的家乐福在中国发展的顺风顺水，有模仿之意。

其实，早在2003年，业内就有麦德龙酝酿放权的传言，麦德龙华北区一位负责人透露，当时，麦德龙各门店还处于采购权高度集中的背景下，由于采购权没“下放”，一些本土商品，都要先被购进麦德龙中国区总部，然后再从上海配送到门店，“绕一个很大的弯子”。

虽然麦德龙方面对这次新政的解释是，“出于节省人力资源，以及加强每个门店商品的地区接近性的考虑，配合麦德龙在中国市场的快速扩张。”但业内人士认为，除了迫于巨大的业绩增长压力外，解决由来已久的“物流之痛”是其无奈放权的主要原因。“采购上高度集权，而卖场又散落在中国各个地区，导致麦德龙商品配送时常‘掉链子’，导致其雄心勃勃的扩张计划也难以落地。”中国连锁经营协会有关专家分析，麦德龙经营的仓储式超市，是将超市和仓储合二为一的零售业态，省掉了传统零售企业独立的仓库和配送中心，只有在经营中实现快速补货，才能保证超市低成本高效率的运作，“这需要有相当数量的店面作为配送基础，才能发挥统一物流配送的规模优势。”但根据麦德龙方面资料显示，麦德龙目前(2005 年)在全国总店数只有 26 家左右。

放权是否会导致乱局?

虽然实行新政之后的麦德龙各卖场，可以有效地避免之前的物流问题，但业内也有人担心，只有总部采购运作相当成熟，具有极强掌控权之后，分区采购才会带来更高效率，否则总部与地方权力分割不清，就难免陷入乱局，结果适得其反。

对此，麦德龙内部人士表示，区域采购部门的权力仍受总部很大的限制，不仅在供应商的最终决定时要与总部协商，日常的供货过程，也将受到总部质量监督单位与区域的质量监督部门的共同监督，“我们有一套从德国带来的严格程序。”

但对于区域的供应商来说，麦德龙放权仍是一大“福音”，中国连锁经营协会该专家分析：“供应商与区域公司前期具体的洽谈中，双方的‘知根知底’能有效地提高效率，同时，这对他们进入麦德龙的全国采购体系，却不会产生不良的影响。”

(资料来源：http：//www.chinawuliu.com.cn/xsyj/200507/21/134462.shtml)

思考与分析：

麦德龙中国区颁布采购新政，打破了以前麦德龙的全球通行中央集权的采购体系，采取总部采购部门与区域采购部门联合采购。华北、华中、华东和东北四大区域的区域采购部，取代以前上海总部担负起收集资料、与当地供应商洽谈业务等工作。这正是麦德龙从集中型采购组织到混合型采购组织的转变。那么，采购组织到底有哪些类型？为什么麦德龙会转向选择混合型采购组织形势呢?

【导读知识】

一、采购组织的设置

(一) 采购组织的类型

在现实生活中，组织结构是千差万别的。普遍适用的、唯一的、最好的组织结构是不存在的。“依条件而变”、“因地制宜”、“量体裁衣”，选用一种最适合本组织的结构设计方案，是组织结构设计的一条基本原则。现代管理学者提出“权变理论”，就是强调不同的企业以及同一企业在不同的发展阶段，都应当根据特定的具体条件来选择和设计相适应的组织结构，环境、战略、规模、技术、人员素质等权变因素影响着组织模式的选择。作为企业组织结构的一个重要组成部分，采购组织结构对企业的影响同样意义重大。企业的采购组织必须要考虑不同的组织结构的特点及其适用的采购模式，同时还要充分考虑公司的战略和竞争环境。伴随着企业组织结构的演变，采购组织结构也经历了“分散型采购组织—集中型采购组织—混合型采购组织—跨职能采购小组”的变迁。

1. 分散型采购组织

1) 基本概念

分散型采购组织，是指各预算单位自行开展采购活动的一种采购实施形式。由总公司把采购权力下放给下属各公司，各公司把与采购相关的职责和工作再分别授予不同的部门来执行。例如，物料或商品需求计划可能由制造部门或销售部门来拟定；具体采购工作则可能由采购部门或商品部门承担；库存工作可能将成本归属销售部门、在制品归属制造部门、原料或零件归属物料或仓储部门管理。

这种组织方式中，总公司不设采购部门，下属各公司设置采购部门承担采购，采购部门承担整个物料管理中的一部分职责，其他有关物料或商品需求计划、库存则分属于不同的管理部门。

分散型采购组织形式是伴随着总部对企业运作管理权限的放开，分支结构掌握了日常事务后出现的，如图 1.2 所示。

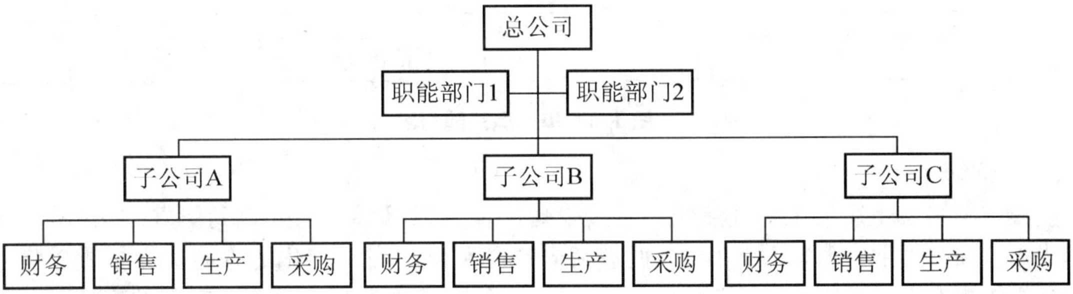

图 1.2　分散型采购组织

2）优缺点

分散型采购组织的一个重要特点是每个经营单位的负责人不仅要对采购的原材料的质量负责，而且要对他自己的财务后果负责。总部通常以“参谋”（而不是直线职能）的角色或以内部咨询结构的名义进行监督，制定合作政策，消除部门间的障碍，最终成为各分支机构间的沟通桥梁。因此，这个经营单位的管理要对其所有的采购活动负完全责任。这种组织的缺点之一，是不同的经营单位可能会与同一个供应商就同一种产品进行谈判，结果达成了不同的采购条件。当供应商的能力吃紧时，经营单位相互之间会成为真正的竞争者。

分散型采购组织的优缺点见表 1－2。

表 1－2　分散型采购组织的优缺点

优　　点	缺　　点
自主性、灵活性、多样性	造成供应商分散和混乱
有效利用本土资源，受当地欢迎	技术人员短缺，成本上升
有利于部门间竞争	重复采购，分支机构间缺乏沟通
紧急采购时可争取时效	缺乏财务控制
分散采购，仓储管理方便	过量的地方采购

3）适用范围

分散型采购组织对拥有多样化经营单位结构的跨行业公司特别有吸引力，每个经营单位采购的产品都是唯一的，并且与其他经营单位所采购的产品有显著的不同。

2. 集中型采购组织

1）基本概念

集中型采购组织，是指由一个部门统一组织本部门、本系统的采购活动的采购实施模式。

集中型采购组织结构中，公司一级层面上设有一个中心采购部门，完成的工作主要有：公司的采购专家在战略和战术层面上的运作；产品规格的集中制定；供应商选择的决策；与供应商之间的合同准备和洽谈，如图1.3所示。

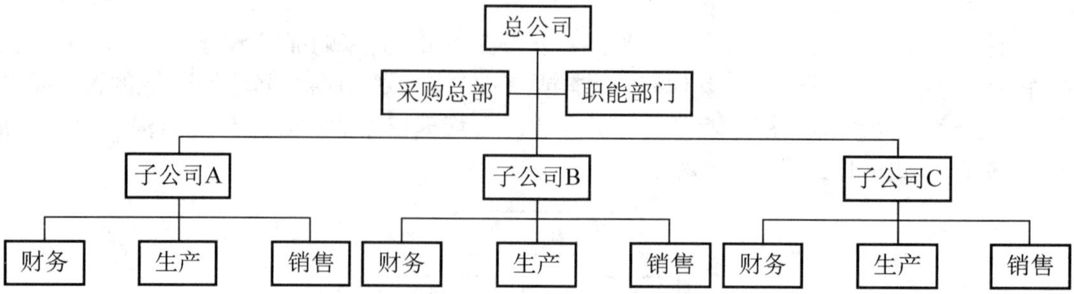

图1.3　集中型采购组织

2）优缺点

集中型采购组织的主要优点是：通过采购协作可以从供应商处得到更好的条件（在价格和成本方面以及服务和质量方面）；促进朝向产品和供应商标准化的方向努力推进。集中型采购组织也有明显的缺点，单独的经营单位的管理层只对采购的决策负有限的责任。通常的问题是，经营单位的管理人员相信他们能够靠自己达到更好的目标并将单独行动，这样他们将逐渐削弱公司采购部门的地位。另外，权力集中的管理方式，有可能造成企业决策与实际需求脱节，市场反应滞后等问题。

集中型采购组织的优缺点见表1-3。

表1-3　集中型采购组织的优缺点

优　　点	缺　　点
规模效应	上下级之间的抱怨
标准化，有利于采购战略的实施	对系统的反抗
有利于财务管理	丧失机会
有利于评估，有利于监督	过高的管理费用
有利于采用信息技术与系统	对市场的反应较慢

3）适用范围

集中型采购组织适用于几个经营单位购买相同产品，并在同时对他们具有战略重要性的情况。

3. 混合型采购组织

1）基本概念

一般来说，一种方法的优点往往是另一种方法的缺点。因此常常采用两种方法的结合以便从二者最好的特性中获益，同时避免各自的弱点。混合型采购组织吸收了分散型采购组织和集中型采购组织的优点。一个健全的采购组织应该决策集中、执行分散、集权与分权协调运用，最终在集权与分权的采购中建立一种有效的平衡。

公司总部设立集团采购部，主要负责战略采购部分，如负责公众总体的采购战略和计划的制订，决定政策、标准和程序以及集团规格，协调各事业部或子公司的采购行动，集中采购公司共性化的产品和服务，处理相关法律事宜，进行集团库存的协调；并在各事业部或子公司分设采购部，负责策略性采购部分，如订货量制定、发出订单、催货、收货等，以满足个性化需求和联系供应商，如图 1.4 所示。

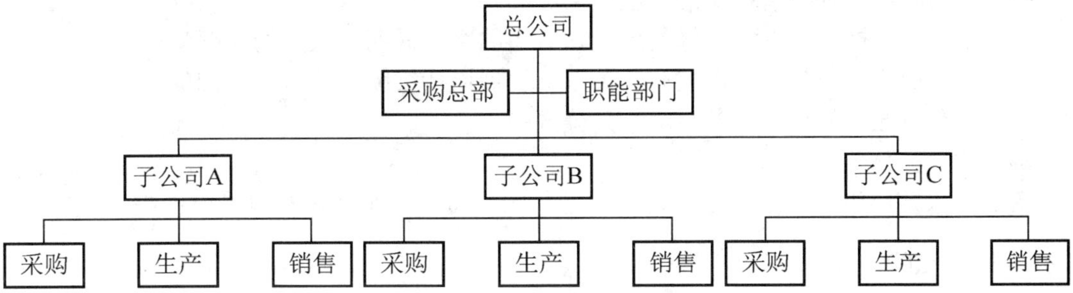

图 1.4　混合型采购组织

2）特点

在总公司一级的层次上存在着公司采购部门，同时下属各分公司也进行战略和具体采购活动。在这种情况下，公司的采购部门通常处理与采购程序和方针的设计相关的问题。此外，它也会进行审计，但一般是在经营单位的管理层要求它这样做的时候。

总公司采购部门会对战略采购品进行详细的供应市场研究，下属各分公司的采购部门可以通过定期发布的小册子、公告或局域网利用这些研究成果。另外，总公司的采购部门还可以作为促进或解决部门或各分公司之间协调的工具，但它并不进行具体采购活动，具体活动完全由部门或各分公司的采购组织实施。

企业在推行集中采购时，可将部分作业合理分散执行，比如一些小额采购、地区性采购等，要给予下属各分公司较大的执行权，不但可以提高采购效率，而且还可以降低采购成本。

3）适用范围

这种集中分散结合型的设置模式一般适用于规模大、产品种类多、具有需求差异、各子公司地理距离较远的企业。

4. 跨职能采购小组

1）基本概念

跨职能采购小组是采购组织中比较新颖的一种组织形式，其做法是在公司总部设立采购总部，同时在各分公司也分设采购部门，各分公司的采购经理既负责本部门的采购，向本部门的经理汇报，同时也需要向首席采购官(CPO)汇报以取得本部门的采购与公司的政策相适宜。这种组织体现了采购的灵活性，如图 1.5 所示。

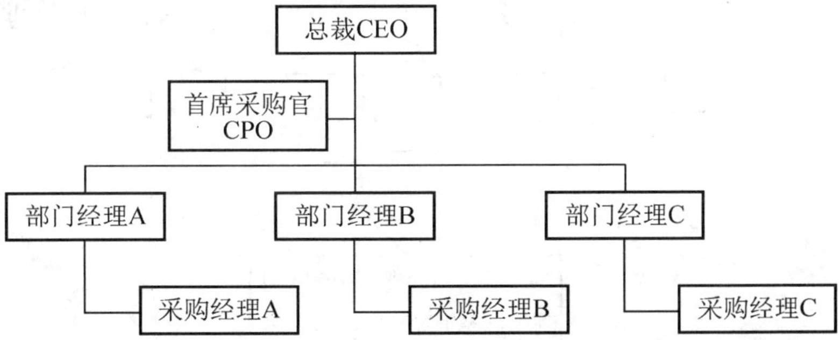

图 1.5　跨职能采购小组

2）特点

（1）采购战略与部门需要相匹配。

（2）采购总额被分配给更少的供应商。

（3）更低的价格和成本、更好的质量、更短的交货周期、最少的库存量。

（4）关注价值链中与单个供应商的关系，发展以持续绩效改善为基础的关系。

（5）所有情况下的采购业务活动都是分散的。

3）适用范围

跨职能采购小组适用于跨国公司、大型集团公司、专业且成熟的采购企业。

（二）采购组织的设计

采购组织的设计主要是为了配合企业的生产或其他经营目标，以及与其他部门相协调配合。采购组织的合理设计，是指将采购组织内部的部门专业化、具体化，也就是将采购部门应负责的各项功能组织起来，并以分工方式建立不同的部门来加以执行。采购组织的设计是组织机构建立与运行的基础，对组织的有效性影响很大，正所谓“设计不良，属先天缺陷，后患无穷”。采购部门要想有效地完成其采购业务，组织设计和职责必须要受到重视。

根据近代的组织理论——权变理论，采购组织设计方式应视具体情况做出必要的调整以适应环境的变化，采购组织的设计必须适应企业的具体需要，如企业目标、企业战略、可支配资源、信息系统、管理风格和企业文化等，不存在任何普遍可行的组织机构。通常的采购组织设计方法如下。

1. 采购组织的设计原则

不同企业的采购组织设计各有不同，企业在设计采购组织时，需要考虑到企业战略、规模、供应市场结构、人员类型、高层认可度、物资价格弹性和客户需求等因素，同时遵循一定的原则，使采购工作顺利、高效地开展，保证企业正常运转。

采购组织的设计原则如图 1.6 所示。

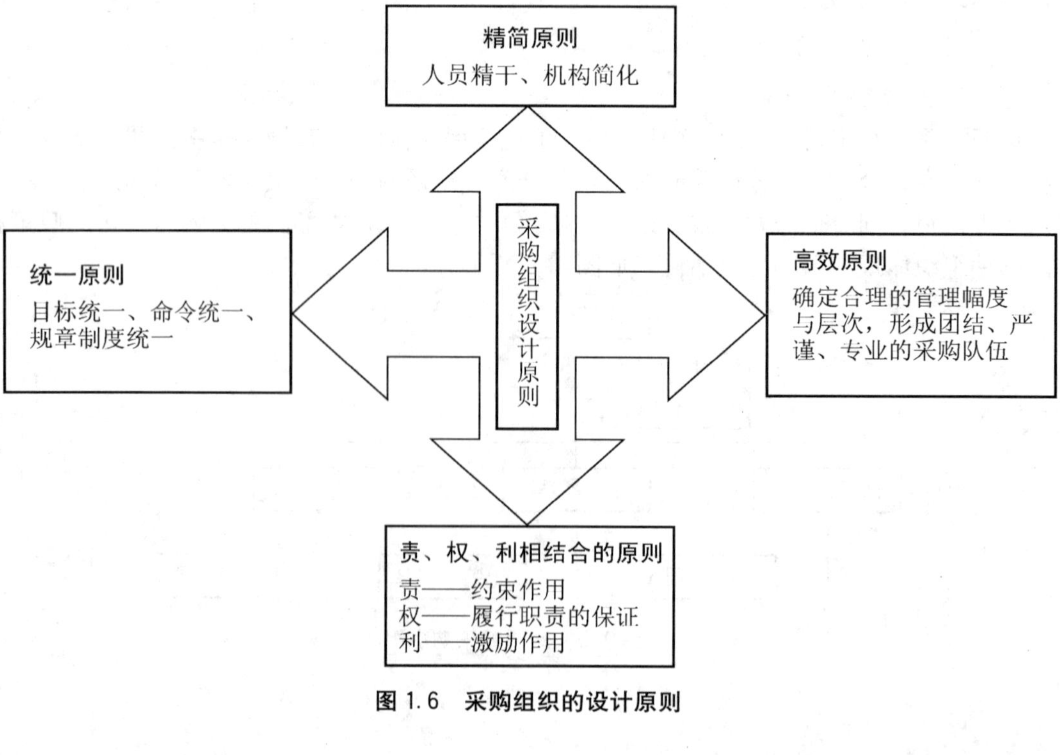

图 1.6　采购组织的设计原则

1）精简的原则

精兵简政最早是在解放区的政府建设中提出的，在企业采购机构设计中同样有效，这个“精”指人员精干；“简”是机构简化、行政运作简化，只有人员精干机构才能简化。如果人员素质差而过分强调简化机构，应该开展的工作开展不起来，应该完成的工作完成不了，同样是不可取的。

2）责、权、利相结合的原则

“责”指责任，起约束的作用；“权”指权力，是履行职责的保证；“利”指利益，起激励作用。责、权、利相结合，才能充分调动采购队伍的积极性，发挥他们的聪明才智。如果有权无责，必然会出现瞎指挥、盲目决策甚至损公肥私的现象；如果有责无权，什么事情都要请示汇报才能决策，也难以真正履行责任，还会贻误时机、影响效率。同样没有相应的利益刺激，也难以保证采购工作的高效、准确。只有“责、权、利”有机地结合起来，发挥各自的职能，才能保证采购组织工作的有效性。

3）统一的原则

任何一个企业的采购组织要顺利地完成采购任务，都必须上下一心、齐心协力、遵循统一的原则。统一的原则基本上包括3个方面内容：①目标统一，都是为了完成采购任务，实现企业经营目标。总的目标定下来，再将总目标分解到各个部门、各分支机构的岗位和个人，形成子目标，当子目标与总体目标出现矛盾或不协调时，强调局部应服从总体。②命令要统一，采购部门的多种决策、指令、命令要及时下达，一方面要防止令出多头，下级无法执行，无所适从的现象；另一方面也要杜绝上有政策、下有对策的散乱现象。③规章制度要统一，各种规章制度是大家行为的准则，采购部门有总体规章制度；多分支机构也应有自己相应的规章制度，但二者之间不能自相矛盾，应形成一个相配套的体系，在制度面前人人平等。

4）高效的原则

采购工作要高效开展，必须有一套高效运转的组织机构，这种高效的组织机构应确定合理的管理幅度与层次。横向方面，各部门、各层次、各岗位应加强沟通，各负其责、相互扶持、相互配合；纵向方面，上情下达迅速，同时领导要善于听取下级的合理化建议，解决下级之间出现的矛盾与不协调。这样形成一个团结严谨、战斗力强的采购队伍，才能使采购工作高效地开展。

2. 采购组织在企业中的隶属关系

1）影响因素

根据采购主管的顶头上司职务高低，可以判断采购的地位以及采购在企业机构里受重视的程度。如果采购主管有副总经理的地位，并对总经理负责，这正显示采购被认定成高级主管。一般来说，影响采购在组织中最终地位的因素按重要程度来看有以下几类。

(1) 采购金额。可以用采购金额占企业总成本或总收入的百分比来体现。采购原料所占的份额越高，采购在企业中的地位也越高。

(2) 采购的物品及劳务的性质。采购复杂程度很高的物品，以及广泛使用外包的工程，这种采购工作相当艰难，必然受到较大的重视。

(3) 采购原料的市场供应情况。如果公司所采购的原料，目前供应市场处于垄断或者是寡头垄断，管理层对于采购的直接关注会比较多。

(4) 公司的财务状况。在公司财务状况良好的情况下，管理层对于采购或者物流部门都会比较宽松。相反，当公司的财务发生严重问题时，管理层会对采购业务和与采购相关的成本提出比较高的要求。毕竟从管理层的角度来看，采购部门是个直接花钱的部门。

(5) 管理层自身的知识和认识水平。如果管理层自身的知识和认识水平比较高，把采购职能提升到战略的高度，那么采购部门也会得到比较多的关注。

(6) 采购对企业目标的影响。采购对达成企业目标的机会或威胁会影响采购的地位。例如，采购对零售业买卖的成败影响程度，可能比对制造业或服务业更为重要。因此，零售业有句名言："会卖不如会买"。

(7) 对人员素质的要求。担任采购人员所应具备的条件也会影响采购的地位。若需要特殊的才能方可胜任采购职位，采购的重要性自然会随之提高。

2) 隶属关系

(1) 采购部门隶属于生产部门，如图 1.7 所示，其主要职责是协助生产工作顺利运行。因此，采购工作的重点是提供足够数量的物料以满足生产上的需求，至于议价功能则退居次要地位。图 1.7 中所示生产管制、仓储工作等另归其他平行单位负责，并未归入采购部门的职能中。总之，将采购部门隶属于生产，比较适合"生产导向"的企业，其采购功能比较单纯，而且物料价格比较稳定。

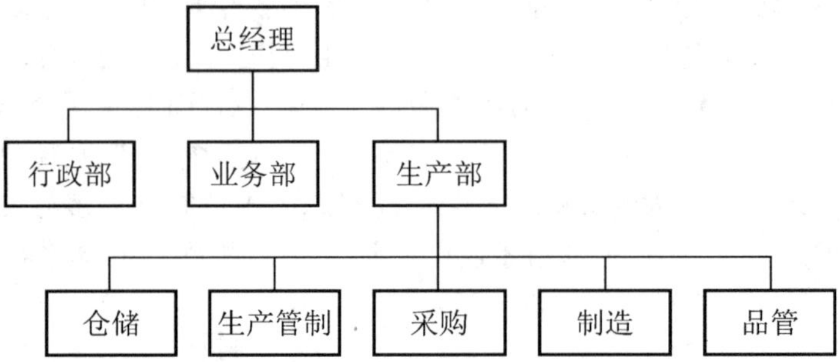

图 1.7　采购部门隶属于生产部门

(2) 采购部门隶属于行政部门，如图 1.8 所示。采购部门的主要职责是获得较佳的价格和付款方式，以达到财务上的目标。虽然有时候采购部门为了取得较好的交易条件，难免会产生延误生产部门用料时间，或者购入品质不够理想的物料等问题，但是采购部门独立于生产部门之外，能产生单位之间相互制衡的作用，并发挥议价的功能。因此，当生产规模庞大、物料种类繁多、价格需要经常调整、采购工作必须兼顾整体企业产销利益均衡时，将采购部门隶属于行政部门比较合适。

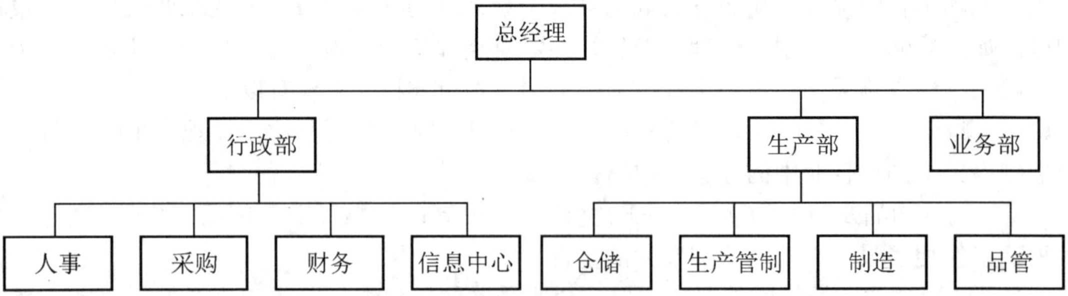

图 1.8　采购部门隶属于行政部门

(3) 采购部门隶属于资材部(物料管理部)如图 1.9 所示。其主要功能在于配合生产制造与仓储部门，达成物料整体的补给作业。但是这种隶属关系无法特别凸显采购的角色与职责，甚至可能使采购部门降为附属地位。因此，隶属于资材部的采购部门，比较适合物料需求不容易管制，需要采购部门经常与其他部门沟通、协调的企业。

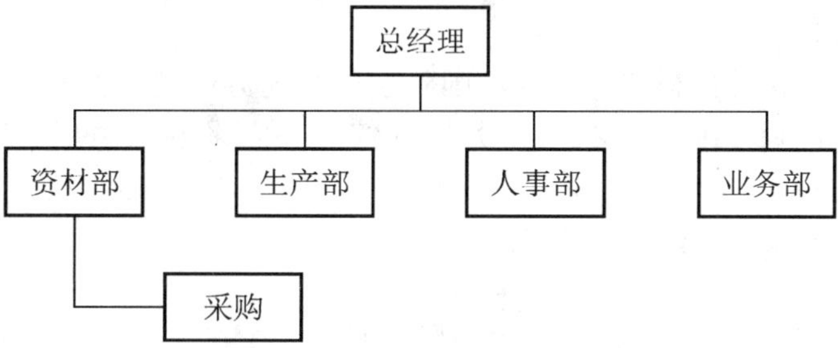

图 1.9　采购部门隶属于资材部

(4) 采购部门隶属于总经理。采购部门直接隶属于总经理管理，如图 1.10 所示，提升了采购部的地位于执行能力。采购部门隶属于高级管理层，使得其成为企业决策中重要的构成部分而不是辅助部分，扮演直线功能而不是参谋功能。此时，采购部门的主要功能，在于发挥降低成本的作用，使得采购部门成为企业创造利润的另一种来源。这种类型的采购部门，比较适合于生产规模不大，但是物料或商品在制造成本或销货成本中所占的比率比较高的企业。

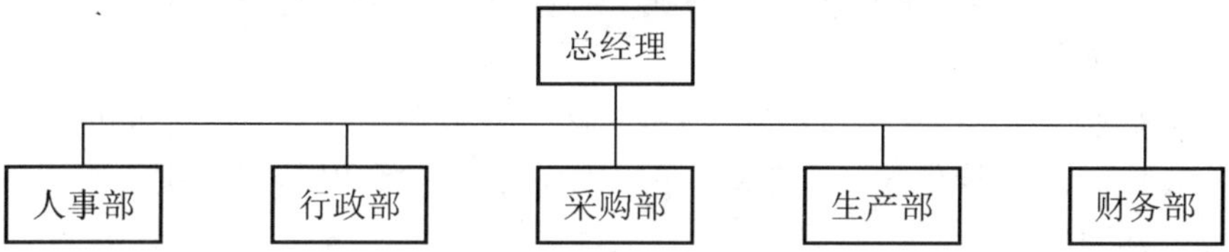

图 1.10　采购部门隶属于总经理

由上述内容可知，采购部门可能隶属于不同的部门或管理阶层。以管理阶层而言，根据保罗·费瑞尔对 350 家美国企业所做的调查报告，采购部门直接归属于总经理管辖的占 34%，归属副总经理管辖的占 26%，归属执行副总经理管辖的占 14%，属于事业部主管的占 8%，归属财务部主管的占 3%，其他占 15%。

从表 1-4 可知，企业规模(销售额)越小，则采购部门由最高阶层(总经理)直接管辖的机会越大；反之，企业的规模越大，则交由副总经理管辖的机会越大。

表 1-4　销售额与采购部门的直属主管关系

企业规模 / 直属主管	销售额为 500 万以下	销售额为 500 万～5000 万	销售额为 5000 万以上
总经理	56.1%	30.8%	19.0%
副总经理	15.8%	20.5%	41.3%
执行总经理	5.3%	10.2%	27.6%
事务部主管	8.8%	13.0%	1.7%
财务长	1.7%	5.1%	—
其他	12.3%	20.4%	10.4%

3. 采购组织的设计方法

1）按采购地区设计

按物料的采购来源设计不同的单位，如国内采购部、国外采购部。这种采购组织的划分主要是由于国内外采购的手续及交易对象有显著的差异，因而对采购人员的工作要求也不尽相同，所以应分别设立部门加以管理。

采购管理人员应就相同物料比较国内、国外采购的优劣，判定物料应该划归哪一部门办理，才能事半功倍。否则，国外采购归业务处管辖，国内采购归工厂管辖，“井水不犯河水”，国内、国外采购就无法比较成本、品质等方面的优劣，也就无法发挥国际供应的优势。

按采购地区设计的采购组织，如图 1.11 所示。

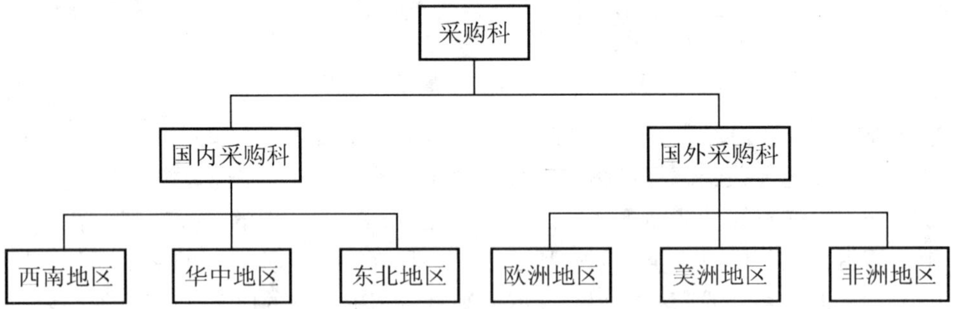

图 1.11　按采购地区设计的采购组织图

2）按物品类别设计

不同的物品有不同的特点，按照采购物品的种类将采购组织划分为不同的部门，分别负责主原料、一般物料、机器设备、零部件、工程发包、维护和保养等类别，将采购工作分由不同单位的人员办理。

按物品类别设计采购组织，可以使采购人员对经办的物品项目相当熟悉，通常能够达到使采购人员“熟能生巧”、“触类旁通”的效果。这也是最常见的采购组织设计方式，对于物品种类繁多的企业尤为适用。

按物品类别设计的采购组织如图 1.12 所示。

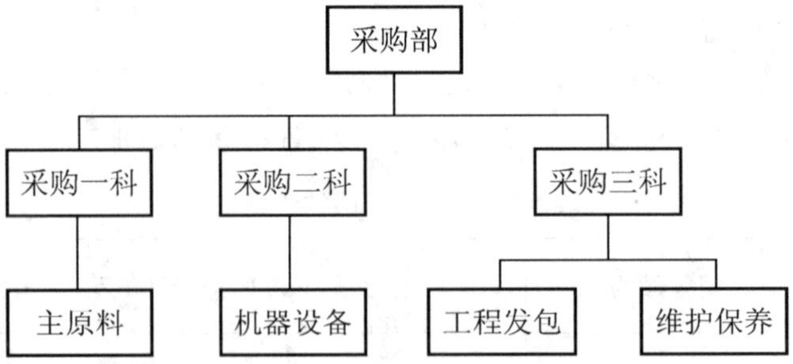

图 1.12　按物品类别设计的采购组织图

3）按采购功能设计

根据采购功能的不同，可将采购组织分为采购开发、议价招标、比价议标、决标签约、稽催履约等不同部门。

这种组织方式最适合于采购量大、采购物品品种少、交货期长的企业，借此可将采购工作分工专业化，产生相互制约，避免权利集中产生暗箱操作，如图 1.13 所示。

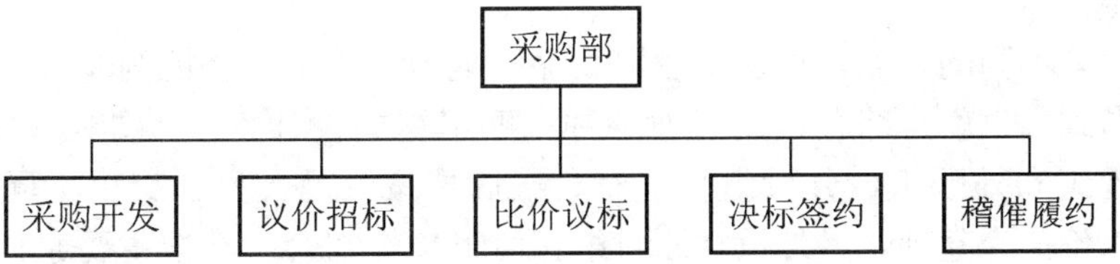

图 1.13 按采购功能设计的采购组织图

4) 按采购物品的价值或重要性设计

为了加强对采购的管理，一般将采购的对象按其价值和品种分为 A、B、C 三类物品，见表 1-5。

表 1-5 ABC 分类管理法

物品	价值	采购次数	采购承办人员
A	70%	10%	采购经理
B	20%	30%	采购主管
C	10%	60%	采购职员

A 类物品，价值高，是重要的物品，具体表现在：价值高，采购合理与否直接影响采购成本；要确保其货源的质量关系到企业经营风险的大小，一般交由采购主管负责。B、C 类物品价值不高，可交给一般采购人员负责。

这种建立采购组织的方式，主要让采购管理人员能够对重大的采购项目倾力处理，达到降低成本的目的；并让采购管理人员有多余的时间，对采购部门的人员与工资绩效加以管理，如图 1.14 所示。

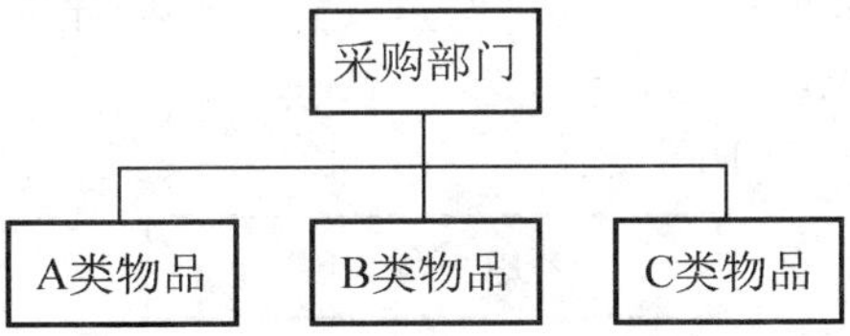

图 1.14 按采购物品的价值设计的采购组织图

另外，可以依据产品对企业的重要性，将策略性项目(利润影响程度高，供应风险高)的决定权交给高级主管(如主管采购的副总经理)，将瓶颈项目(利润影响程度低，供应风险高)交给基层主管(如采购经理)办理，将杠杆项目(利润影响程度高，供应风险高)交给基层主管(如采购科长办理)，将非紧要项目(利润影响程度低，供应风险低)交给采购人员办理，见表 1-6。

表 1-6 按采购物品重要性分工的采购组织

项目类型	利润影响程度	供应风险程度	采购承办人
策略性项目	高	高	副总经理
瓶颈项目	低	高	经理
杠杆项目	高	高	科长
非紧要项目	低	低	科员

5）混合式设计

不同的企业有不同的特点，很多企业以物品、地区、价值、功能为基础，可以形成不同的混合式组织形式，也就是综合运用上面各种采购组织的设计方法，如图 1.15 所示。先以地区划分为内购组和外购组，分设组长掌管；然后再按物品类别，交由不同的采购人员承办；同时，也以价值为基础，另外设立原料组，由组长来掌管，其中主要原料约占整个部门采购金额的 70％，故由采购经理直接洽商决定，交由原料组人员办理有关的交易手续。

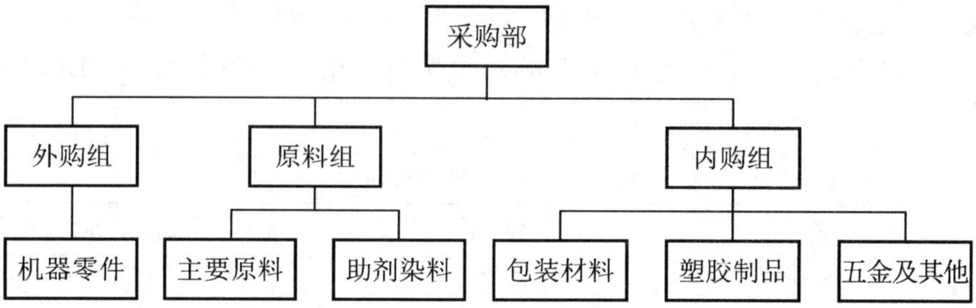

图 1.15　混合式设计的采购组织

总之，不同的企业要充分分析企业自身的特点，考虑企业内外部的影响因素，建立适合本企业的采购组织机构。同时值得注意的是，采购组织建立后不是一成不变的，随着企业所面临的内外部环境的变化，要不断调整自身的采购组织机构，以便更好地适应环境，完成采购任务，最终实现企业的目标。但就短期而言，采购组织是相对稳定的。

（三）采购组织的设立步骤

建立企业采购组织，要根据企业的具体情况，深入分析企业采购的职能、任务与内容，根据精干和高效的原则，设立职能、岗位、职责和权利，选择配备合适的人，建立起他们之间的关系，组成一个采购组织。

采购组织的设立步骤如图 1.16 所示。

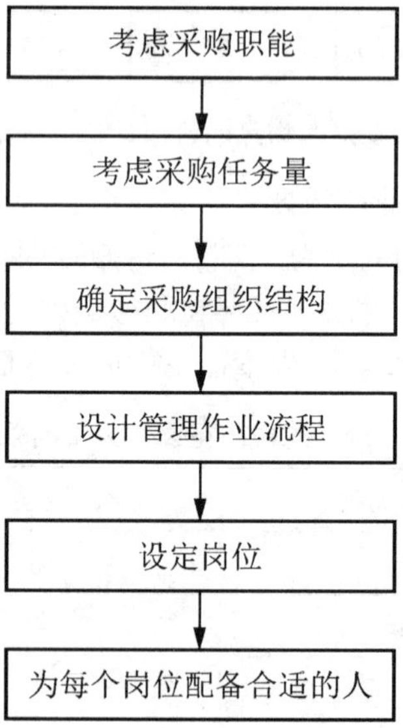

图 1.16　采购组织设立步骤

1. 考虑采购职能

首先要确定赋予采购一些什么职能，只是采购，还是要再赋予一些其他职能，如再赋予一些职能，则要确定再赋予一些什么职能，如要不要做需求分析，供应商管理体系要不要建立，市场信息要不要完善，进货要不要管，入库、验收、仓库管理要不要管等。赋予不同程度的职能，则采购组织的结构就不一样。

2. 考虑采购任务量

职能确定下来后，就要确定任务量，任务量包括采购职能多少，也包括一个职能下工作量的大小，如采购工作量(包括企业内需要采购物资的品种、数量、采购空间范围)越大，采购工作就越复杂、越难，采购工作量也就越大。另外还要考虑供应商管理的工作量、进货的工作量、仓储管理的工作量、市场信息的工作量等。总之工作量越大，采购组织机构相应就越大。

3. 确定采购组织机构

采购组织机构，就是采购管理的幅度和管理层次的总体组织结构框架，也就是由采购管理系统的职能部门构成的。其设置情况及设置规模等取决于采购组织的任务量的大小，采购组织总的工作量越大，采购组织机构相应就要大一点，相反，应要小一点。

4. 设计管理作业流程

设计采购管理作业流程，即根据所确定的管理职能，对每一个管理职能的每一项任务设计一个作业流程，这个作业流程还要进行充分论证，并且要进行流程化分析，流程越短，将来工作也就越有效率。

5. 设定岗位

根据具体的管理职能、管理机制和管理任务的作业流程设定各个岗位，岗位的设置，要根据精简、科学、合理的原则，还要根据企业管理基础建设的情况和管理技术水平的情况来设置。

设置岗位还包括对每一个岗位责任和权利的设置，包括对每个岗位的人数、工作条件等的设置。这些一定要设计好，并且要形成文件，或者指定出管理规范，作为招聘条件予以公布。

6. 为各个岗位配备合适的人

选择人是非常关键的一环，要非常谨慎，特别是对各级的一把手要选择好。选择人可以用不同的方法。对高级主管人员，一种是任命制，一种是公开招聘制。任命制适合于对特定任务的录用。一般是对有多年实际经验、公认为有显著的管理才能的人，可以由公司董事会或总经理或上一级主管直接任命。但是任命制的不足之处就是容易犯主观主义错误。要做到“公认”并不容易，要做到“公平”也不容易。相对而言，公开招聘比较公平、公开、客观，容易招到有真才实学、有实际才干的人。对于一般管理人员，一般采用考试录取的方式选择。后面两种方法，现在比较盛行，即是向社会公开招聘、考试录取。考试要考理论、考技术，还要考思想政治。既要考书本理论知识，也要考察实际方面的知识和管理才能、活动能力等。在考试考察的基础上，择优录取。好的可以担任主管，其余的可以担任下属人员、业务人员等。

在人员配备完成以后，把所配备的人和所规定的岗位职责、规章制度、管理职能等结合起来进行实施，就可以构建成一个有效的采购组织系统。

二、采购岗位的职责

采购部是公司对供应商的唯一窗口，也是能对公司客户产生极大作用的组织，是连接公司客户和供应商的纽带。一般而言，公司的采购部具有对内和对外两类不同的职责。对外是选择和管理供应商，控制并保证价格优势；对内是控制采购流程，保证采购质量和交货周期，满足公司生产和市场的需要。

（一）采购部门的职责

1. 采购总部的职责

（1）组织与工作职责的制定。

（2）商品结构的确定(大组、小组、商品群、价格带、品项数)。

（3）采购作业规范手册的编制与更新。

（4）拟订全国品牌采购条件、年度采购计划。

（5）统一订货与结算商品的处理。

（6）定期召开全国联合采购会议，加强地区采购部与全国采购本部、地区采购部与地区采购部之间的交流。

（7）促进各分店之间的采购交流工作。

（8）采购工作的培训与稽核。

（9）协助新开张分店地方性商品的采购工作。

（10）协调财务部门，确保全国联合采购供应商的“绿色通道”。

（11）辅导各分店的采购工作。

（12）分析各分店商品结构，并给予各分店建议或指导。

（13）协调各分店与供应商之间的矛盾及交易条件。

（14）制定符合公司规章制度，同时满足质量控制和财务制度的采购控制流程，确保公司的采购活动能够满足来自生产部门、市场部门、公司内部的各种采购要求。

（15）通过人员培训和组织调整，控制采购的合同风险和法律风险，杜绝来自公司内外的对采购流程的侵犯，提高采购部门的纯洁性。

2. 采购部门的职责

（1）供应商的调查与选择。通过采购调研做出供应商的筛选、甄别、评价、认证等。

（2）与供应商商谈对采购最有利的供货条件(包括质量、折扣、价格、进货奖励、广告赞助、促销办法、订货办法、送货期限及送货地点等)。

（3）收集市场信息、价格变化的调查分析，掌握市场的需要及未来的趋势。对市场(国内和国际)的行情有及时的了解，保证公司在采购价格上的优势。在市场状况发生明显变化时能够妥善利用供应商的资源和采取适当战略降低风险和取得竞争优势。

（4）核对请购单所购物料的技术规范和技术标准。

（5）供货商交货时品质、数量的验收追踪和处理。

（6）询价、洽谈采购条件，填制订购单并签订采购合同。

（7）通过不懈的努力，降低采购的运作的成本，提高采购效率，提高内部和外部的客户满意度。

(二) 采购人员的职责

在市场经济条件下，决定企业成功的根本因素是人，企业采购都要通过采购人员来完成。有的企业每年外购总值高达数亿元甚至数百亿元，只要采购管理工作发生一点疏漏，就可能造成严重后果。可见采购人员对一个企业来说有多么重要。

1. 采购部门人员配置

1）采购人员配置标准

采购人员配置标准见表1－7。

表1－7　采购部门人员配置标准

序号	职务	人数	具体工作内容
1	采购主管	1人	负责采购规划
2	采购助理	1人	负责采购部门的日常工作，供应商档案的管理，采购计划、采购物料退还登记情况
3	采购工程师	1人	供应商的管理、采购物料的价格、品质等管理
4	采购员	若干	采购物料的跟催、供应商关系的维护、物料的价格谈判等

2）职责配置标准

(1) 必备职位：采购主管、采购助理、采购员。

(2) 可备职位：采购工程师可以单独设立岗位，也可以由采购员或采购主管兼任。

(3) 必须由主管兼任的职位：采购规划、劳资纠纷处理等。

2. 采购岗位工作职责

1）采购经理的岗位职责

(1) 主持采购部的全面工作。

(2) 领导采购部门按部门的工作职能做好工作。

(3) 根据各部门的需求计划制订采购计划，并督导实施。

(4) 制定本部门的物资管理相关制度，使之规范化。

(5) 制定物资采购原则，并督导实施。

(6) 做好采购的预测工作，根据资金运作情况，合理进行预先采购。

(7) 定期组织员工进行采购业务知识的学习，精通采购业务和技巧，培养采购人员廉洁奉公的情操。

(8) 带头遵守采购制度，杜绝不良行为的产生。

(9) 控制好物资批量进购，避开由于市场不稳定所带来的风险。

(10) 监控产品物流的状况，控制不合理的物资采购和消费。

(11) 进行采购收据的规范指导和审批工作，协助财会进行项目的审核及成本的控制。

(12) 完成上级交办的其他任务。

2）采购主管的职责

(1) 新供应商的寻找，资料收集及开发工作。

(2) 对新供应商品品质体系状况(产能、设备、交期、技术、品质等)的评估及认证，以保证供应商的优良性。

(3) 与供应商进行比价、议价谈判工作。

(4) 对原供应商的价格、产能、品质、交期的审核工作，以确定原供应商的稳定供货能力。

(5) 及时跟踪掌握原材料市场价格行情变化及品质情况，以期提升产品品质及降低采购成本。

(6) 采购计划编排，物料订购及交期控制。

(7) 部门员工的培养与管理。

(8) 与供应商及其他部门的沟通协调检举。

(9) 调查研究公司各部门物资需求及消耗情况，熟悉各种物资的供应渠道和市场变化情况，指导并监督员工开展业务。

(10) 审核年度各部门的采购计划，统筹策划和确定采购内容，监督和参与产品业务洽谈。

(11) 审核商品采购合同，确保供应商费用等指标的完成。

(12) 监督采购员的订货工作，确保企业有足够的库存，同时保证较高的商品周转。

(13) 按计划完成公司各类物资的采购任务，并在预算内尽可能减少开支。

3) 采购助理的职责

(1) 请购单、验收单的登记。

(2) 订购单与合约的登记。

(3) 交货记录及跟踪。

(4) 供应商来访的安排与接待。

(5) 采购费用的统一申请与报支。

(6) 进出口商品文件及手续的申请。

(7) 电脑作业与档案管理。

(8) 承办保险、公证事宜。

4) 采购工程师的职责

(1) 主要原材料的估价。

(2) 供应商提供的材料样板品质的初步确认。

(3) 采购部门有关技术、质量文件的拟制，与技术质量部门进行有关技术、质量问题的沟通与协调。

(4) 与供应商进行有关技术、质量问题的沟通与协调等。

5) 采购员的职责

(1) 主动与申购部门联系，核实所购物资的规格、型号、数量、验货时间等，避免差错，按需进货，及时采办保证按时到货。

(2) 熟悉市场行情及进货渠道，坚持“货比三家，比质比价，择优选购”的采购原则，努力降低进货成本，严把质量关，杜绝假冒伪劣商品的流入。

(3) 了解各部门的物资需求及市场供应情况，掌握公司有关财务规定以及对物资采购成本、费用资金控制的要求，熟悉各种物资采购计划。

(4) 熟悉和掌握本人分管的各种物料的名称、型号、规格、产地、单价、品质及供应商品的厂家、供应商，要准确了解、掌握市场供求即时行情，适时组织采购。

(5) 按“谁经手谁负责”的原则，要对本人分管的采购业务的质量、数量、成本负责，要尽可能多渠道采购，降低采购成本，提高采购质量。

(6) 及时完成部门下达的各项采购任务，及时保障公司正常经营需求，严格执行公司采购管理制度，采购均以“物资申购单”为依据。

（7）严格执行公司各项财务制度及规定，并坚持“凭单采购”的原则，购进的一切物资要及时通知收货员及用货部门负责人，按规定办理验收入库手续。共同把好质量、数量关。

（8）服从公司财务监督，遵守公司有关规章制度及员工守则。

（三）采购人员的素质要求

商品采购是企业业务开展的第一个环节，采购工作的好坏直接影响到企业整个业务活动的进程和质量。对于商业企业来说，采购商品的品质、质量、数量等直接影响到商业企业商品的销售工作与服务质量；对于工业企业而言，采购的原材料的质量、数量，不仅影响到产成品的质量，而且影响到企业经营的连续性。因此，做好采购工作意义重大。

要做好采购工作，企业必须要有一支高素质、有战斗力的采购队伍。采购人员素质是指采购人员的天资、思想、品德、知识、能力的总称，即采购员应具备的基本条件。一般认为，采购人员应具有以下几个方面的素质。

1. 采购人员的思想品德素质

采购工作没有固定规则可循，加上采购行为稽查困难，使得采购工作是“良心工作”。因此，觉悟高、品行端正是一个采购员应有的基本素质，只有思想品德高尚，才能大公无私、克己奉公，处处为企业大局着想，不贪图个人小利。

在实际工作中，有许多采购人员拿回扣、要好处费，或借采购之机游山玩水，造成企业采购费用开支过大，或采购商品质量低劣，给企业造成巨大损失。结合我国企业的实际，一般要求采购人员做到以下几点：

（1）胸怀坦荡，大公无私。

（2）有很强的工作责任心和敬业精神。

（3）树立良好的职业道德，把企业的利益放在首位，严格把好进货关。

（4）承受压力的毅力。采购工作是一项重要、艰巨的工作，要与企业内外方方面面的人打交道，经常会受到来自企业内外的“责难”，采购人员应具有应付复杂情况和处理各种纠纷的能力，在工作中被误解时，能在心理上承受得住各种各样的压力。

2. 采购人员的知识素质

在采购工作中，一方面采购人员要与不同类型的供货商打交道；另一方面采购的商品品种繁多，规格不一，且市场上商品的供求变化快，为此，采购人员应该具备采购任务所需要的商品相关知识和政策、法律知识。政策、法律知识，包括国家出台的各种相关法律、价格政策、专营方向，维护国家与企业利益。

（1）市场学知识。了解消费者需要，掌握市场细分策略以及产品、价格、渠道、促销方面知识，才能合理地选择采购商品的品质，从而保证采购的商品适销对路。

（2）业务基础知识。业务知识包括谈判技巧、商品知识(商品功能、用途、成本、品质)、签约的基本知识等。这是做好本职工作的关键，将有助于与供应商的沟通，能主动进行价值分析，开放新来源或者替代品，有助于降低采购成本。

（3）社会心理。了解客户的心理活动，把握市场消费者的心理需求，从而提高采购工作的针对性。

（4）自然科学知识。自然科学知识包括自然条件、地理、气候、环境变化以及数理知识和计算机知识。将现代科技知识用于采购过程，把握市场变化规律，从而提高采购工作的效率与准确性。

(5) 文化基础知识。这是其他知识的基础，不具备文化基础知识的人是无法很好地完成采购工作的。

3. 采购人员的能力素质

知识不等于能力，国外的心理学家研究表明，要办好一件事，知识起的作用只有1/4，而能力起的作用占3/4，可见能力更为重要。要干好采购工作，采购人员同样应具有相应的能力，一般把采购人员具备的能力归纳为以下几种。

(1) 分析能力。分析市场状况及发展趋势，分析消费者购买心理，分析供应商的销售心理，从而在采购工作中做到心中有数、知己知彼、百战百胜。

(2) 协作能力。采购过程是一个与人协作的过程。一方面，采购人员要与企业内部各部门打交道，如与财务部门打交道解决采购资金、报销等问题；与仓储部门打交道，了解库存现状及变化等。另一方面，采购人员要与供应商打交道，如询价、谈判等。采购人员应处理好与供应商和企业内部各方面的关系，为以后工作的开展打下基础。

(3) 表达能力。采购人员是用语言文字与供应商沟通的。因此，必须做到正确、清晰地表达所欲采购商品的各种条件，如规格、数量、价格、交货期限、付款方式等。如果口齿不清，说话啰唆，只会浪费时间，导致交易失败。因此，采购人员的表达能力尤为重要，是采购人员必须锻炼的工作技巧。

(4) 成本分析和价值分析能力。采购人员必须具备成本分析能力，会精打细算。买品质太好的商品，物虽美，但价更高，加大成本；若盲目追求价廉，则必须支付品质低劣的代价或伤害其与供应商的关系。因此，对于供应商的报价，要结合其提供的商品的品质、功能、服务等因素综合分析，以便买到适宜的商品。

(5) 预测能力。在市场经济条件下，商品的价格和供求在不断变化，采购人员应根据各种产销资料及与供应商打交道过程中供应商的态度等方面，来预测将来市场上该种商品供给情况，如商品的价格、数量等。

【应用案例】

美国赫尔希食品公司的采购组织情况

在过去4年中，美国赫尔希食品公司大力对其采购业务进行了再造，以从供应基础获得充分价值，结果如何呢？集中的采购群体远离了事务处理而转向战略供应管理，而供应基础则密切地与赫尔希食品公司的运作和经营战略相结合。赫尔希公司供应战略的关键在于以下几点。

(1) 采购的集中化及整合。过去它是由处于每一个经营单位和公司水平单独的采购部门实施的。

(2) 供应基础的重大整合。其目的是为了使赫尔希公司的影响最大化并发展更紧密的供应商关系。

(3) 从采购资源转向战略供应活动并远离事务处理，与此同时，使赫尔希公司机构内部理解这种转换的原因。

(4) 将关键供应商垂直整合到赫尔希公司的业务之中，这包括过程和商业信息的公开分享。有时，供应商的部门会全心全意服务于赫尔公司的业务。

福兰克是采购副总裁，他认为在赫尔希公司，改变采购的基础结构是一项简单的决策。"4年前我们决定将其全部事务集中化，包括商品、包装、投资设备采购以及服务。"他所说的是采购职能。

直到那时，总部设在宾夕法尼亚州的赫尔希食品公司仍拥有很多小的采购部门，其中包括属于公司层次的商品小组，也包括分公司的商品小组。在赫尔希公司的核心——糖果点心业务和意大利面食及食品杂货店之间，原材料和生产辅助工具或一般生产耗材用品的采购小组或部门的数量如此之多，以至于效率低下。

后来，所有的核心能力和技能被整合在一组采购专业人员手中。小组成员包括掌权的福兰克、两个商品主管、一名设备和服务主管及一名包装主管。成立小组的意图是使赫尔希食品公司的购买量杠杆化，以降低成本。

显然集中化是福兰克努力的主要行动之一，目前赫尔希公司的采购运作在多种活动中与所有独立的经营单位紧密结合，其中包括新产品的开发。

“采购存在于每个运营部门人员——销售、市场、制造及其他供应商的业务中”，福兰克说，“我们在概念(发展)阶段开始努力寻找恰当的供应商”。例如，采购代表会与新产品开发小组共同工作，其中也包括研发、食品技术、工程设计、制造和市场营销人员。

福兰克强调商品经理应把精力集中于战略而不是合同的数量。他说：“例如，我们希望可可豆的采购者在交易上花的时间更少，而在跟踪市场上花更多的时间。”

为了使这种努力获得成功，采购部门谋求来自所有单位的支持。这花了一些时间。福兰克指出，任何时间都可以发生合并。“总有一定的忧虑与其相伴。”为了减轻这种担忧，采购小组制订了一个教育计划。福兰克说：“没有一定的形式，我们只是寻求与工厂经理和赫尔希工厂其他的涉及物料来源的人进行直接沟通的机会。”他和采购小组的其他成员访问了一些工厂，召集了其他人，在工厂经理们开会的时候与其进行交谈。他说：“我们与他们交谈，告诉他们为什么我们正在改变。”

跨职能小组是采购组织中比较新颖的组织形式，用一个来自IBM的例子来描述下再恰当不过。1992年，IBM公司由于财务出现了巨大的亏损，因此，IBM的采购职能被加以重视。IBM的新采购组织采用了一个与供应商的单一联系点(商品小组)，由这个小组为整个组织提供对全部部件需求的整合，合同的订立是在公司层次上集中进行的。然而，在所有情况下的采购业务活动都是分散的。

采购部件和其他与生产相关的货物是通过分布在全球的采购经理组织的，这些经历对某些部件组合的采购、物料供应和供应商政策负责。他们向首席采购官和他们自己的经营单位经理汇报。经营单位经理在讨论采购和供应商问题以及制定决策的各种公司业务委员会上与首席采购官会晤。首席采购官单独与每一个经营单位经理进行沟通，使得公司的采购战略与单独的部门和经营单位的需要相匹配。这保证了组织中的采购和供应商政策得到彻底的整合。IBM通过这种方法将其巨大的采购力量和最大的灵活性结合在一起。

对于生产相关的物料的采购，IBM追求的是全球范围内的统一采购程序，供应商的选择和挑选遵循统一的模式。他们越来越集中于对主要供应商的选择和与他们签订合同，这些供应商以世界级的水平提供产品和服务并且在全球存在。这实现了更低的价格和成本水平、更好的质量、更短的交货周期，并因此实现了更低的库存。这种方法还实现了更少的供应商和逐渐增加的相互联系，因为采购总额被分配给了更少的供应商，因此可以更多地关注价值链中与单个供应商的关系，并可以发展以持续的绩效改善为基础的关系。

正是因为看到了跨职能采购小组的优点，为了长期节约，赫尔希公司的采购部门建立了跨职能小组与供应商共同工作。与某些供应商一起，5～7位赫尔希公司的代表经常与来自供应商的对等人员坐下来讨论，并且“他们不是进行谈判，而是寻求从系统中削减成本”。

为了确保小组找到对赫尔希公司而言可以接受的解决方法，福兰克委任包装经理Thomas Bowman指导小组设定并达到目标。结果是得到了这样的解决方案，例如，为赫尔希公司降低成本，提高生产效率，以及给供应商的产品增加价值。

(资料来源：http：//www. chinabuy. ws/read. asp? id=28307)

问题思考：

(1) 你认为赫尔希食品公司采取的是什么样的采购组织形式？与以往采购方式相比，有什么优点？

(2) 为了更有效地实施采购管理，福兰克对公司采购组织做出了哪些改变？

(3) 读了这个案例之后，你觉得该公司的改革对提高我国企业采购效率有什么启示？

[复习题]

(1) 采购组织常见的类型有哪些？并分别说出他们的特点及优点。

(2) 假如让你设计一个企业的采购组织，你会从哪几个方面考虑。

(3) 企业的采购岗位具有哪些职责？

(4) 假如你是一个企业的采购人员，你觉得你应该具备哪些基本素质才能更好地适应你的工作？

[实训巩固]

实训目的

通过训练掌握采购组织的结构和岗位职责。

实训内容

某大型国际集团采购部门的组织架构如下。

(1) 集团下设 3 个销售区域，欧洲区、美洲区、亚洲区。

(2) 供配货中心下设 5 个专业采购部，即“穿着类采购部”、“生鲜类食品采购部”、“一般食品采购部”、“电器商品采购部”、“日用百货文化商品采购部”，由供配货中心总经理直接领导，副总经理协助管理。

(3) 各采购部推行高级经理领导下的买手负责制。高级经理全面负责采购部的日常业务工作；买手分为买手和买手助理 2 个级别。高级经理和买手的工资收入与其经营业绩直接挂钩。

(4) 高级经理对各级买手有业务指导权和行政上的领导权。各买手之间属平级关系，但上一级买手对下一级买手在业务上有指导权。

要求：

(1) 写出采购组织设置的原则。

(2) 根据案例的企业情况，为企业设计采购组织(画出企业采购组织图，并列出每个岗位的职责)。

实训考核

实训评价的方式有教师评价、小组内部成员评价和第三方评分组成员评价 3 种，建议教师评价占 60%的权重，小组内部成员评价占 20%的权重，第三方评分组成员评价占 20%的权重，将三者综合起来的得分为该生在该项目的评价分见表 1-8。

表 1-8　实训工作评价表

考评人		被考评人	
考评地点			
考评内容	物料的采购分类与采购方式确定		
考评标准	具体内容	分值/分	实际得分
	工作态度	20	
	团队合作	20	
	实训任务的完成度	30	
	成果展示与汇报	30	
合计		100	

注：考评满分 100 分，60 分以下为不及格，60～69 分为及格，70～79 分为中，80～89 分为良，90 分以上为优。

导读三

采购战略解读

CAIGOU ZHANLUE JIEDU

【学习目标】

熟悉战略的概念和企业战略的内容，了解企业战略与采购战略的关系；掌握企业采购与供应的定位，掌握企业采购物料的分类方式和意义，掌握不同物料的采购战略。

【导读任务】

任何企业的物料采购都有一定的、适合企业自身和市场特性的采购战略，不同的采购物料，在不同地域、市场和供应者都存在不同的采购战略。采购战略也是企业战略的一个重要部分。采购战略的优劣直接影响到企业运营的连续性和经营效益。如何保证企业以最小的采购成本，创造最大的采购效益，是所有企业和个人的采购行为所追寻的主要目标。

如果你是学生小李，需要完成如下任务。

1. 任务要求

通用电器公司前CEO杰克·韦尔奇说过，“采购和销售是公司能挣钱的部门”，但这个钱也不容易挣，需要有一定的采购技能和工作付出。作为学生小李，要想学习和领会本导读的知识，需要进行一次采购体验或到企业调研企业的采购策略的制定，以及不同物料的采购定位与策略应用，并写出自己的体会。

2. 任务实施

小李以个人或和同学组成6人小组；制定任务目标及实施路径；进行生活用品自主采购或到企业进行调研；然后写出自己的感想和体会，着重分析不同物料的采购定位与策略应用。

【导读案例】

1. 美国 buyer 的种类与采购模式

很多中国的供应商只知道做外单，但是总分不清楚，客人的种类与采购模式，雾里看花，难以摸透，在此提供我个人的经验，供有意经营美国市场的供应商了解。

百货公司买主(department store buyer)他们会自己采购各类产品，不同品种由不同采购部门负责。比较大的连锁百货如 Macy's、JC Penney's 等，几乎有自己的采购公司在各生产市场。一般工厂很难打入，他们往往透过大贸易商来选择他们的供应商，自成一个采购系统。采购量大，价格要求稳定，每年购买产品变化不会太大，品质要求很高。不大容易变换供应商。大部分都在美国本地看展，不会亲自到中国看展。

2. 连锁大型超商卖场(Mart)

如 Wal-Mart、K-mart 等，采购量大，也有自己的采购公司(Buying Office)在生产市场，有自己的采购系统，他们的采购对市场价格的敏感度很高，产品变化要求也很大，工厂价压得很低，但量很大。开发力强，价格便宜，资金雄厚的工厂可以进攻这类型的客户。小厂最好保持距离，否则它一张订单的周转资金就让你吃不消，万一品质无法达到验货标准，就难以翻身了。

3. 品牌进口商(Importer)

大部分是品牌自己进货(如 Nike、Samsonite 等)，他们会找有规模、品质好的工厂直接以 OEM 方式下单，他们的利润较好，品质要求有自己的标准，订单稳定，跟工厂建立很长久的合作关系。目前世界上有越来越多的进口商到中国的展销会来找厂商，这是值得中小型工厂努力开发的客人。进口商在其国内的生意规模是他们采购数量及付款条件的参考因素，在做生意前，可以透过他们的网站去了解他们的实力。即使是小品牌，也有机会培养成大客户。

4. 批发商(Wholesaler)

批发的进口商，他们通常采购特定的产品，在美国国内有自己的发货仓库(Warehouse)，透过展览销售他们的产品，量大、价钱、产品的独特性是他们注意的重点。这类客人很容易比价钱，因为他们的竞争对手都同是在展览商卖货的，所以价格及产品的差异性很高，如果相同的产品，那么常会因为别人价钱较低而跑单。主要的采购方式是自己到中国看展采购。

很多华人资金较雄厚的，就在美国做批发生意，成为批发商，回中国采购。

5. 贸易商(Trader)

这部分的客人，什么产品都可能会买，因为他们有各种不同的客人，采购不同的产品，但订单的延续性比较不稳定。订单量也较不稳定。小厂比较容易做到。

6. 零售商(Retailer)

几年前，美国零售商几乎都在美国本土采购，但商业进入网络化以后，越来越多的零售商自己透过网络询价采购，这类客人其实是很难培养大的，所以比较适合国内批发商来做，工厂只是浪费时间报价，没有潜力。

(资料来源：http：//www.chinawuliu.com.cn/xsyj/201005/28/142596.shtml)

思考与分析：

采购种类和采购模式是相对应、紧密联系和相互影响的，不同的采购物料应当采用不同的采购策略，这也是本导读的目的。

【导读知识】

一、企业战略和职能策略

“人无远虑，必有近忧”。这句话充分说明了长远考虑与近期工作的关系。在激烈的竞争中，企业日益感到制定发展战略的重要性。企业战略是企业为求得生存和发展，在较长时期内生产经营活动的发展方向和关系全局问题的谋划。

制定发展战略，实行战略管理是20世纪70年代西方企业在环境急剧变化的条件下，为了生存和发展而在管理上的一次大变革。其目的是使企业的组织结构、资源分配和经营方式与环境提供的各种机会取得动态平衡，以实现总体战略目标。从生产管理到经营管理，是企业管理的一次飞跃；从经营管理到战略管理，是企业管理的又一次飞跃。19世纪末20世纪初，整个市场商品严重供不应求，市场上遵循生产什么就流通什么也就消费什么的规律，是生产决定消费的年代。企业能够提供低价的、标准化的产品，就能够盈利。这时，企业管理主要就是生产管理。第二次世界大战后，由于科学技术的飞速发展和大量军工企业转向生产民用产品，社会产品供给量剧增，企业在市场上处于空前激烈的竞争环境中，整个市场也由原来的卖方市场迅速转变为以购买者为主导的买方市场，从而使企业面临许多更为严峻的挑战。经营管理是在既定的企业规模、组织结构和资源状况下，从现有资源投入使用开始，通过生产过程，直到产出的全过程，进行现有计划框架内的管理活动。而战略管理则不仅着眼于现有资源条件下的投入产出全过程，还关注对未来做出预见性的战略设计、战略实施和战略控制的全过程。未来学家托夫勒指出："没有战略的企业，就像是在险恶气候中飞行的飞机，始终在气流中颠簸，在暴风雨中沉浮，最后很可能迷失方向，即使飞机不坠毁，也不无耗尽燃料之虞。"事实证明，在一个精心制定的、符合实际的战略的指导下，企业各部门和全体员工团结一致，朝着共同的目标努力，企业就会取得成功。相反，如果战略制定失当，或者企业各部门追求各自的目标，则会造成资源的巨大浪费，甚至给企业带来灾难。

企业高层领导最重要的工作就是进行战略管理。企业战略管理是指在企业战略的形成过程中以及在这些战略的实施过程中，制定的决策和采取的行动。企业高层领导对设置企业的长期发展目标负责，并使企业的各个部分朝着这个目标前进。对企业总体的发展方向有长期作用的决策称为战略决策。

为什么现代企业如此重视战略？最主要的原因是竞争日益激烈。进入20世纪90年代后，由于参与竞争的选手远远超过市场这个竞技场地的容量，加上科学技术的发展日新月异，使竞争变得空前激烈。竞争不仅造成每年有大量的中小企业倒闭，也使一些有名的大公司破产。缺乏企业战略和不重视战略管理是其主要原因之一。因此，应该对战略和战略管理引起足够的重视。

(一) 企业的使命

企业的使命表述了企业之所以存在于经济社会中的原因及欲达到的目的。确定企业使命(战略)需要回答如下基本问题：①我们现在在哪里？即要弄清楚企业所处的环境，包括宏观环境、行业环境和竞争环境；②我们想到哪里去？即确定企业的发展方向和目标，包括进入哪个或哪些行业，满足哪些顾客需求和为哪些顾客群服务，预计取得的结果是什么；③我们如何到达那里？即应选择什么样的竞争战略，是成本领先战略、差异化战略，还是快速响应战略。

制定企业战略需要在环境、目标和资源之间进行协调，如图1.17所示。首先要考虑外部环境，尤其是行业环境，企业要进入哪些有成长空间的行业。比如1992年诺基亚总裁奥利拉毅然决然选择移动通信行业，尽管当时该行业并不赚钱，但事实很快证明，选择移动通信行业是正确的。一旦决定以移动通信为发展的方向后，就毅然实施了"归核化战略"。所谓“归核化战略”，即突出竞争优势的战略。其要义有三：①把企业经营的业务归集到最具竞争优势的行业；②把经营与开发的重点放在核心行业价值链最具优势的环节上，把移动电话定为诺基亚的支柱产业，努力在该领域进入世界前三名，确保盈利性增长；③强调企业核心能力的培育、维护和发展，这就是定位和目标。确定目标并实现目标，需要通过协调外部环境和内部资源及能力来实现战略。

企业战略包括 3 个层次：公司级战略(Corporate Strategy)、事业级策略(Business Strategy)和职能级策略(Functional Strategy)。

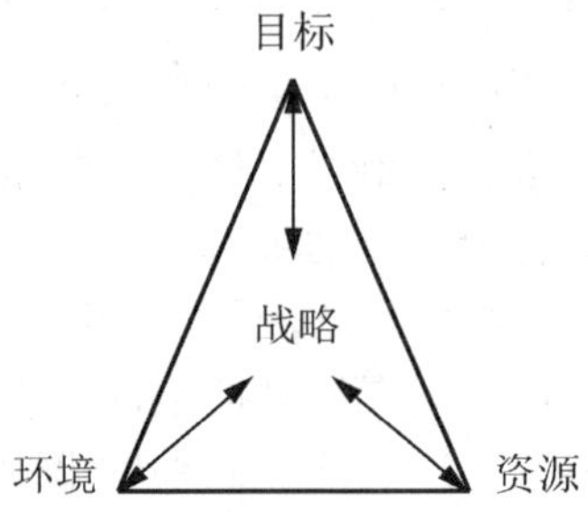

图 1.17 战略管理的“金三角”

(二) 企业战略的选择过程

按照正式的战略规划制定和实施的模式，战略管理过程包括确定企业使命(宗旨)和主要目标、战略分析、战略选择和战略实施 4 个阶段，如图 1.18 所示。

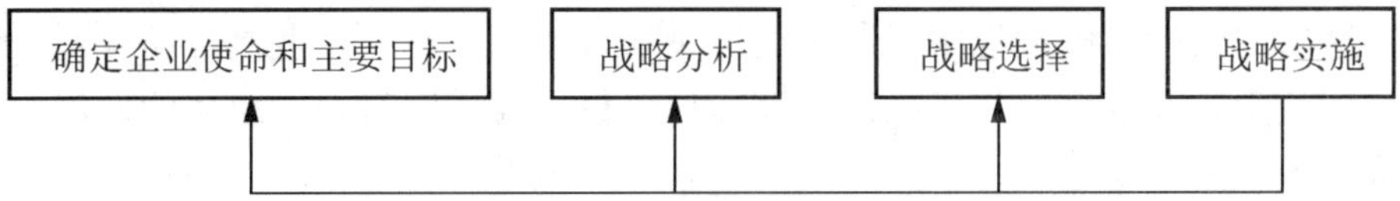

图 1.18 战略管理过程

1. 确定使命和主要目标

使命(Mission)是企业存在的基础和原因。不同组织的使命是不同的，学校的使命是培养优秀人才，医院的使命是治病救人，汽车制造厂的使命是生产顾客所需要的汽车。使命需要清晰而简要地表达出来，以作为企业的宗旨。

例如，IBM 公司的宗旨是：我们创造、开发和制造工业界最先进的信息技术，包括计算机系统、软件、网络系统、存储设备和微电子学。我们有两条基本宗旨：力求在创造、开发和制造最先进的信息技术方面处于领先地位；作为世界上最大的信息服务公司，我们将先进的技术转化为我们顾客的价值；我们世界各地的专业人员在特定产业、咨询服务、系统集成和技术支持中提供专门技术。

企业的使命和宗旨为企业发展提供了一个总的方向，并由此产生企业的目标。某种产品的市场占有份额、一定的盈利水平，都可以作为企业的目标。

2. 战略分析

战略分析包括两个方面；分析内部条件以找出优势(Strength)与劣势(Weakness)，分析外部环境以找出机会(Opportunities)和威胁(Threats)。以美国哈佛大学商学院的安德鲁斯教授为代表的战略规划学派，提出了著名的 SWOT 分析方法，全面分析企业的优势、劣势、机会和威胁 4 种因素，以选择适宜的战略加以实施，并强调在不确定的环境因素下，结合企业方针、目标和经营活动，认真分析设计，以形成竞争优势。SWOT 分别代表优势(S)、劣势(W)、机会(O)、威胁(T)，优势和劣势都是就企业本身而言的，机会和威胁是从外部环境分析出来的，见表 1－9。在 SWOT 分析矩阵中，各种优势、劣势与各种机会、威胁互相交叉，形成许多不同的区域。在有的区域里，要发挥优势，利用机会；在有的区域里，要规避企业劣势，利用机会；在有的区域组合里却要利用优势，回避一些威胁；在有的区域里，不仅在企业内部是劣势，而且在企业外部威胁又很大，那就要选择退出。

表 1－9 SWOT 分析矩阵

	优势(S) 列出企业所有优势因素	劣势(W) 列出企业所有劣势因素
机会(O) 列出企业所有机会因素	SO 战略 列出发挥优势、利用机会的企业战略	WO 战略 列出利用机会、克服劣势的企业战略
威胁(T) 列出企业所有威胁因素	ST 战略 列出利用优势、回避威胁的企业战略	WT 战略 列出减少劣势、回避威胁的企业战略

3. 战略选择

在进行内部条件与外部环境分析的基础上选择适当的战略。对企业来说，它有一个总体战略，称之为企业战略或公司战略。公司战略是公司最高层次战略，内容包括两方面：①选择企业经营范围和领域，如是专注于某个事业还是实行多元化，通过并购实现纵向一体化还是横向一体化；②在各事业部之间进行资源分配，资源分配是战略实施的关键。一个大公司一般分成若干个事业部，事业部是相对独立的经营单位。事业部策略，也称为经营单位策略或经营策略，内容是在选定的事业范围内，如何去竞争，因此有时也称为竞争策略。如果企业只从事一项事业，则公司战略和经营策略是一致的。由于每个事业部都下设不同的职能部门，职能部门的活动支持事业部的发展，相应地就有各种职能策略，如生产运作策略、财务策略、营销策略等。职能策略涉及企业的职能领域，它们支持事业部策略，而事业部策略支持公司战略，公司战略支持企业目标和使命。公司战略指导经营策略，经营策略指导职能策略。战术是实施战略的方法和行动，战术指导运作，战术解决“如何做”的问题，运作解决“做”的问题。使命、宗旨、目标、总体战略、经营策略、职能策略、战术、运作之间的关系如图 1.19 所示。

制造业有战略和战略管理问题，服务业也有战略和战略管理问题。比如一所大学，它的宗旨可能是为国家培养具有创造精神的高层次人才；目标是 30 年内建成世界一流大学；战略是发挥优势，信息技术、生物工程和管理科学领域在国内达到领先地位，创造出在世界上有影响的成果；战术是发挥现有教师的创造性和潜能，并吸引国内外优秀人才来校工作；运作方法是制定有效的激励措施和优惠政策。对于个人来说，也可能有其宗旨和战略。比如，某人的宗旨是成为企业界的名人；目标是大公司总经理，收入高，有声望；战略是获得名牌大学学位；战术是选择著名的管理学院学习，创造入学条件；运作方法是入学考试、注册、上课、研究。

4. 战略实施

设计适当的组织结构与控制系统并有效地分配资源，使组织确定的战略能够实现。

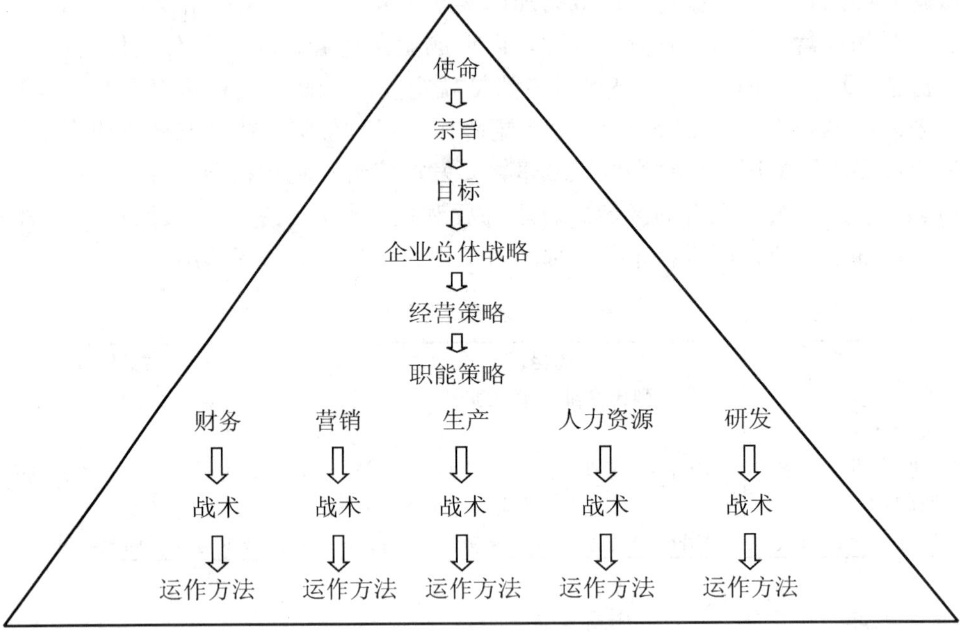

图 1.19　从使命到运作的层次关系

(三) 企业战略的确定

企业战略的确定包括公司战略、事业部战略和智能策略的确定。

1. 公司战略

公司战略是企业最高层次的战略，解决公司应该投入何种事业领域，以实现长期利润最大化，确保合理的投资回报率的问题。公司可以选择专注于单一事业，像格力那样专门从事家用空调器的生产；选择多种不同的事业领域，像春兰那样可以采取垂直一体化；采取水平一体化、多元化或者重整。公司可以采取发展战略，以及采取稳定战略或收缩战略。

1) 专业化

麦当劳(McDonald's)快餐店、可口可乐(Coca - Cola)饮料、诺基亚移动电话、格力家用空调，都采取了专业化战略。其优点是：集中资源(管理、技术、财务、领导精力)于单一领域，容易取得优势；避免进入不熟悉或无能力创造高附加值的领域。可口可乐曾渗透到娱乐事业，发现管理娱乐事业使其宝贵的经营注意力脱离了核心饮料事业，于是撤资。当公司从事单一事业时，公司战略和经营战略是一致的。

2) 纵向一体化

纵向一体化又称垂直一体化(Vertical Integration)，意味着公司自行生产其投入(向后或向上游整合)，或自行处理其产出(向前或向下游整合)。钢铁公司将铁矿供应整合进来，是向上游整合的例子；汽车制造商建立销售网络，是向下游整合的例子。

纵向一体化的优点是：①可以提高新竞争者的进入障碍。20 世纪 30 年代，铝制品公司 Alcoa 和 Alcan 将当时唯一具有开采价值的牙买加的 Caribbean 岛铝矿整合，使竞争者打消了进入的念头，一直到 1950 年在澳洲和印尼发现高等级铝矿砂之后情况才开始改变。②提升专用资产投资效率。专用资产可使产品差异化，既可以提高价格，同时又具有高效率，可以降低成本，且专用资产在其他用途上会降低使用价值。对专用化资产投资引起的问题，通过纵向一体化才能得到较好的解决。③保证产品质量。麦当劳在莫斯科设店时，由于当时苏联的马铃薯和肉类质量太差，麦当劳在苏联建立了自己的农场、养牛场、蔬菜区和食品处理工厂，实行纵向一体化。④便于加强计划与控制。实行纵向一体化使得企业间的协调变成企业内的统一指挥，保证生产进度，并降低库存。纵向一体化的缺点是：①成本劣势。当存在低成本的外部供应商时，纵向一体化的成本较高。②纵向一体化缺乏适应技术变化的能力。当技术变化剧烈时，发现技术已落后，由于自己的投资形成包袱，会抗拒改变，导致市场占有率下降。③当需求不稳定时，纵向一体化有极大风险，协调也很困难。

美国福特汽车公司曾经是纵向一体化的典型。20 世纪 30 年代后，福特公司的大规模纵向一体化生产模式已成为全球工业瞩目并纷纷效仿的榜样。福特的经营范围仍在不断扩张，价值链延伸到基础原材料工业，比如在匹兹堡都有福特公司的铁矿，在五大湖的冶炼厂把铁炼成钢，再运往自己的汽车生产线制造出汽车；福特甚至还拥有自己的牧羊场，出产的羊毛专用于生产自己公司的汽车坐垫。

3）外包

将非核心业务外包或委外(Outsourcing)是近年的一个趋势。外包的优点是：非核心业务由有优势的供应商来做会降低成本，会更有效率，还可提升产品价值；有可能将资源集中到公司的核心能力上；容易回应顾客，适应市场变化。在急剧变化的环境下，各公司都只保留核心业务，将不擅长的业务外包，各个企业都从事最擅长的业务，彼此之间关系就更加紧密，形成战略联盟，形成集合优势能力的供应链，企业之间的竞争变成供应链之间的竞争。企业为了取得竞争优势，往往通过并购的途径，将从事相同业务的公司合并，而不是将供应链环节上的企业合并(纵向兼并)，这就是横向一体化(Horizontal Integration)，又称水平一体化。

4）多元化

当公司拥有的财务资源超过维持现有的或核心业务的需要，同时又看到令人激动的发展机会时，就企图利用剩余资源去投资，以创造价值，从而形成不同的业务，所以就称为多元化或多角化。多元化有两种形式：相关多元化和非相关多元化。相关多元化是指经营在技术、生产、工艺、销售等方面有联系的多种业务；不相关多元化是指经营完全不相关的业务。公司之所以追求多元化，最根本的原因是提高企业价值。市场需要多样化产品，但每种产品的批量都不大，通过多元化可以共用资源和能力，实现范围经济性。但是，迈克尔·波特(Michael Porter)的研究表明，多元化结果不容乐观，多元化所浪费的价值超过其所创造的价值。其原因主要是多元化使业务大量增加，企业领导精力不够。GE 公司 20 世纪 70 年代的总裁雷杰·琼斯指出，“我发现无论多么努力地工作，我也永远无法深入了解 40 个独立事业单位的计划”。

2. 事业部策略

1）迈克尔·波特的 3 种竞争策略

波特教授提出 3 种基本的市场竞争策略：成本领先(Overall Cost Leadership)策略、差异化(Differentiation)策略和集中一点(Market Focus)策略。

(1) 成本领先策略。成本领先策略就是要使企业的某项业务做到该行业内所有竞争者中成本最低的策略。采用成本领先策略，一般是针对规模较大的市场提供较为单一的标准产品和服务，不会率先推出新产品和服务。制造业中福特的 T 型车，服务业中的麦当劳和沃尔玛(Wal－Mart)，都是运用成本领先策略的典型例子。运用成本领先策略一般需要采用高效专用设备和设施；在组织生产的过程中，要提高设备利用率；要对物料库存进行严密控制；要提高劳动生产率；采用低工资率并降低间接费用。成本领先策略可获得大量生产、大量销售的好处。

(2) 差异化策略。差异化策略的实质是要创造一种使顾客感到是独一无二的产品或服务，使消费者感到物有所值，从而愿意支付较高的价格。这种策略可以有多种形式，如唯一的品牌、唯一的技术、唯一的特点、唯一的服务等。实施差异化策略的关键是创新。传统的策略都是把竞争对手击败的策略，考虑的都是如何战胜对手，如何扩大市场占有率，如何把竞争对手正在做的事情做得更好。这种策略好比众多的人要分享一块大小已经确定的蛋糕，每个人都希望分到的份额大一些，结果拼个你死我活。新的策略是从用户需求出发，考虑用户需求的变化，并通过技术创新为顾客提供更满意的产品和服务。这好比重新做一个不同的蛋糕，它能满足顾客不同的需求。要做一个不同的蛋糕，就需要创新。因此，新的竞争策略被称作“基于创新的策略”。按照创新策略，竞争对手可能成为合作者，公司之间既有竞争，又有合作。在急剧变化的时代，与其努力赶上和超过竞争对手，不如合作起来致力于创新，实现双赢(Win-Win)。在“做蛋糕”的时候合作，合作才能共同创造市场，不合作将导致“双输”；在“分蛋糕”的时候竞争，不应该忘记自己的利益，否则是“你输他赢”，合作就不会继续。国外有人将这种情况称为“竞合”。

(3) 集中一点策略。集中一点策略是对选定的细分市场进行专业化生产和服务的策略，它为特定的狭窄目标市场顾客的特殊需求提供良好的产品和服务。绝大部分小企业都是从集中一点策略起步的。

2) 快速响应策略

快速响应策略是基于时间竞争的产物，它要求企业更快捷地提供产品和服务。响应性通常是指生产运作系统具有柔性，从而能够适应需求的变化，及时向顾客提供产品和服务。惠普公司在竞争激烈的个人电脑市场中既做到了设计柔性，又做到了数量柔性。惠普公司的产品生命周期通常只有数月，而在这短暂的产品生命周期中，需求数量和成本因素又经常会发生急剧变化。惠普公司成功地通过快速更新产品设计和生产数量，来应对设计和需求数量频繁变化的市场，从而获得了持续的竞争优势。

响应的第二层含义是能够可靠地按计划交货。尽管德国的劳动力成本全世界最高，但德国机械行业通过可靠的响应性保持了竞争优势。这种响应性体现在可靠的计划方面。德国机械行业的公司制订了翔实的计划，他们认真执行了这些计划。此外，他们还就这些计划事先和顾客进行沟通，于是顾客也信赖这些计划。因此，可靠的响应性所产生的竞争优势增加了最终顾客的价值。

响应的第三层含义是速度。在设计、生产和交货方面均提高速度。摩托罗拉公司 3 天就可以交付定制的传呼机，采用快速响应策略的企业能获得竞争优势。

3. 职能策略

职能策略为增进企业内部职能性操作效果的策略，如采购、生产、营销、财务、研究与开发、人力资源管理等策略，当然也包括跨职能的策略。通过职能策略的实施，实现高效率、高质量、创新和良好的顾客回应，以取得低成本和实现差异化，从而赢得竞争优势，如图 1.20 所示。

高效率导致低成本，良好的顾客回应造成差异化，具有创新和高质量的产品往往既能提高差异性，又能降低成本。效率、质量、创新以及好的顾客回应，都与生产运作有密切关系。要提高企业创造的价值，就要提高价值、降低成本、提升相应性。

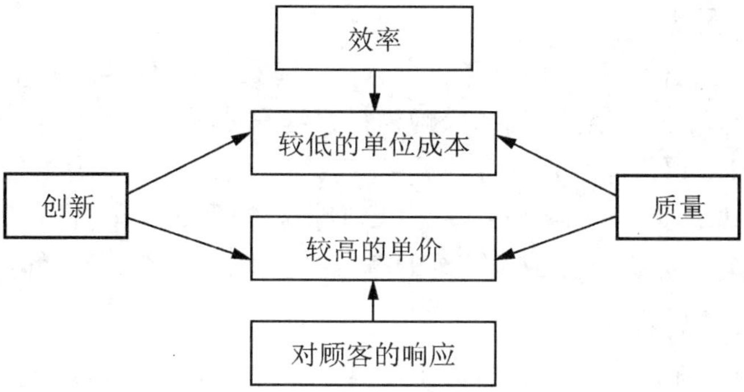

图 1.20　竞争优势的基础

(四) 采购策略概述

1. 采购策略的含义

企业采购策略与企业的其他职能一样具有一定的战略意义：采购职能能够有效地作用于组织目标和组织战略；同时，组织目标和组织战略应当反映出采购方面的作用；采购策略是为达到供应目标而制订的长期计划。

采购策略主要关注：自制还是购买；从国内供应市场购买还是从国外供应市场购买；单一供应源还是多供应源；同供应商保持何种关系；采取何种合同等问题。因此，采购策略的定义为：要决定自制还是购买、供应市场、供应源、供应商关系、合同形式等方面的选择。

采购职能对一个企业的经营和发展非常重要：采购不仅是降低企业的运营成本，还是增加企业受益的领域；随着外部采购支出的不断增长，采购潜在的利润空间也在不断增加；采购管理由功能转向过程，需要更多的团队来共同解决问题；采购运作更加关注采购的战略开支，而非短期价格支出；采购是影响企业竞争力的重要方面。因此，采购策略的制定和实施对于企业非常重要。

2. 采购策略与企业战略的关系

企业战略是为实现组织的最终目标而制订的计划，即“重大的、带全局性的或决定全局的谋划”，它指明了企业达到最终目标的途径。供应策略是在企业战略的规划下，决定如何通过有效的采购活动来达到企业的整体经营目标。企业战略是全局战略，采购策略是职能战略。

企业战略是要规划实现企业目标：提供哪些产品或服务？进入哪些市场？提供什么条件？如何进入市场并进一步发展？如何提供运作的成本有效性？企业采购的目标是在质量、交付、成本、服务与相应性方面与企业发展战略匹配的。

二、采购物料的定位战略

(一) 采购定位模型

为何要对采购物料实施定位呢？这是因为：不可能对每一类采购物料付出同样的时间和精力；企业不必在所有采购物料的供应商评价上都花费相同的成本和精力；不同的采购物料应当采取不同的采购策略；针对不同类型的采购项目，供应商评价时应重点考虑的标准是有差别的。

1. 采购物料的年支出水平

利用帕累托法则是进行采购物料的年支出分析的基础。帕累托法则认为：20%的采购物料大约占用总支出的80%，而其余的80%采购物料大约只占用总支出的20%。除了帕累托法则以外，还可以使用ABC评价体系来进行分析：A型物料的采购支出占用总支出的60%～30%，B型物料的采购支出占总支出的20%～30%，C型物料的采购支出占用总支出的10%～15%。某类物料占用的支出越大，该产品成本节约的潜力也越大，因此对公司的重要性就越高。

2. 采购物料的重要性和风险

采购物料的重要性和风险，一方面说明如果采购部门无法实现采购产品的供应目标，将会对整个企业产生何种影响(通常是损失收益)；另一方面，可以帮助企业进行判断，该采购物料的供应市场条件要求企业做出何种努力，以便回避无法实现供应目标的风险，或者利用可以使本企业超越其他竞争者的机会。

3. 采购定位模型

构建定位模型的主要目标是：指导企业确定各采购物料在供应商评估中的优先级别；指导企业确定供应商评估的重点，在均衡考虑供应定位模型中所定义的这些因素后，企业就可以为不同的采购物料制定不同的供应策略、决定将要与供应商建立何种类型的关系，以及将要采取哪些不同的供应商评估方法。

利用横坐标轴代表采购物料的支出水平。从左到右，支出水平逐渐增加。占用总支出80%的20%采购产品位于横轴的右侧，占用其余20%支出的80%产品位于横轴的左侧。用纵坐标轴代表采购物料的重要性与风险。将采购物料对企业的重要性与风险划分为4个类型：H、M、L和N，它们分别代表的是高重要性和高风险、中等重要性和中等风险、低重要性和低风险、可以忽略的重要性和风险。

采购物料的重要性表现在：该物料对产品质量的影响程度；该物料短缺对企业带来的损失；该物料占产品总成本的比例等。采购物料的风险表现在：供应商的数量；供应商的可靠性；企业“自制与外购”的选择余地；社会物流系统的保障性等。

构建定位模型如图1.21所示。

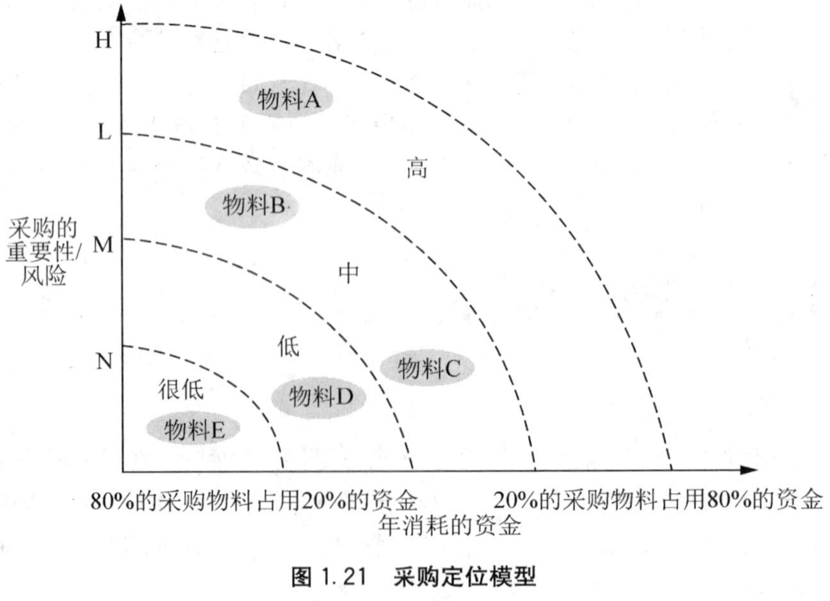

图1.21 采购定位模型

(二) 采购物料定位

将以上的定位模型图分成 4 个区域，相应地便将采购物料分成 4 类：关键物料、杠杆物料、瓶颈物料、一般物料，如图 1.22 所示。

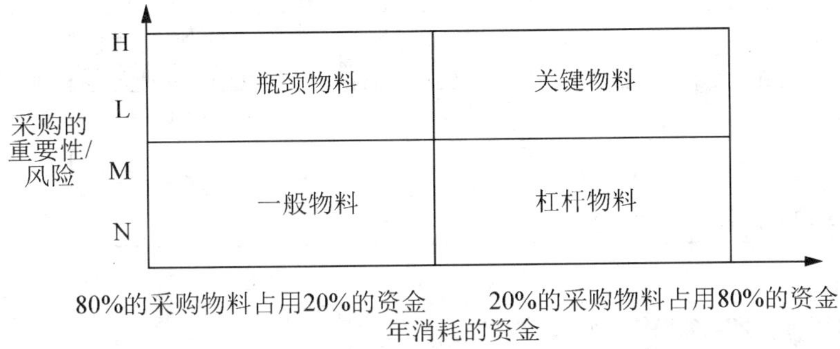

图 1.22 采购物料定位图

一般物料的特征是低重要性/风险和低支出水平。因为它们是标准物料，而且可从许多供应源获得，同时花费在这些产品上的总支出也相当低。因此，在采购这些产品时，不必花费太多精力。通常，企业都有大量的标准品位于此象限，如办公文具、保洁服务或者标准的生产耗材。

杠杆物料以低重要性/风险水平和高支出水平为特征。它们大多为标准物料，很容易从多个供应源处获得，但是，它与一般物料的区别在于位于该象限内的采购物料的年度支出水平较高。这意味着企业的采购费用支出和对供应商的吸引力很大，会增加企业利润的"杠杆作用"，因此，处于更多有利的谈判地位，企业希望尽可能压低采购价格。

同一个物料，对于一个企业来说是一般物料，而对于另一个企业来说可能会成为杠杆物料，因为在不同企业，物料采购的年度总支出水平(而不是产品的单价)是存在这种差别的。例如，标准的厢式送货车，对于一个配送企业来说很可能属于杠杆型产品，而对于其他购买量不多的企业来说就不同了。

瓶颈物料以高重要性/风险和低年度支出水平为特征。此类物料的专业性极强，大多为非标物料，因而只能从少数几个供应商处获取。例如，当产品的设计是基于某项新技术或者产品依赖于某些高精确度零部件时，就可能出现这种情况。某些技术含量不高的产品，当其供不应求而且它的缺货会对企业造成重大影响时，也可能成为瓶颈物料，在这种情况下，是难以获得的且非技术因素造成了高风险。瓶颈物料的供应将一个重大的风险摆在了企业面前，但因为这类物料的支出水平太低，对供应商没有什么吸引力，企业也几乎没有能力对这类产品的供应施加任何影响和控制，因此，它是一个必须认真对待的采购物料。

关键物料会给企业带来高风险，而且它们的支出水平较高。因此，企业具有一定影响这类物料的采购能力。和瓶颈物料一样，关键物料的供应商也仅限于少数几家。关键物料是使企业产品形成特色或者取得成本优势的基础，因而会对企业的盈利能力起到关键性的作用。关键物料包括：企业的最终产品所必需的某些零部件，或某个产品所需的非常复杂的或定制的零件。一些行业的关键设备有时是基于新技术的并且是为企业专门定制的，这时任何性能要求下的偏差都能对整个工艺效率和效果造成严重的影响。因此对关键物料的采购企业需要给予特别关注。

各类采购物料的特征比较见表 1－10。

表 1－10　四类采购物料的特征比较表

	一般物料	杠杆物料	瓶颈物料	关键物料
重要性/风险	低	低	高	高
标准件与非标件	标准	标准	通常为非标，有可能是兼而有之	通常为非标，有可能是兼而有之
供应商数量	多	多	很少	少
企业支出水平	低	高	低	高
对供应商的吸引力	低	高	低	高

三、采购策略概述

（一）一般物料的采购战略

对于一般物料的采购，企业最关心的是如何最大限度地降低采购所需的时间和精力。表 1－11 概括了针对企业需要长期采购的一般物料的战略要素。

表 1－11　一般物料采购的战略要素

一般物料的采购策略的影响要素	
供应商数量	1
与供应商的关系类型	最小干涉
合约类型	长期合约
供应商类型	能够尽可能多地满足企业的采购需求
	响应积极
	能长期供应企业所需的物料

总之，供应商应该具备在不需要企业花费时间和注意力的前提下，处理大量一般物料采购业务的能力。它能被企业所提供的业务激发起足够的积极性。由于一般物料的支出水平对供应商缺乏吸引力，因此供应商的响应水平就很大程度上取决于其积极性。一些供应商不管业务规模大小都会给公司提供良好的服务，而另一些则不会这样。

评价一般物料的潜在供应商时，企业不必对过多的评价标准进行调查，调查的评价标准越多，企业需要花费的时间和精力就越多。

企业还可以在众多潜在供应商中只对其中一些可能合适的供应商进行评价。一般物料的采购战略是最大限度地降低以后需要花费的精力，这个目标可能意味着在评价阶段要预先稍微多花费一些时间。

因此，一般物料的采购策略为：选择一个或者两个供应商；当一个“好客户”进行反向营销；签署长期合同；高库存。

(二) 杠杆型物料的采购策略

由于杠杆型物料的支出费用很高，但是可能给企业带来的风险却很低，所以企业的主要目标是尽可能降低采购的价格和成本。

表 1－12 概括了杠杆型物料的采购策略中所包括的要素。有两个会影响其采购战略变化的要素：转换成本有多高(如用一个供应商替换另一个供应商所需的成本等)，以及不同供应商的产品价格是否变化很大。

表 1－12　杠杆型物料采购的战略要素

采购策略要素	转换成本较高	价格变化小/转换成本较低	价格变化小/转换成本相对较高	价格变化大/转换成本较低	价格变化大/转换成本相对较高
供应商数量	1	很多	1	很多	2 或 3
合同类型	定期合同	即期合同	定期合同	即期合同	框架式定期合同
需要的供应商类型	合同期限内成本最小	当前成本最低	合同期限内成本最小	当前成本最低	合同期限内成本最小
期望与供应商建立的关系	合作型	交易型	交易型	交易型	合作型

供应商关系类型和企业希望签署的合同类型是供应商评价的重点。如果企业的转换成本相对较高，就应该通过签署定期合同(如果可能的话，合同年限可能是数年)与供应商建立长期的合作关系。当采购商的转换成本极高时，供应商是否准备采取企业所希望的合作姿态，或者是否设法利用其支配地位，将取决于它与企业合作的积极性高低。另一方面，当企业的转换成本很低时，企业将采取的策略应该是在每次采购时，从成本最低的供应商处进行即期采购。

因此，杠杆型物料的采购策略应为：多个供应商；压低价格或成本；现货采购合同；低库存。

(三) 瓶颈型物料的采购策略

瓶颈型物料是那些可能给企业带来很高风险的采购产品，它们可能是非标准型物料，或由于某种原因不容易获得的物料。由于此类物料的总体支出水平很低，因此对供应商的吸引力也不大。

对于此类采购物料，企业最主要也是最难实现的目标是将供应风险降至最低，这些风险一般包括产品质量和供应可获得性等。只有寻找到一个不在乎业务规模的大小，仍然能够积极地愿意与企业合作的供应商，才能实现这个目标。表 1－13 概述了针对瓶颈物料，企业的采购策略应考虑的要素。

对于瓶颈型采购物料，企业最关心的是供应商所提供的产品的质量是否符合要求，以及能否在合同期限内保持供应的持续性。由于企业需要的产品数量相对较少，因此企业不必担心供应商的生产能力。

表 1－13　瓶颈型物料的采购策略应考虑的要素

瓶颈物料的采购策略的影响要素	
供应商数量	1 或 2
与供应商的关系类型	做一个“好客户”
合约类型	定期合同(可能持续较长时间)
供应商类型	在可能给企业带来很大风险的领域具有特殊的能力
	会应用其强有力的谈判优势
	将在长期内持续供应企业所需的物料

(四) 关键型物料的采购策略

关键型物料是同时具备高支出费用水平，以及可能给企业带来高风险这两个特征。表 1－14 概述了当企业为需要长期采购的关键物料制定供应策略时应考虑的要素。

表 1－14　关键型物料的采购策略应考虑的要素

关键型物料的采购策略的影响要素	
供应商数量	1
与供应商的关系类型	合作伙伴关系
合约类型	长期合作合同
供应商类型	必须在可能给公司带来最高风险的领域具有特殊能力
	必须长期具备提供低成本和技术领先产品的能力
	公司所需的产品和服务必须属于供应商的核心业务范围
	供应商的业务战略必须和公司业务战略一致
	供应商必须有稳定的财务状况和持久的市场地位
	供应商必须不与公司的竞争对手建立任何优待关系
	供应商不能试图利用其支配地位

关键型物料的采购战略应与培养供应商的积极性相关，因为供应商的高积极性是成功合作关系的基础。因此，关键型物料供应商的选择和评价需要企业花费大量的时间和精力。

【应用案例】

美好生活俱乐部

萨莉·牛顿是美好生活俱乐部唯一的采购人员。这个俱乐部是一家健身俱乐部，在得克萨斯有 19 家分部。2 月份，她刚刚推行一项一个月之前设计的集中化采购计划。现在，她正在考虑如何处理来自一些经理(特别是达拉斯的 3 家健身中心“联盟”的经理)的阻力。

1. 美好生活俱乐部

美好生活俱乐部 10 年前由吉姆 · 斯图尔特创办并所有。吉姆是来自奥斯汀的一名商学院的毕业生。25 岁时，他在奥斯汀开办了第一家健身中心。经过 10 年的苦心经营，中心逐渐发展壮大，目前在得克萨斯一共有 19 家健身中心(见表 1 - 15)。总部目前仍设在奥斯汀。

表 1 - 15　健身中心的地点与数量

地点	健身中心的数量	地点	健身中心的数量
奥斯汀	5(包括总部)	休斯敦	3
阿马里洛	1	拉伯克	2
科珀斯克里斯蒂	1	圣安东尼奥	2
达拉斯	3	韦科	1
加尔维斯顿	1	总计	19

2. 萨莉 · 牛顿

萨莉 · 牛顿 24 岁，结束了在奥斯汀一所大学的心理学课程之后，她就加入了美好生活俱乐部，成为一名采购人员。她的工作包括对采购的管理和对库存的控制。在上大学之前，她曾有过几年的工作经历。尽管她做过多种不同的工作，但是没有一种与采购或库存控制有直接联系。正如她所说的，“这是我在这一领域从事的第一份工作”。

3. 萨莉 · 牛顿来之前美好生活俱乐部的采购体系

对这一问题，一名员工是这样评价的：“如果说在萨莉 · 牛顿来之前美好生活俱乐部真有什么采购体系的话，我只能说它是‘非常松散’的”。

为了维持个健身中心的运作，美好生活俱乐部需要很多不同的东西，包括机器和设备的部件，如自行车配件和磨砂灯泡以及办公用品和卫生用品。萨莉进入美好生活俱乐部之前，每家健身中心负责自己的采购事项。绝大多数的中心不保持库存而是随需随买(例如有什么需求就到附近的商店购买)。在总部，曾经有一个兼职人员负责采购和库存控制。不过她只负责总部的工作，不负责其他 18 家健身中心的物品采购，仅仅是做记录。

4. 萨莉 · 牛顿的新集中化采购体系

到美好生活俱乐部的第一个星期，萨莉查阅了她所接替那名兼职工作人员留下的两本记录。她对俱乐部所采用的以健身中心为主的随需随买的采购体系感到很诧异，认为这种情况下使用集中化采购会更有效。她向老板谈了想法，老板鼓励她进行深入的调查研究。

于是她就着手对这一问题进行了一些调查工作。结果发现，集中化采购系统确实可以为俱乐部节省一大笔开支。例如，她找到了一家供应商，如果俱乐部向其批量购买卫生用品，这家供应商可以把价格降低一半左右。于是，在寻找更多的提供不同物品的供应商的同时，萨莉开始制定集中采购体系的细节。

萨莉设计的集中化采购体系基本上将所有的采购集中到了总部。健身中心的经理们不能再像原来那样购买各自中心所需要的物品。如果有需求，他们要填一份请购单，然后传真到总部。这一工作的最后期限是每星期一的下午 5 点钟。在下个星期一，各中心请购的物品将被送达。萨利发现各中心请购的物品不合适时，有权对之加以否定或是减少采购量。不过每个中心有 100 美元的现金用于应付可能发生的紧急需求。

1 月底，萨利完成了计划，这一计划立即得到了老板的同意。接着，她以备忘录的形式向所有的 19 个中心解释了新采购体系的实施原因和具体细节。

5. 健身中心经理的抵制

在新计划实施一个月之后，萨莉受到了挫折，因为有几个健身中心的经理抵制这一计划。最棘手的是达拉斯的 3 家健身中心的经理“联合”起来拒绝接受新的采购体系。

萨莉认为，在她 1 月份发出的备忘录之后，这 3 家达拉斯健身中心的经理就会过面并决定在达拉斯联合起来采购其所需的物品，而不采用萨莉的集中采购体系。她的这一猜测并没有证据，但她确实也没有从达拉斯的任何一家健身中心接到过采购申请。

至于其他的健身中心，萨莉不知道是否其所需的所有物品都是由她来采购的。她从每一家健身中心都收到过请购单，而且也尽力满足这些采购申请。可是，她为所有的采购申请所设置的一个星期的周转期限在实际中也不是都能达到的。为了满足所收到的各种不同的采购申请，她经常忙得焦头烂额。因此，也就没有什么时间去静下心来评判一下集中化采购体系的运营效果。

请你代表萨莉评判一下她的采购体系和采购策略，找出其中的不足，并拿出你的采购实施方案。

（资料来源：http：//www.5ucom.com/p－26859.html）

问题思考：

跨国公司采购管理的优势表现在哪？中国的企业如何才能学到这些优势？

[复习题]

（1）试分析制定采购策略的目的和意义？

（2）为什么企业现在非常关注采购策略？

（3）4类不同采购物料的采购策略分别是什么？

（4）试论述最理想的采购物料定位是什么？应该如何调整其他采购物料定位使其达到理想的定位？

（5）降低采购风险的方法有哪些？

[实训巩固]

实训目的

通过训练掌握不同采购物料的定位和采购策略应用。

实训内容

以8人小组为单位到一个制造型企业进行调研，调研企业的采购物料类型、企业对负责不同物料采购的业务员的要求、不同物料的采购方法与策略。

调研后进行讨论，并写出分析报告，在报告中要重点分析不同物料所采取的采购策略的原因。

实训考核

实训评价的方式有教师评价、小组内部成员评价和第三方评分组成员评价3种，建议教师评价占60%的权重，小组内部成员评价占20%的权重，第三方评分组成员评价占20%的权重，将三者综合起来的得分为该生在该项目的评价分见表1－16。

表1－16　实训工作评价表

考　评　人		被考评人	
考评地点			
考评内容	物料的采购分类与采购方式确定		
考评标准	具体内容	分值/分	实际得分
	工作态度	20	
	团队合作	20	
	实训任务的完成度	30	
	成果展示与汇报	30	
合　　计		100	

注：考评满分100分，60分以下为不及格，60～69分为及格，70～79分为中，80～89分为良，90分以上为优。

第二篇　采购作业

采购作业部分是本书的重点之一。本部分的内容包括：制订采购计划、供应商的选择与评价、采购谈判与合同订立、采购运作、其他采购方式应用。

采购作业的开始为根据需求、市场和库存制订采购计划；有了采购计划就根据市场和需求选择供应商，并对不同的供应商进行评价；然后与供应商进行谈判，订立合同；进行物料的采购，即下订单、订单跟催、进货检验、采购结算等作业；最后，阐述了电子商务采购、全球采购等特殊的采购方式。这一篇全面涵盖了采购作业的方方面面，突出了采购作业实务的特点。

行动一

制订采购计划

ZHIDING CAIGOU JIHUA

【学习目标】

理解供应市场分析的必要性及特征；掌握供应市场分析的过程及方法；理解供应市场分析的层次和内容；了解采购需求分析的内涵及意义；掌握采购需求分析的方法；具备制订采购计划及进行采购预算的能力。

【行动任务】

采购是企业供应物流的重要起点，是企业物流管理的重要环节。采购管理是否有效，对物流费用能否降低，物流经营效率能否提高，乃至整个企业的经营都有着非常重要的影响。而采购计划是采购管理的第一步，是采购行为的依据。一个好的采购计划要能对已经发生或将要发生的变化因素进行准确的分析和预测，这样才能最大限度地降低采购成本，并对企业的物流管理活动起到积极的作用。

如果你是学生小李，需要完成如下任务。

1. 任务要求

小李要想学习和领会本行动的知识，需要进行一次企业调研，考查企业制订采购计划的过程及方法并写出自己的体会。

2. 任务实施

小李以个人或和同学组成3人小组；确定考查目标企业，明确调研目标，做好成员分工，制订详细调研实施计划，着重分析企业采购计划制订的过程、依据及方法。

【行动案例】

Fan yang 服装公司的采购计划制订

Fan yang 服装公司主营衬衫销售，主要是男女职业装及少男少女装。其产品定位为 20～40 岁的都市时尚女性。追求简洁流畅的造型，款式大方，注重细节品质，紧随时尚潮流，以个性鲜明的手法，刻画出优雅与浪漫并存、休闲与庄重并进的都市女性形象。春夏季总款数：100～150，每款 2～3 个颜色；针织比例 40%；梭织比例 60%；价位 250～480 元/件；秋冬季总款数 150～200，每款 2～3 个颜色；针织比例 30%；梭织比例 70%；价位：260～1580 元/件。

现有 5 家供应商可供选择。

A 公司：主营不同款式的男女职业装。该公司是多年生产系列衬衫的专业厂家，年产衬衫 60 万件。公司拥有全套日本进口的服装生产流水线设备，强大的新款设计和开发的技术力量。公司有过硬的质量和良好的售后服务。公司成立以来，先后为 10 多个省、市的近 500 多个厂家加工过近百万套职业装业务扩展到陕西、甘肃、青海、宁夏、山西、河北、河南、山东、四川等地。(价格比较高。)

B 公司：主营不同款式的少男少女装。该公司拥有优秀的设计师和熟练工人，向众多国内外客户提供了优质产品和良好服务，目标消费群是 20 岁以上充满自信、优雅、有良好文化修养的时尚都市女性和男士崭新的个性和青春活力，公司以经典时尚的设计、独特的版型、优雅高贵的风格、极致的细节、自由搭配的货品组合、成熟的店铺标准化管理、严格优质的售后服务赢得广大消费者的好评。(发货周期短，质量有保证。)

C 公司：主营不同款式的衬衫，以男装为主。该公司在客户心目中树立了良好的品牌形象，裁剪精确、做工精细、服务周到，受到了广大客户的一致好评。(但是发货时间长。)

D 公司：主营不同款式的衬衫，以女装为主。该公司有丰富的设计、生产、渠道资源，本着诚信经营、客户第一的理念，产品 价格合理(价格优惠)推出的品牌深受时尚潮人、白领女性、社交名媛的青睐和好评。

E 公司：主营不同款式的男女衬衫。集设计、生产、销售于一体，拥有国内知名的服装设计师和经验丰富的技术人员。工厂设有 8 条生产线，其中包括平缝机、开袋机、上袖机、整烫机等各类进口设备。服装生产的整个过程全面采用科学化管理，严格地控制着服装的生产质量，并获得了一致好评。

1. 供应商资料整理

服装供应链中供应商的选择对服装企业来说是一个战略性的重要决策，科学合理的评价和选择方法是做出正确决策的保证。对于企业来说，物资的采购是一个相对复杂的交易过程。按照采购的流程，大致可分为 4 步。

首先，采购商要寻找相应的产品供应商，调查他们的产品在数量、质量、价格等各方面的符合程度。其次，采购商在选定了某家供应商之后，需要把详细计划和需求信息传送给供应商，以便供应商能够准确地按照客户要求的性能指标进行生产。如果产品样品被认可，并且供应商有能力生产，采购商会发出一份标有具体产品数量的采购订单。之后，采购商会接到供应商的通知，告知采购订单已经收到，并确认该订单可以满足。最后，当产品由供应商发出时，采购商会再次接到通知，包括产品的发货单。这时，采购方的会计部门在核对发货单和采购订单后付款。

5 家供应商的产品基本材料见表 2－1。

表 2－1　供应商产品资料

供应商名称	材料名称	单价(元/件)	面　料
A 公司	男士职业衬衫	100	75%棉，25%涤纶
	女士职业衬衫	80	75%棉，25%涤纶
B 公司	少男衬衫	80	70%棉，30%涤纶
	少女衬衫	70	70%棉，30%涤纶

续表

供应商名称	材料名称	单价(元/件)	面　料
C公司	男士衬衫	70	52%棉，48%涤
D公司	女士衬衫	65	60%棉，40%涤
E公司	男士衬衫	95	75%棉，25%涤
	女士衬衫	85	75%棉，25%涤

成本分析意在降低成本、价格，其步骤一般如下。

(1) 确认设计是否超过规格要求。

(2) 检讨适用材料的特性与必要性。

(3) 计算各方案的使用材料成本。

(4) 提出改善建议并检讨。

(5) 检讨加工方法、加工工程。

(6) 选定最合适的设备、工具。

(7) 作业条件的检讨。

(8) 加工工时的评估。

(9) 就制造费用、营销费用、利润空间进行压缩。

2. 供应商考核评估

首先看所集的5家供应商都是不错的生产厂家，信誉度强，有一定的口碑，但要从各个方面来看。

(1) 从同一档次上的布料来看，A和E公司都是75%棉、25%涤纶，那么选择的就是要看价格，A公司男士职业衬衫100元，女士职业衬衫80元。E公司男士衬衫95元，女士衬衫85元。那么在价格上先选E公司。

(2) C公司和D公司虽然各主营男女衬衫，但是他们的布料是差不多等次的。C公司男士衬衫70元、52%棉、48%涤，D公司女士衬衫65元、60%棉、40%涤，那么从布料和价格两方面来说的话，D公司更适合选择。

(3) B公司与E公司相比，B公司少男衬衫80元、70%棉、30%涤纶；少女衬衫70元、70%棉、30%涤纶。E公司男士衬衫95元、75%棉、25%涤；女士衬衫85元、75%棉、25%涤。价格上B便宜，而且他们的布料也不差多少，这里就可以看看B公司。

(4) 那B公司和D公司呢？B公司少女衬衫70元、70%棉、30%涤纶，和D公司的女士衬衫65元、60%棉、40%涤相比，价格和布料都差不了多少。在考虑成本情况下，D的还稍微便宜点，但是两者都可以考虑一下。

(5) 从以上已经选了两个符合的公司分别是B和D公司。

(6) 根据市场调查结果显示：调查对象注重人们穿着的气质风度、时尚高雅、舒适便捷、健康保健的追求，面料上选择质地轻薄、手感柔软、抗皱免烫、吸湿透气、色泽优雅高贵、垂悬性好的国内外中高档面料，款式中在领、袖、钮上融入欧美风格，符合时代气息，体现现代快节奏生活中男女的萧洒和高雅或休闲和浪漫的气质，营造出男女崭新的个性和青春活力。

3. 确定供应商

结合市场调查和对B公司和E公司的对比，B公司以经典时尚的设计、独特的版型、优雅高贵的风格、极致的细节、自由搭配的货品组合展示了充满自信、优雅、有良好文化修养的时尚都市女性和男士崭新的个性和青春活力，更符合流行的趋势。在价格上和流行上，选择B供应商。

（资料来源：http：//max.book118.com/html/2012/0323/1376769.shtm)

思考与分析：

企业在制订采购计划时，往往要面临对供应商的选择。从案例中看到，选择供应商前企业应该首先对消费市场进行充分调查分析，明确自己产品的定位，然后对潜在供应商的资料进行搜集、整理。案例中，企业在产品质量相似的前提下比较成本，通过两两比较，选出成本占优的供应商，然后再看成本胜出的供应商提供的产品哪个更符合自己的定位，最终选出最符合企业要求的供应商。

一、分析供应市场

【行动知识】

(一) 供应市场分析的含义

供应市场分析是指为了满足企业目前及未来发展的需要，针对所采购的商品，系统地进行供应商、供应价格、供应量、供应风险等基础数据的搜集、整理和分析，为企业的采购决策提供依据。

例如，许多大公司，像 IBM 、本田、朗讯科技和飞利浦电子等公司已经引入了公司商品团队的概念，负责在全球范围内采购战略部件和材料，他们不断为所需要的材料和服务寻找第一流的供应商。最初由专业人员给予支持，然后公司商品采购人员自己逐渐承担起进行采购市场研究的活动。

(二) 供应市场分析的原因

1. 技术的不断创新

无论是生产企业还是商业贸易，为保持竞争力必须致力于产品的创新和质量的改善。当出现新技术时，企业或公司在制订自制、外购决策中就需要对最终供应商的选择进行大量的研究。

2. 供应市场的不断变化

国际供应市场处在不断变化之中。国家间的政治协定会突然限制一些进出口贸易，供应商会因为突然破产而消失，或被其竞争对手收购，价格水平和供应的持续性都会因此受影响。需求也会出现同样变化，对某一产品的需求会急剧上升(例如 20 世纪 90 年代中期对奔腾微处理器的需求)，从而导致紧缺状况的发生。买主必须预测某一产品供需状况的可能变化，并由此获得对自己的商品价格动态的更好理解。

3. 社会环境的变化

西欧相对较高的工资水平已经造成了供应商市场的变化。由于发展中国家较低的工资，有许多欧洲零售商的纺织品供应发生了变化，他们已将自己的供应基地从欧洲转移到了远东地区。

4. 汇率的变动

许多主要币种汇率的不断变化对国际化经营的买主施加了新的挑战。许多国家的高通货膨胀、巨额政府预算赤字、汇率的迅速变化都要求买主对其原料需求的重新分配做出快速反应。

5. 产品的生命周期及其产业转移

产业转移、技术进步不仅改变了供应市场的分布格局，整体上降低制造成本，也给采购的战略制定、策略实施及采购管理提出了新的要求，带来了新的变化，主要体现在：①在自制、外购的决策中，外购的份额在增加；②采购呈现向购买组件、成品的方向发展；③采购的全球化趋势日益增强，同时采购的本地化趋势也伴随着生产本地化的要求得以加强；④供应市场及供应商的信息更加透明化；⑤技术发展使得许多公司必须完全依赖于供应商的伙伴关系。

（三）供应市场分析的特征

（1）供应市场分析可能是周期性的，也可能是以项目为基础进行的。

（2）供应市场分析可以是用于收集关于特定工业部门的趋势及其发展动态的定性分析，也可以是从综合统计和其他公共资源中获得大量数据的定量分析，大多数的供应市场分析包括这两个方面，供应商基准分析就是定性分析和定量分析的结合。

（3）供应市场分析既可以是短期分析也可以是长期分析。进行供应市场分析并没有严格的步骤，有限的时间通常对分析过程会产生一定的影响，并且每个项目都有自己的方法，所以很难提供一种标准的方法。

【行动实施】

第一步，确定目标。要解决什么问题，问题解决到什么程度，解决问题的时间多长，需要多少信息，信息准确到什么程度，如何获取信息，谁负责获取信息，如何处理信息等问题都包含在一个简明概述中。

第二步，成本效益分析。分析成本所包含的内容，进行分析所需要的时间，并分析获得的效益是否大于所付出的成本。

第三步，可行性分析。分析公司中的哪些信息是可用的？从公开出版物和统计资料中可以得到什么信息？是否需要从国际数据库及其专业代理商中获得信息，并以较低的成本从中获得产品和市场分析？是否需要从一些部门购买研究、分析服务，甚至进行外出调研。

第四步，制定研究方案与方案实施。确定获取信息需要采取的具体行动，包括目标、工作内容、时间进度、负责人、所需资源等。除了案头分析之外，还要与供应商面谈，加上实地研究。案头分析是收集、分析及解释任务的数据，它们一般是别人已经收集好的，在采购中这类分析用得最多；实地研究是收集、分析和解释案头分析无法得出的细节，它设法追寻新信息，通过详细的项目计划为此类分析做好准备。在实施阶段，遵循分析方案的计划是非常重要的。

第五步，撰写总结报告及评估建议。供应市场分析及信息收集结束后，要对所获得的信息和情报进行归纳、总结、分析，在此基础上提出总结报告，并就不同的供应商选择方案进行比较。对分析结果的评估应该包括对预期问题的解决程度，对方法和结果是否满意等。

【知识拓展】

供应市场分析的层次

供应市场分析分为 3 个层次：宏观经济分析、中观经济分析和微观经济分析。分析层次和内容见表 2－2。

表 2-2 供应市场分析层次内容

分析层次	分析内容	研究方法	应用领域
宏观层：商务环境	产业范围、产业生命周期、经济增长率、产业政策及发展方向、工资水平及增长速度、税收政策与税率、关税政策与进出口限制、政府体制结构与政治环境等	PEST 模型 SWOT 模型 产业寿命周期	采购战略规划
中观层：行业和市场	供求分析、行业效率、行业增长状态、行业生产与库存量、供应市场结构、供应商数量与分布等	5 种力量模型 市场竞争结构	资源战略决策 供应源决策
微观层：商品、供应商、系统流程	供应商的财务状态、组织架构、质量体系与水平、产品开发能力、工艺水平、生产能力与产量、交货周期及准时率、服务质量、成本结构与价格水平	市场调查 市场测试 供应调查 采购调查	供应商选择 采购流程改进 采购绩效考核

1. 采购商务环境分析

1) PEST 分析模型

PEST 分析是战略咨询顾问用来帮助企业检阅其外部宏观环境的一种方法。宏观环境又称一般环境，是指影响一切行业和企业的各种宏观力量。对宏观环境因素做分析，不同行业和企业根据自身特点和经营需要，分析的具体内容会有差异，但一般都应对政治、经济、技术和社会这四大类影响企业的主要外部环境因素进行分析。

在 PEST 分析模型中，所谓 PEST 即 Political(政治)、Economic(经济)、Social(社会) 和 Technological (科技)。这些是企业的外部环境，一般不受企业掌握。

(1) 政治法律环境：一个国家或地区的政治制度、体制、方针政策、政府稳定性；垄断法、环境保护法、税法、对外贸易法、劳动法等法律法规。这些因素常常制约、影响着企业的经营行为。

(2) 经济环境：指国民经济发展的总概况，国际和国内经济形式及经济发展趋势，如经济周期、GNP 趋势、利率、货币供给、通货膨胀、失业率、可支配收入、能源供给、成本以及企业所面临的产业环境和竞争环境等。市场营销人员需要从短期与长期两个方面来看待一个国家的经济与贸易，特别是在进行国际营销的时候。

(3) 社会文化环境：一定时期整个社会发展的一般状况。主要包括社会道德风尚，价值观念，社会结构，社会稳定、文化传统，人口统计、人口变动趋势，文化教育，收入分配、生活方式的变化、消费等。

(4) 科学技术和自然环境：指目前社会技术总水平及变化趋势、技术变迁，政府对研究的投入、政府和行业对技术的重视、新技术的发明和进展、技术传播的速度、折旧和报废速度，技术突破对企业影响，以及技术对政治、经济社会环境之间的相互作用的表现等。

2) SWOT 分析

SWOT 模型是企业结合自身优势(Strengths)、劣势(Weakness)及其所处环境的机会(Opportunities)、威胁(Threats)，进行战略构思、战略选择的重要工具，在西方企业的战略选择中得到了广泛应用，目前多见于定性分析。而当战略期限超出 3 年，甚至更长，影响企业战略决策的内外因素增多且更复杂时，SWOT 模型就存在一定的局限性。

优劣及劣势分析主要是着眼于企业自身的实力及其与竞争对手的比较，而机会与威胁分析将注意力放在外部环境的变化及对企业的可能影响上。

3) 产业生命周期

产品的生命周期及其产业转移、技术进步不仅改变了供应市场的分布格局，整体上降低制造成本，也给采购的战略制定、策略实施及采购管理提出了新的要求，带来了新的变化。

2. 供应市场的结构分析

1) 供应市场 5 种力量模型(图 2. 1)

(1) 5 种力量模型。五力模型中的五力是指如下几种。

A. 产业新进入的威胁：进入本地有哪些壁垒？它们阻碍新进入者的作用有多大？本企业怎样确定自己的地位(自己进入或者阻止对手进入)？B. 供货商的议价能力：供货商的品牌或价格特色，供货商的战略中本企业的地位，供货商之间的关系，从供货商之间转移的成本等，都影响企业与供货商的关系及其竞争优势。C. 买方的议价能力：本企业的部件或在材料产品占买方成本的比例，各买方之间是否有联合的危险、本企业与买方是否具有战略合作关系等。D. 替代品的威胁：替代品限定了企业产品的最高价，替代品对企业不仅有威胁，可能也带来机会。企业可以采取什么措施来降低成本或增加附加值来降低消费者购买替代品的风险？E. 现有企业的竞争：行业内竞争者的均衡程度、增长速度、固定成本比例、本行业产品或服务的差异化程度、退出壁垒等，决定了一个行业内的竞争激烈程度。对于企业来说，最危险的环境是进入壁垒、存在替代品、由供货商或买方控制、行业内竞争激烈的产业环境。

(2) 供应市场的五力模型。进行供应市场分析时，应考虑的问题如下。

① 本公司采购的产品市场属于哪种类型？市场中有多少供应商？

② 向一个供应商订购产品时，其他供应商的反应会怎样？

③ 供应市场中特定产品的差异程度如何？有哪些可用的替代品？

④ 某产品的供应市场中，本公司的市场份额有多少？

⑤ 产品的短期和长期采购中可能发生哪些情况？

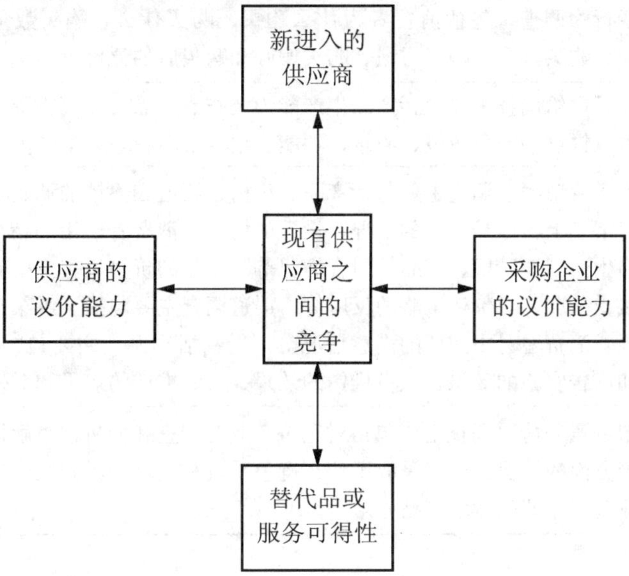

图 2. 1 供应市场的五力模型

2) 市场结构分析

根据市场中企业的数量、规模及对行业的影响程度，可以把市场分为 4 种典型的结构：完全竞争市场、垄断竞争市场、寡头垄断市场和完全垄断市场。

(1) 完全竞争市场。无论是采购商还是供应商都不能单独影响产品的价格，产品的价格由分享该产品市场的所有采购商和供应商共同影响，如农副产品、轻工业品市场。在完全竞争市场下，采购商应把供应商看作商业性的供应业务合作关系。

(2) 垄断性竞争市场(不完全竞争市场)：有少量卖方和许多买方的市场，卖方通过产品差异性区别于其他卖方如日用消费品、耐用消费品、家用电器和工业品市场。在垄断竞争市场中，采购商应尽可能优化已有的供应商并发展成伙伴型供应商。

(3) 寡头垄断市场：同样是少数卖方和许多买方的市场，但这类行业存在明显的规模经济，市场准入难、行业领导者控制订价，如铁路、石油、电力、电信市场等。在寡头垄断市场中，采购商应最大可能的与供应商结成伙伴性的互利合作关系。

(4) 卖方完全垄断市场：市场的供应商是唯一的，其产品几乎没有接近的替代品，因而该供应商也是相应产品的价格决定者，包括自然垄断如飞机发动机、供电水气等；政府垄断如铁路、邮政和其他公共设施等；控制垄断如拥有专利、专有资源、专有技术等。在卖方完全垄断市场中，从产品设计角度出发，采购企业应尽量避免选择卖方完全垄断市场中的产品，如不得已，就要与供应商结成合作伙伴关系。

3. 市场测试和供应调查

1) 市场调查

市场调查是市场营销活动的起点，它通过一定的科学方法对市场进行了解和把握，在调查活动中收集、整理、分析市场信息，掌握市场发展变化的规律和趋势，为企业进行市场预测和决策提供可靠的数据和资料，从而帮助企业确立正确的发展战略。市场调查内容见表 2－3。

表 2－3　市场调查内容

(1) 市场环境调查	市场环境调查主要包括经济环境、政治环境、社会文化环境、科学环境和自然地理环境等。具体的调查内容可以是市场的购买力水平，经济结构，国家的方针，政策和法律法规，风俗习惯，科学发展动态，气候等各种影响市场营销的因素
(2) 市场需求调查	市场需求调查主要包括消费者需求量调查、消费者收入调查、消费结构调查、消费者行为调查，包括消费者为什么购买、购买什么、购买数量、购买频率、购买时间、购买方式、购买习惯、购买偏好和购买后的评价等
(3) 市场供给调查	市场供给调查主要包括产品生产能力调查、产品实体调查等。具体为某一产品市场可以提供的产品数量、质量、功能、型号、品牌等，生产供应企业的情况等
(4) 市场营销调查	市场营销因素调查主要包括产品、价格、渠道和促销的调查。产品的调查主要有了解市场上新产品开发的情况、设计的情况、消费者使用的情况、消费者的评价、产品生命周期阶段、产品的组合情况等。产品的价格调查主要有了解消费者对价格的接受情况，对价格策略的反应等。渠道调查主要包括了解渠道的结构、中间商的情况、消费者对中间商的满意情况等。促销活动调查主要包括各种促销活动的效果，如广告实施的效果、人员推销的效果、营业推广的效果和对外宣传的市场反应等
(5) 市场竞争调查	市场竞争情况调查主要包括对竞争企业的调查和分析，了解同类企业的产品、价格等方面的情况，他们采取了什么竞争手段和策略，做到知己知彼，通过调查帮助企业确定企业的竞争策略

2) 市场测试

市场测试又称为“市场研究”、“营销研究”、“市场调研”等，指为实现信息目的而进行研究的过程，包括将相应问题所需的信息具体化、设计信息收集的方法、管理并实施数据收集过程、分析研究结果、得出结论并确定其含义等。

市场测试一般是供应商对某种开发上市的新产品或某种将要实施的经营行为的市场效果和顾客反应进行检验或试验的活动。但企业也可以有针对性地对供应商进行测试，以便发现供应商在供应过程中出现的问题。

3) 采购供应调查

供应调查是为了更好地制定供应决策而进行的系统数据的收集工作，在供应调查的研究中主要包括商品调查、供应商调查、供应系统调查等项目。调查项目见表 2－4。

表 2-4 采购供应调查项目

(1) 所购材料、产品及服务	(2) 商品：商品市场中交换的货物	(3) 供应商：采购的来源	(4) 供应流程或供应系统
产品规格 标准化 替代品 包装及工序 更换供应商 投资回收 租借或采购 自制或外包	公司作为采购方现在及未来的状况 生产过程 货物的用途 需求 供应 价格 消减成本或确保供应的战略	财务能力 生产设施 寻找新的供应源 供应商成本 关系分类 所购物料的质量保证 供应商态度调查 供应商营销战略 双边贸易	有效的供应流程 互联网 技术应用 自动化 采购组织和人员效率 采购工作绩效

二、分析采购需求

【行动知识】

(一) 采购需求分析的含义

要进行采购，首先要分析弄清采购管理机构所代理的全体需求者们究竟需要什么、需要多少、什么时候需要的问题，从而明确应当采购什么、采购多少、什么时候采购以及怎样采购的问题，得到一份确实可靠、科学合理的采购任务清单。这个环节的工作，就叫作采购需求分析。

需求分析是采购工作的第一步，是制订采购计划的基础和前提。在极简单的情况下，需求分析是很简单的。例如，在单次、单一品种需求的情况下，需要什么、需要多少、什么时候需要的问题非常明确，不需要进行复杂的需求分析也就清楚了。

在较复杂的采购情况下，需求分析就变得十分必要了。例如，一个汽车制造企业，有上万个零部件，有很多的车间、很多的工序，每个车间、每个工序生产这些零部件，都需要不同品种、不同数量的原材料、工具、设备、用品，在各个不同时间需求各个不同的品种。这么多的零部件，什么时候需要什么材料、需要多少，哪些品种要单独采购，哪些品种要联合采购，哪些品种先采购、哪些品种后采购、采购多少，这些问题不进行认真的分析研究，就不可能进行科学的采购工作。

进行采购需求分析有多种方法。常见的有物料需求计划；物资消耗定额；需求预测等需求分析方法。

(二) 物料需求计划的概念

物料需求计划是生产企业最常用的需求分析方法。它的基本原理就是根据企业的主产品生产计划、主产品的结构文件和库存文件，分别求出主产品的所有零部件的需求时间和需求数量，也就是求出物料需求计划。

(三)物资消耗定额的概念

物资消耗定额是在一定的生产技术组织的条件下，生产单位产品或完成单位工作量所需要消耗的物资的标准量，通常用绝对数表示，如制造一台机床或一个零件消耗多少钢材、生铁。

(四)物资消耗定额计算的方法

工业企业制订物资消耗定额的方法通常有 3 种。

(1) 技术分析法。这种方法比较科学、精确，但需要精确计算、工作量较大，适用于生产企业制订产品的物料消耗定额。

【知识拓展】

技术分析法的基本步骤如下。

(1) 根据产品装配图求出产品的所有零部件。

(2) 根据每个零部件的加工工艺流程求出每个零部件的加工工艺。

(3) 对于每个零件，考虑从下料切削开始一直到最后形成零件净尺寸 Q 为止的所有各道切削加工的切削尺寸 qi 。每个零件的净尺寸 Q 加上所有各道切削尺寸留量之和，就是这个零件的物料消耗定额 G。

$$G = Q + \sum qi$$

其中，切削消耗留量尺寸 q 包括有以下内容。

$q1$ ：加工留量。选择材料直径、长度时，总是要比零件的净直径、净长度要大，超过的部分就是加工切削的尺寸留量。加有加工尺寸留量后的零件材料就叫零件的毛坯。

$q2$ ：下料切削留量。下料时，每一个零件的毛坯都是从一整段原材料上切断而得的，切断每一段毛坯都要损耗一个切口宽度的材料，这就是下料切削留量。一个零件的毛坯尺寸加上切口尺寸，就是零件的工艺尺寸。

$q3$ ：夹头损耗。

$q4$ ：残料损耗一整段材料可能要切成多个零件毛坯。在切削多个毛坯时，总是需要用机床夹具夹住一头。如果最后一个毛坯不能掉头切削的话，则这个材料夹头部分就不能再利用而成为一种损耗，就是夹头损耗。也可能出现 n 个工艺尺寸不能刚好平分一整段材料而剩余一小部分不能利用，这就是残料损耗。夹头损耗和残料损耗都要分摊到每个零件上去计算物料消耗定额。

(2) 统计分析法。这是一种根据以往生产中物资消耗的统计资料，经过分析研究并考虑到计划期内生产技术组织条件的变化等因素而制订定额的方法。采用这种方法时，需要有详细可靠的统计资料。例如，要制订某种产品的物料消耗定额，可以根据过去一段时间的仓库的领料记录和同期间内产品的产出记录进行统计平均，就可以求出平均每个产品的材料消耗量。这个平均消耗量就可以看成是该产品的物料消耗定额。

(3) 经验估计法。这是一种根据技术人员、工人的实际生产经验，参考有关的技术文件和考虑到企业在计划期内生产条件的变化等因素制订定额的方法。这种方法简单易行，但科学性较差。

【案例分析】

一个锤子，由铁榔头和一个檀木木柄装配而成，檀木木柄净尺寸为 ϕ30×250mm，由 435mm 的圆木加工而成，平均每个木柄下料切削损耗 5mm、长度方向切削损耗 5mm、外圆切削损耗 2.5mm、夹头损耗 30mm、平均残料损耗 10mm。铁榔头由 ϕ50 的 A4 钢材切成坯料经锻压加工而成。加工好的铁榔头净重

1000g，锻压加工损耗 200g，柄孔成型加工损耗 200g、下料损耗 200g、夹头损耗为 0，残料损耗为 0。求这种锤子的物资消耗定额。如果下个月需要加工 1000 个锤子，问需要采购多少物料。

计算资料和结果见表 2－5。求出锤子的物资消耗定额为：ϕ35 檀木 0.3m，A4 ϕ50 圆钢 1.6kg。月产 1000 个锤子，采购需求量为：ϕ35 檀木 300m，A4 ϕ50 圆钢 1600kg。

表 2－5　物资消耗定额计算

产品名称：锤子						下月生产计划：1000			
材料名称	规格	计算单位	净重	下料耗损	加工切削耗损	夹头耗损	残料耗损	物资消耗定额	采购需求量
檀木圆木	ϕ35	M	0.25	0.005	0.005	0.03	0.01	0.3	300
圆钢 A4	ϕ50	kg	1	0.2	0.2＋0.2	0	0	1.6	1600

（五）需求预测的概念

物料需求预测指通过充分考虑未来各种影响因素，结合本企业的实际情况，采取一定的分析方法，提出切实可行的物料需求目标，在此基础上制订需求计划，进而指导原材料或货物采购、库存控制、必要设施设备等企业物流工作开展。

（六）需求预测的方法

1. 定性法

定性法是利用判断、直觉、调查或对比分析对未来做出定性估计的方法。影响预测的相关信息通常是非量化的、模糊的、主观的。这种方法主要包括客户意见推测法、经营人员意见推测法、专家意见推测法等。这种方法的准确性不是很高，但当人们试图预测新产品成功与否、政府政策是否变动或新技术变化有多大影响时，定性法可能是唯一的方法。常见的定性预测方法有德尔菲法、部门主管集体讨论法、用户调查法等。

2. 历史映射法

如果拥有相当数量的历史数据，时间序列的趋势和季节性变化稳定、明确，那么将这些数据映射到未来将是有效的短期预测方法。该方法的基本前提就是未来会重复过去，至少大部分会重复过去的模式。时间序列量的特点使得数学和统计模型成为主要的预测工具。如果预测的时间跨度小于 6 个月，通常准确性较好，原因在于短期内时间序列的内在稳定性。

3. 因果法

因果预测模型的基本前提是预测变量的水平取决于其他相关变量的水平。例如，如果一致客户服务对销售有积极影响，那么根据已知的客户服务水平就可以推算出销售水平。可以说服务和销售是“因果关系”。只要能准确描述因果关系，因果模型在预测时间序列主要变化以及进行中长期预测时就会非常准确。因果模型有许多形式，但每种模型都从历史数据模式中建立预测变量和被预测变量的关系，从而有效地进行预测。

【行动实施】

编制物料需求计划的过程如下。

第一步，确定主产品需求计划。所谓主产品，是指企业提供给社会的主要产成品，通俗的理解，可以理解为最终出厂产品。例如，汽车制造厂的主产品就是汽车，电视机厂的主产品就是电视机。主产品的生产计划是企业接受社会订货，或者计划提供给社会的主产品的数量和进度计划。其包括数量和时间两个要求，即生产多少和什么时候生产。

但是，企业生产和采购还有另外一个次要依据，就是社会维修企业对社会上处于使用状态的主产品进行维修保养所需要的零部件的需求计划。这些零部件的生产或采购也需要企业承担。比如，电视机厂商不仅要生产整台的电视机，还要生产维修电视机所需的常用维修零件。

第二步，确定主产品的结构文件。就是求出装配主产品需要哪些零件、部件、原材料。各需要多少，哪些要自制，哪些要外购，自制或外购需要多长时间，即生产提前期或采购提前期。这样逐层分解，一直到最底层的原材料层次。

第三步，确定库存文件。所谓库存文件，就是主产品以及主产品所属所有零部件、原材料的现有库存量清单文件，即主产品零部件库存一览表。

第四步，求出物料需求计划。例如，设 P_i 是第 i 个零部件下月需求量，P 是主产品下月的计划出产量，n_i 是一个主产品中包含第 i 个零部件的个数。P_{oi} 是第 i 个零部件下月的外订货数量(即社会维修订货数量)，则第 i 个品种下月需求量可以用下式确定。

$$P_i = P \cdot n_i + P_{oi}$$

第五步，根据物料需求计划求得采购任务清单。

【案例分析】

图 2.2 中，A、B、C、D、E、F 为产品名，括弧内的数字表示一个上级产品中所包含的本产品的件数，而 LT 表示提前期，单位为天。双线框表示外购件，单线框表示自制件。

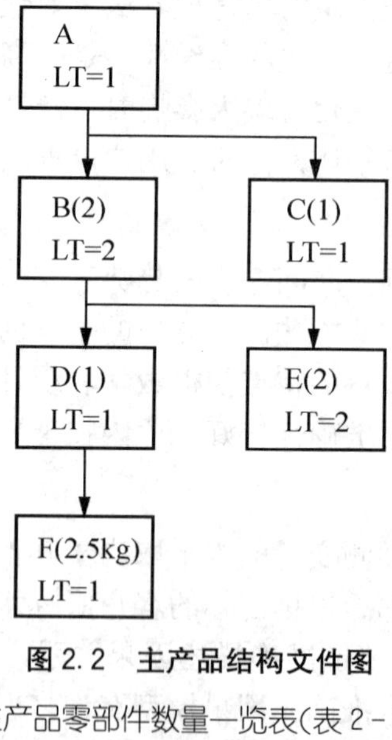

图 2.2　主产品结构文件图

根据主产品结构文件，可以得到主产品零部件数量一览表(表 2 - 6)。

表 2 - 6　主产品零部件一览表

零部件名	数　量	自　制	外　购	提前期/天
B	＝2A	＋		2
C	＝1A		＋	1

续表

零部件名	数 量	自 制	外 购	提前期/天
D	=B=2A	+		1
E	=2B=4A		+	2
F	=2.5D=5A(kg)		+	2

主产品需求计划和零部件外订计划见表 2-7 和表 2-8。

表 2-7 主产品出产计划和零部件外订一览表

时期/周	第 1 周	第 2 周	第 3 周	第 4 周	月合计
A 出产(件/周)	25	15	20	15	75
C 外订(件/周)	15		15		30
E 外订(件/周)		20		20	40

表 2-8 采购零部件一览表

零部件名	下月需要数量
C	75×1+30=105
E	75×4+40=340
F	5kg×75=375kg

三、编制采购计划

【行动知识】

(一) 采购计划的概念

采购计划(Procurement Plan)是指企业管理人员在了解市场供求情况，认识企业生产经营活动过程中和掌握物料消耗规律的基础上对计划期内物料采购管理活动所做的预见性的安排和部署。采购计划是根据生产部门或其他使用部门的计划制订的包括采购物料、采购数量、需求日期等内容的计划表格。制订采购计划是采购活动的第一步，对于企业维持正常的产销活动、物流活动、供应链管理活动以及在特定时期内确定物料和服务安排都具有重要作用。

(二) 编制采购计划的目的

企业的经营始自购入商品/物料后，经加工制成或经组合配制成为主推商品，再通过销售获取利润。其中如何获取足够数量的物料，即采购计划的重点所在。因此，采购计划是为维持正常的产销活动，在某一特定的期间内，应在何时购入何种物料以及订购的数量是多少的估计作业。采购计划应达到下列目的。

(1) 预估商品/物料采购需用的数量与时间，防止供应中断，影响产销活动。

（2）避免采购商品/物料储存过多，积压资金，占用堆积的空间。

（3）配合公司生产/采货计划与资金的高度。

（4）使采购部门事先准备，选择有利时机购入商品和物料。

（5）确立商品及物料合理耗用标准，以便控制采购商品和物料的成本。

（三）采购计划的特征

1. 采购计划的复杂性

采购计划的制订不仅需要计划制订者具有丰富的采购计划经验、采购经验、开发经验、生产经验等复合知识，还要和认证、订单等部门协作进行。并且企业采购的物料规模通常都比较大、品种复杂、地域分散，决定了采购物流活动比较频繁和复杂。采购物流需要针对供应商、地区、物料等各种因素，在运输方式、运输工具、运输路线、运输时间以及各种物流工具等方面在采购计划里做出细致的安排。

2. 采购计划的柔性

采购活动受到企业决策和物料供应市场变化的影响，这就决定了采购具有一定的不确定性，因此企业在编制采购计划时要增强风险防范意识，考虑到多种内外部影响因素，不能只着眼于目前的形势或只看到目前的利益而忽略了潜在的变化因素，要审时度势地制订出一套柔性计划，以适应复杂多变的内外部环境。

3. 采购计划的周期性

在考虑采购成本、运输成本和储存成本的基础上，企业各种物料的采购是按照经济批量的原则分批进行的，因此物料采购活动是间断性的，甚至有较长的周期，因此采购计划的制订也应该适应采购活动的特点，按照采购活动周期制订短期的周计划、月计划以及长期的季度计划、年度计划等。

（四）编制采购计划的依据

1. 年度销售计划

销售计划是各项计划的基础，年度销售计划是在参考过去年度自己本身和竞争对手的销售实绩，列出的销售量及平均单价的计划，即表明各种产品在不同时间的预期销售数量和单价。要想制订准确的采购计划，必须依赖于对销售因素的准确预测以及销售计划的准确制订。

2. 年度生产计划

年度生产计划是依据年度销售数量加上预期的期末存货减去期初存货而制订的计划。有了年度生产计划，就可以在正常的提前期内进行采购并获得有利的最终价格。要想制订准确的采购计划必须有一份准确的生产计划。

3. 物料清单

物料清单是由产品设计部门或研发部门制订的，根据物料清单可以精确地计算出每一种产品的物料需求数量。要想制订准确的采购计划，必须依赖于最新、最准确的物料清单。

4. 库存记录卡

库存记录卡可以用来表明某一材料目前的库存状况，包括账目和物料数量是否一致、物料存量是否全部是符合要求的高品质产品。一个记载正确的库存记录卡是采购计划准确性的重要保证。

5. 物料标准成本的设定

在编定采购预算时，因对将来拟采购物料的价格预测不容易，故多以标准成本替代。标准成本与实际购入价格的差额，即采购预算正确性的评估指标。

6. 生产效率

生产效率的高低将使预计的物料需求量与实际的耗用量产生误差。

【行动实施】

1. 准备认证计划

采购认证是指企业采购人员对采购环境进行考察并建立采购环境的过程。对于需要与供应商合作开发项目的采购方来说，就有必要进行采购认证。采购认证根据项目的大小、期限的长短等采取不同的认证方法。准备认证计划可以从 4 个方面来阐述。

(1) 接收开发批量需求。开发批量需求是能够启动整个供应程序流动的牵引项，要想制订比较准确的认证计划，首先要做的是熟悉开发需求计划。目前开发批量需求计划通常有两种情形：一种是在以前或是目前采购环境中就能够发掘的物料供应，如以前接触的供应商的范围比较大，就可从供应商的供应范围中找到企业需求的批量物料需求；另一种是新物品，新物品是采购环境中无法提供的，需要寻找新物品的供应商或与供应商一起研究、开发新物品。

(2) 掌握余量需求。随着市场需求变得越来越大，企业销售量随之增加，旧的采购环境容量不足以支持企业的物料需求，或者因为采购环境缩小而无法满足采购的需求。这两种情况就会产生余量需求，余量需求又产生了对采购环境扩容的要求。采购环境容量的信息一般是由认证人员和订单人员提供的。

(3) 准备认证环境资料。通常采购环境的内容包括认证环境和订单环境两个部分。有些供应商的认证容量比较大，但是其订单容量比较小；有些供应商的情况却相反。产生这两种情况的原因是认证过程本身是对供应商样件的小批量试制过程，需要强有力的技术支持，有时甚至需要与供应商一起开发。但是订单过程是供应商的规模化的生产过程，突出的表现就是自动化机器流水作业及稳定的生产，技术工艺上，已经固化在生产流程中，所以它的技术支持难度比起认证容量要小。

(4) 制订认证计划说明书。在做好以上 3 个步骤后，最后要制订认证计划说明书，就是准备好认证计划所需要的材料，主要内容包括认证计划说明书，同时附有开发需求计划、余量需求计划、认证环境资料等。

2. 评估认证需求

评估认证需求的主要内容包括 3 个方面：分析开发批量需求、分析余量需求、确定认证需求。

(1) 分析开发批量需求。开发批量需求的分析不仅需要数量上的需求，而且要掌握物料的技术特征等信息。开发批量需求的样式是各种各样的，按照需求的环节可以分为研发物料开发认证需求和生产批量物料认证需求；按照采购环境可以分为环境内物料需求和环境外物料需求；按照供应情况可以分为直接供应物料和需要定做物料等。对于如此复杂的情况，计划人员应该对开发物料需求做详细的分析，计划人员还应具备计划知识、开发知识、认证知识等，兼有从战略高度分析问题的能力。

(2) 分析余量需求。分析余量需求要求首先对余量需求进行分类，余量认证的来源有两种：一是市场销售需求的扩大，二是采购环境订单容量的萎缩。这两种情况都导致了目前采购环境的订单容量难以满足客户的需求，因此需要增加采购环境容量。对于因市场销售需求原因造成的，可通过市场及生产需求计划得到各种物料的需求量和时间；对于因供应商萎缩造成的，可通过分析现实采购环境的总体订单容量与原定容量之间的差别得到。

(3) 确定认证需求。确定认证需求可以根据开发批量需求及余量需求的分析结果来确定。认证需求是指通过认证手段，获得具有一定订单容量的采购环境。

3. 计算认证容量

计算认证容量主要包括以下几个方面的内容。

(1) 分析项目认证资料。分析项目认证资料是计划人员的一项重要任务，不同的认证项目，其过程及周期也是千差万别的。机械、电子、软件、设备、生活日用品等物料项目，它们的加工过程各种各样，非常复杂。作为从事某种行业的实体来说，需要认证的物料项目为上千种物料中的某几种，熟练分析几种物料的认证资料是可能的，但对于规模比较大的企业，分析上千种甚至上万种物料，其难度则要大得多。

(2) 计算总体认证容量。在采购环境中，供应商订单容量与认证容量是两个不同的概念，有时可以互相借用，但绝不是等同的。一般在认证供应商时，要求供应商提供一定的资源用于支持认证操作，或者一些供应商只做认证项目。总之，在供应商认证合同中，应说明认证容量与订单容量的比例，防止供应商只做批量订单，而不愿意做样件认证。计算采购环境的总体认证容量的方法是把采购环境中所有供应商的认证容量叠加即可，但对有些供应商的认证容量需要加以适当的系数。

(3) 计算承接认证量。供应商的承接认证量等于当前供应商正在履行认证的合同量。一般认为认证容量的计算是一个相当复杂的过程，各种各样的物料项目的认证周期也是不一样的，一般是要求计算某一时间段的承接认证量。最恰当、最及时的处理方法是借助电子信息系统，模拟显示供应商已承接的认证量，以便认证计划决策使用。

(4)确定剩余认证容量。某一物料所有供应商群体的剩余认证容量的总和，称为该物料的“认证容量”，可以用下面的公式简单地进行说明。

物料认证容量＝物料供应商群体总体认证容量－承接认证量

这种计算过程也可以被电子化，一般 MRP 系统不支持这种算法，因而可以单独创建系统。认证容量是一个近似值，仅作为参考，认证计划人员对此不可过高估计，但它能指导认证过程的操作。采购环境中的认证容量不仅是采购环境的指标，而且也是企业不断创新、维持持续发展的动力源。源源不断的新产品问世是认证容量价值的体现，也由此能生产出各种各样的产品新部件。

例如，某电视机厂去年生产的某型号电视机销量达到 10 万台，根据市场反应状况，预计今年的销量会比去年增长 30%。为生产 10 万台电视，公司需采购某零件 40 万件，公司供应此种零件的供应商主要有两家，A 的年产能力是 50 万件，已有 25 万件的订单，B 的年产能力是 40 万件，已有 20 万件的订单，求出认证过程。

解：

第一步，分析认证需求。

今年销售预测：10×(1+30%)=13(万件)，该种零件的需求量：13×4=52(万件)。

第二步，计算认证容量。

A与B的供应量是：(50−25)+(40−20)=45(万件)。

52−45=7(万件)，公司再采购7万件才能满足需要。

4. 制订认证计划

制订认证计划主要内容包括对比需求与容量、综合平衡、确定余量认证计划、制订认证计划4个方面的内容。

(1) 对比需求与容量。认证需求与供应商对应的认证容量之间一般都会存在差异，如果认证需求小于认证容量，则没有必要进行综合平衡，直接按照认证需求制订认证计划；如果认证需求量大大超出供应商容量，出现这种情况就要进行认证综合平衡，对于剩余认证需求需要制订采购环境之外的认证计划。

(2) 综合平衡。综合平衡就是指从全局出发，综合考虑生产、认证容量、物料生命周期等要素，判断认证需求的可行性，通过调节认证计划来尽可能地满足认证需求，并计算认证容量不能满足的剩余认证需求，这部分剩余认证需求需要到企业采购环境之外的社会供应群体之中寻找容量。

(3) 确定余量认证计划。确定余量认证计划是指对于采购环境不能满足的剩余认证需求，应提交采购认证人员分析并提出对策，与之一起确认采购环境之外的供应商认证计划。采购环境之外的社会供应群体如果没有与企业签订合同，那么制订认证计划时要特别小心，并由具有丰富经验的认证计划人员和认证人员联合操作。

(4) 制订认证计划。制订认证计划是认证计划的主要目的，是衔接认证计划和订单计划的桥梁。只有制订好认证计划，才能根据该认证计划做好订单计划。下面给出认证物料数量及开始认证时间的确定方法。

认证物料数量=开发样件需求数量+检验测试需求数量+样品数量+机动数量

开始认证时间=要求认证结束时间−认证周期−缓冲时间

5. 准备订单计划

准备订单计划也主要分为4个方面的内容：接收市场需求、接收生产需求、准备订单环境资料、制订订单计划说明书。

(1) 接收市场需求。首先要弄明白什么是市场需求，市场需求是启动生产供应程序流动的牵引项，要想制订比较准确的订单计划，首先必须熟知市场需求计划，或者是市场销售计划。市场需求的进一步分解便得到生产需求计划。企业的年度销售计划一般在上年的年末制订，并报送至各个相关部门，同时下发到销售部门、计划部门、采购部门，以便指导全年的供应链运转；根据年度计划制订季度、月度的市场销售需求计划。

(2) 接收生产需求。生产需求对采购来说可以称之为生产物料需求。生产物料需求的时间是根据生产计划产生的，通常生产物料需求计划是订单计划的主要来源。为了便于理解生产物料需求，采购计划人员需要深入熟知生产计划及工艺常识。在MRP系统之中，物料需求计划是主生产计划的细化，它主要来源于主生产计划、独立需求的预测、物料清单文件、库存文件。编制物料需求计划的主要步骤包括以下内容。

① 决定毛需求。

② 决定净需求。

③ 对订单下达日期及订单数量进行计划。

(3) 准备订单环境资料。准备订单环境资料是准备订单计划中一个非常重要的内容。订单环境是在订单物料的认证计划完毕之后形成的，订单环境的资料主要包括以下内容。

① 订单物料的供应商消息。

② 订单比例信息(对多家供应商的物料来说，每一个供应商分摊的下单比例称为订单比例，该比例由认证人员产生并给予维护)。

③ 最小包装信息。

④ 订单周期，它是指从下单到交货的时间间隔，一般以天为单位。

订单环境一般使用信息系统管理。订单人员根据生产需求的物料项目，从信息系统中查询了解该物料的采购环境参数及其描述。

(4) 制订订单计划说明书。制订订单计划说明书也就是准备好订单计划所需要的资料，主要内容包括以下几点。

① 订单计划说明书，如物料名称、需求数量、到货日期等。

② 附有市场需求计划、生产需求计划、订单环境资料等。

6. 评估订单需求

评估订单需求是采购计划中非常重要的一个环节，只有准确地评估订单需求，才能为计算订单容量提供参考依据，以便制订出好的订单计划。它主要包括 3 个方面的内容：分析市场需求、分析生产需求、确定订单需求。

(1) 分析市场需求。市场需求和生产需求是评估订单需求的两个重要方面。订单计划不仅来源于生产计划，一方面，订单计划首先要考虑的是企业的生产需求，生产需求的大小直接决定了订单需求的大小；另一方面，制订订单计划还得兼顾企业的市场战略及潜在的市场需求等。此外，制订订单计划还需要分析市场要货计划的可信度，必须仔细分析市场签订合同的数量与还没有签订合同的数量(包括没有及时交货的合同)的一系列数据，同时研究其变化趋势，全面考虑要货计划的规范性和严谨性，还要参照相关的历史要货数据，找出问题的所在。只有这样，才能对市场需求有一个全面的了解，才能制订出一个满足企业远期发展与近期实际需求相结合的订单计划。

(2) 分析生产需求。分析生产需求是评估订单需求首先要做的工作。要分析生产需求，首先就需要研究生产需求的产生过程，然后再分析生产需求量和要货时间，这里不再做详细的阐述，仅通过一个企业的简单例子做一下说明。

例如，某企业根据生产计划大纲，对零部件的清单进行检查，得到部件的毛需求量。在第一周，现有的库存量是 80 件，毛需求量是 40 件，那么剩下的现有库存量为 80－40＝40(件)，则到第三周时，库存为 40 件，此时预计入库 120 件，毛需求量 70 件，那么新的现有库存为 40＋120－70＝90(件)。每周都有不同的毛需求量和入库量，于是就产生了不同的生产需求，对企业不同时期产生的不同生产需求进行分析是很有必要的。

(3) 确定订单需求。根据对市场需求和对生产需求的分析结果，就可以确定订单需求。通常来讲，订单需求的内容是通过订单操作手段，在未来指定的时间内，将指定数量的合格物料采购入库。

7. 计算订单容量

计算订单容量是采购计划中的重要组成部分。只有准确地计算好订单容量，才能对比需求和容量，经过综合平衡，最后制订出正确的订单计划。计算订单容量主要有4个方面的内容：分析项目供应资料、计算总体订单容量、计算承接订单容量、确定剩余订单容量。

(1) 分析项目供应资料。众所周知，在采购过程中物料和项目是整个采购工作的操作对象。对于采购工作来讲，在目前的采购环境中，所要采购物料的供应商信息是非常重要的一项信息资料。如果没有供应商供应物料，那么无论是生产需求还是紧急的市场需求，一切都无从谈起。可见，有供应商的物料供应是满足生产需求和满足紧急市场需求的必要条件。例如，某企业想设计一家练歌房的隔音系统，隔音玻璃棉是完成该系统的关键材料，经过项目认证人员的考察，该种材料被垄断在少数供应商的手中，在这种情况下，企业的计划人员就应充分利用好这些情报，在下达订单计划时就会有的放矢。

(2) 计算总体订单容量。总体订单容量是多方面内容的组合。一般包括两方面内容：一方面是可供给的物料数量，另一方面是可供给物料的交货时间。

例如，A供应商在12月31日之前可供应5万个特种按钮(i型3万个，ii型2万个)，B供应商在12月31日之前可供应8万个特种按钮(i型4万个，ii型4万个)，那么12月31日之前i和ii两种按钮的总体订单容量为13万个，其中ii型按钮的总体订单容量为6万个。

(3) 计算承接订单容量。承接订单容量是指某供应商在指定的时间内已经签下的订单量，但是，承接订单容量的计算过程较为复杂。

例如，A供应商在12月31日之前可以供给5万个特种按钮(i型3万个，ii型2万个)，若是已经承接i型特种按钮2万个，ii型2万个，那么对i型和ii型物料已承接的订单量就比较清楚，即2万个(i型)+2万个(ii型)=4万个。

(4) 确定剩余订单容量。剩余订单容量是指某物料所有供应商群体的剩余订单容量的总和，可以用下面的公式表示。

物料剩余订单容量=物料供应商群体总体订单容量-已承接订单量

8. 制订订单计划

制订订单计划是采购计划的最后一个环节，也是最重要的环节。它主要包括4个方面的内容：对比需求与容量、综合平衡、确定余量认证计划、制订订单计划。

(1) 对比需求与容量。对比需求与容量是制订订单计划的首要环节，只有比较出需求与容量的关系才能有的放矢地制订订单计划。如果经过对比发现需求小于容量，即无论需求多大，容量总能满足需求，则企业要根据物料需求来制订订单计划；如果供应商的容量小于企业的物料需求，则要求企业根据容量制订合适的物料需求计划，这样就产生了剩余物料需求，需要对剩余物料需求重新制订认证计划。

(2) 综合平衡。综合平衡是指综合考虑市场、生产、订单容量等要素，分析物料订单需求的可行性，必要时调整订单计划，计算容量不能满足的剩余订单需求。

(3) 确定余量认证计划。在对比需求与容量的时候，如果容量小于需求就会产生剩余需求，对于剩余需求，要提交认证计划制订者处理，并确定能否按照物料需求规定的时间及数量交货。为了保证物料及时供应，可以通过简化认证程序，并由具有丰富经验的认证计划人员进行操作。

(4) 制订订单计划。制订订单计划是采购计划的最后一个环节，订单计划做好之后就可以按照计划进行采购工作了。一份订单包含的内容有下单数量和下单时间两个方面。

下单数量=生产需求量-计划入库量-现有库存量+安全库存量

下单时间=要求到货时间-认证周期-订单周期-缓冲时间

四、编制采购预算

【行动知识】

（一）采购预算的概念

采购预算是一种用数量来表示的计划，是将企业未来一定期间与采购相关经营决策的目标通过有关数据系统地反映出来，是采购相关经营决策的具体化、数量化。预算的时间范围要与企业的计划期保持一致，绝不能过长或过短。长于计划期的预算没有意义，浪费人力、物力、财力，而短期的预算则又不能保证计划的顺利执行。企业所能获得的可分配的资源或资金在一定程度上是有限的，受到客观条件的限制，企业的管理者必须通过有效地分配有限的资源来提高效率以获得最大的收益。一个良好的企业不仅赚取合理的利润，还要保证企业有良好的资金流。因此，良好的预算既要注重最佳实践，又要强调财务业绩。

（二）采购预算的作用

具有良好灵活性和适应性的采购预算，能很好地应对意料之外的可能发生的不可控事件，也方便企业管理者有效地分配企业有限的资源来提高销售率并获得最大的收益。其作用具体表现为以下几方面。

（1）保障企业战略计划和作业计划的执行，确保企业组织目标一致。

（2）协调企业各部门之间的合作经营。

（3）在企业各部门之间合理安排有限的资源，保证资源分配的效率性。

（4）对企业物流成本进行控制、监督。

（三）采购预算的类型

（1）零基础预算。零基础预算是不考虑以往经验来决定将来需求的过程。所有预算项细节都得到完全论证，并被当作与现行程序的继续相对的新要求。假定预算是从最开始做的准备，即零基础。零基础预算有益于对传统行事方式提出质疑，因为所有程序包括那些已运行多年的程序都得到论证、优先考虑、审查和核准。现实中，很少有组织运用一种“纯粹”的零基础预算。那些确实运用这个概念的组织一般把它有选择地运用于运作过程的某些环节，对于剩下的环节则运用传统的“历史或延伸”概念来做出预算。

（2）现金流预算。现金流预算把预算期的开支和成本要求联系起来。换句话说，基金是按开支要求获得的。在这类预算中，做出某时期(如星期、月份)的现金花费。这种预算在现金加紧控制时是很有用的。

（3）例行项目预算。例行项目预算(line-item budget)的设计显示出预算期的单项花费而不把它们与大的项目或目标挂钩。典型的例行项目预算包括薪水、办公陈设、差旅、设备、电话费、邮资等项。每一项包含有关这些开支内容的更进一步的细节。例如，差旅部分将精确显示差旅行程以及每一趟预计的花费。例行项目预算一般是递增的，即在很大程度上，它们是建立在前一预算期基础上的。

（4）程序或项目预算 。程序预算也称作程序计划预算体系(Program Planning Budgeting

Systems，PPBS)。这类预算常用于非营利组织及政府实体。项目预算将组织目标与目的和负责实现这些目的的项目或环节联系起来。为加强目标与所花款项的联系，这种预算一般使用生产力衡量标准和成本的效益分析。项目预算的优势在于为管理在不同项目需求的基础上提供评估与决策能力。

(5) 资本预算。这是为用于组织运作的建筑、设备及其他长期资产而做的预算。资本开支预算的主要目的在于为设施或设备的获得提供一份未来计划的正式总结。预算这一领域尤其关键，因为它与资本回收所需资金规模及时间密切相关。此外，资本开支预算能用做决定特定额外采购量最佳来源的依据。资本开支预算包括短期和长期开支。短期开支必须包括在该年度预算内，而且必须以它们的经济值评估。长期开支通常不会在该年度预算期内实施，因此，包含在预算内的长期开支可以比较粗略。

(6) 灵活预算。灵活预算是那些能随情况变化而变化的预算，如产量增长或降低。灵活预算的一种被称作变量预算，它是一套能应对不同情况的预算。通常，灵活预算有一个用来以产量为基础决定所需预算的公式。灵活预算的一个明显的优势是它们使快速应对情况变化成为可能。

(7) 采购价格差异。采购价格差异(Purchasing Price Variance，PPV)是标准价格与预算期实际所付价格的差异。

(8) 开放购买预算。开放购买预算常用于零售部门，与现金流预算比较相似。开放购买预算把一个预算期的现金需求与开支和该时期资金可获得性联系在一起。在零售中，市场策略常被分为按投资回收衡量的独立的程序。开放购买预算以预算期计划的投资为基础分配资金，那些资金被用做库存的补充。当申请者要求购买时，可能受到该项目及预算期资金可获得性的限制。有限的资金也可能影响采购方获得大幅折扣的能力。

【行动实施】

对于一般企业来说，通常业务部门的行销计划是年度经营计划的起点，然后生产计划才随之制订，采购预算是采购部门为配合年度的销售预测或生产数量，对需求的原料、物料、零件等数量及成本作详实的估计，以利于整个企业目标的实现。也就是说，采购预算如果单独编制，不但缺乏实际应用价值，也失去了其他部门的配合，所以必须以企业整体预算制度为依据。采购预算编制过程如下。

第一步，审查企业以及部门的战略目标。预算的最终目的是为了保证企业目标的实现，企业在编制部门预算前首先要审视本部门和企业的目标，以确保它们之间的相互协调。

第二步，制订明确的工作计划。管理者必须了解本部门的业务活动，明确它的特征范围，制订出详细的工作计划表，从而确定部门实施这些活动所带来的产出。

第三步，确定所需的资源。有了详细的工作计划表，管理者可以对支出做出切合实际的估计，从而确定为了实现目标所需要的人力、物力和财力资源。

第四步，提出准确的预算数字。管理者提出的数字应当保证其最大可能性。可以通过以往的经验做出准确判断，也可以借助数学工具和统计资料通过科学分析提出准确方案。

第五步，汇总。汇总各部门、各分单元的预算，最初的预算总是来自每个分单元，而后层层提交、汇总，最后形成总预算。

第六步，提交预算。预算是关于预计收入和可能支出的动态模型，它反映的是未来的事情，由于外在的环境总是处于不断变化之中，因此，必须根据实际情况的变化不断进行修订以确保预算最大限度地贴近现实，反映实际的支出采购预算。

【知识拓展】

采购预算编制的方法

编制预算的方法很多，这里主要介绍弹性预算、概率预算和零基预算。

1. 弹性预算

弹性预算法又称变动预算法、滑动预算法，是在变动成本法的基础上，以未来不同业务水平为基础编制预算的方法，是固定预算的对称，是指以预算期间可能发生的多种业务量水平为基础，分别确定与之相应的费用数额而编制的、能适应多种业务量水平的费用预算，以便分别反映在各业务量的情况下所应开支(或取得)的费用(或利润)水平。

用弹性预算的方法来编制成本预算时，其关键在于把所有的成本划分为变动成本与固定成本两大部分。变动成本主要根据单位业务量来控制，固定成本则按总额控制。成本的弹性预算方式如下。

$$成本的弹性预算 = 固定成本预算数 + \sum(单位变动成本预算数 \times 预计业务量)$$

1) 编制弹性预算的步骤

(1) 选择和确定各种经营活动的计量单位消耗量、人工小时、机器工时等。

(2) 预测和确定可能达到的各种经营活动业务量。在确定经济活动业务量时，要与各业务部门共同协调，一般可按正常经营活动水平的70%～120%之间范围确定，也可按过去历史资料中的最低业务量和最高业务量为上下限，然后再在其中划分若干等级，这样编出的弹性预算较为实用。

(3) 根据成本性态和业务量之间的依存关系，将企业生产成本划分为变动和固定两个类别，并逐项确定各项费用与业务量之间的关系。

(4) 计算各种业务量水平下的预测数据，并用一定的方式表示，形成某一项的弹性预算。

2) 弹性预算的适用性

这种方法适用于各项随业务量变化而变化的项目支出，如学校的货物采购项目，由于学生的招生规模变化很大，因而可以根据预算年度计划招生人数、在校学生人数测算应添置的课桌凳、床的数量、教学楼防护维修或其他采购项目。

2. 概率预算

概率预算(Probabilistic Budgeting)是指对在预算期内不确定的各预算构成变量，根据客观条件，做出近似的估计：估计它们可能变动的范围及出现在各个变动范围的概率，再通过加权平均计算有关变量在预期内的期望值的一种预算编制方法。

概率预算属于不确定预算，但是弹性预算是属于确定预算。一般适用于难以准确预测变动趋势的预算项目，如开拓新业务等。

概率预算必须根据不同的情况来编制，大体上可分为以下两种情况。

第一种情况：销售量的变动与成本的变动没有直接联系。这时，只要利用各自的概率分别计算销售收入、变动成本、固定成本的期望值，即可直接计算利润的期望值。

第二种情况：销售量的变动与成本的变动有直接联系。这时，需要用计算联合概率的方法来计算利润的期望值。

概率预算的编制程序如下。

(1) 在预测分析的基础上，估计各相关因素的可能值及其出现的概率，它可以根据历史资料或经验进行判断。

(2) 计算联合概率，即各相关因素的概率之积。

(3) 根据弹性预算提供的预算指标以及与之对应的联合概率计算出预算对象的期望值，即概率预算下的预算结果。

3. 零基预算

零基预算是指在编制成本费用预算时，不考虑以往会计期间所发生的费用项目或费用数额，而是以所有的预算支出为零作为出发点，一切从实际需要与可能出发，逐项审议预算期内各项费用的内容及其开支标准是否合理，在综合平衡的基础上编制费用预算的一种方法。零基预算编制有以下 5 个步骤。

1）划分和确定基层预算单位

企业里各基层业务单位通常被视为能独立编制预算的基层单位。所谓的“预算单位”并不等同于日常生活意义上的单位，说白了，它指的就是需要钱的地方、部门、项目、活动等。预算单位到底如何确定，零基预算的设计者并没有作出硬性的规定，关键是看在哪一层次上编制预算。预算单位确定后，接下来是制订一揽子决策。

2）编制本单位的费用预算方案

由企业提出总体目标，然后各基层预算单位根据企业的总目标和自身的责任目标出发，编制本单位为实现上述目标的费用预算方案，在方案中必须详细说明提出项目的目的、性质、作用，以及需要开支的费用数额。

3）进行成本效益分析

基层预算单位按下达的“预算年度业务活动计划”，确认预算期内需要进行的业务项目及其费用开支后，管理层对每一个项目的所需费用和所得收益进行比较分析，权衡轻重，区分层次，划出等级，挑出先后。基层预算单位的业务项目一般分为 3 个层次：第一层次是必要项目，即非进行不可的项目；第二层次是需要项目，即有助于提高质量、效益的项目；第三层次是改善工作条件的项目。进行成本效益分析的目的在于判断基层预算单位各个项目费用开支的合理程度、先后顺序以及对本单位业务活动的影响。

4）审核分配资金

根据预算项目的层次、等级和次序，按照预算期可动用的资金及其来源，依据项目的轻重缓急次序，分配资金，落实预算。

5）编制并执行预算

资金分配方案确定后，就制订零基预算正式稿，经批准后下达执行。执行中遇有偏离预算的地方要及时纠正，遇有特殊情况要及时修正，遇有预算本身问题要找出原因，总结经验加以提高。

【应用案例】

国美电器采购管理案例分析

1. 现状简介

(1) 国美刚成立，采购方式很简单，就是卖多少进多少货，断货现象时常发生，经常用店里摆着空包装箱充当产品。采购也全是靠着人力进行的，员工填单，领导审批，烦琐的环节、不确定的流程、员工出错率高、速度和质量无法衡量，采购议价能力低，成本高。

(2) 收购永乐后，供应商的数量过多而供应实力参差不齐，采购重复，物流路线交叉过多。供应商管理不完善，与大供应商没有建立长期战略合作关系。

(3) 如何设计营业员收款 、验货，以什么样的规范操作能更方便顾客和有利于商品的流通，在制定进货政策上，进什么样的货，怎么进，进多少，供货商的价格、促销、服务、售后政策如何，在库存商品的管理上安全存量是多少，整个物流系统商品滞销，为什么滞销，如何脱离滞销，根据销售商品的流向和趋势，物流部门如何协调广宣部、企划部、业务部等不同的部门进行运做。

(4) 为了保持低价的经营理念和较高顾客的满意度，国美电器必须降低门店的运营成本和产品价格，这要求国美不断地降低采购成本但又不至于影响供应商关系。

2. 问题综述

国美的快速发展带来了以下问题。

(1) 收购永乐等区域零售商后，对外缺少统一形象。

(2) 传统的采购成本过高。

(3) 重复采购现象普遍。

(4) 由于地区的局限，采购人员不一定找到最优的供应商。

(5) 缺乏统一的采购流程和采购规范化。

(6) 供应商的数量多，实力参差不齐，难以管理。

(7) 缺乏跟供应商有效的信息共享。

(8) 零售商的竞争日益白热化，供销模式的改革大势所趋。

(9) 随着公司的急剧扩张发展，其采购系统也来越来复杂。

3. 可供选择的改进方案

对案例可采用以下方案。

(1) 集中采购。

(2) 统一采购。

(3) 电子采购。

(4) 实现 ERP 系统。

(5) 创建自己的供销模式。

4. 本案例采用方案

经过考虑，国美决定综合运用集中采购、统一采购和电子采购等采购方式，实施 ERP 系统，建立物流信息系统和创建自己的供销模式以降低采购成本。

在深入分析采购换届后，国美随即开始变革行动。国美从供应商优化、实现 ERP 系统、创建自己的供销模式、建立物流信息系统等几个方面着手实现采购成本压缩。

1) 供应商优化

国美经过这么多年的发展，供应商的数量日益增加，再加上收购永乐、大中等地区性零售商，供应商的数量过多而复杂，并且供应能力参差不齐，加大了国美对供应商的管理难度。国美专门设置了供应商考核小组，对供应商进行考核，淘汰了一部分实力不足的供应商，而与实力较强的供应商建议长期合作，确保了供应产品的质量和速度。同时国美将供应商分为大、中、小 3 个等级，每个等级实行不同的管理和采购系统。

2) 实现 ERP 系统

ERP 系统是企业资源计划的简称，目的为企业决策层及员工提供决策运行手段的管理平台，实现供应链管理。国美的膨胀发展后，对供应商供货的反应速度和库存的控制要求进一步加强，尤其是物流成本的控制。而实现 ERP 系统对接之后，供应商和国美都有机会降低交易成本，而供应商将更为依赖国美系统所提供的各种数据资料。这可能形成一种更为“紧密”的零供关系。实现 ERP 管理的直接效果是，国美和其合作供应商可以使用电子订单来下单、确认销售以及发货计划等，整个过程全部由系统完成，不需要人工干预，从而提高效率。

而对接的理想状态，是国美和供应商不仅能利用系统处理订单，而且还可以互相了解对方的库存情况，以及通过系统进行财务结算。

3) 创建自己的供销模式

向生产商订的货越多，拿到的价格就越便宜，向消费者推出的售价越低，来买货的消费者就越多，需要向生厂商订的货就越多。供销商层层加价转给下一层零销商，是司空见惯的商业现象。而国美企业要想发展，必须建立自己的供销模式，摆脱中间商的环节，直接与生厂商贸易，把市场营销主动权控制在自己手中。为此，国美经过慎重思考和精心论证决定以承诺销量取代代销形式。他们与多家生产厂家达成协议，厂家给国美优惠政策和优惠价格，而国美则承担经销的责任，而且必须保证生产厂家铲平相当大的销售量。承诺销量风险极高，但国美变压力为动力。他们将厂家的价格优惠转化为自身销售商的优势，以较低价格占领了市场，销路畅通，与生产商的合作关系更为密切，采购的产品成本比其他零售商低很多，为销售铺平了道路。

4) 建立物流信息系统

采购活动离不开物流活动，以前以批发商为主的销售商，以大批量、小批次为主，而现在的零售商要求多样化，一般是小批量、多批次为主，这对国美物流服务的要求也越来越高。国美自主开发的信息系统实现实时采购管理，国美每销售一件商品，所有相关方面的库存就会自动销减，在门店可以实时了解到每项货品的库存量，根据库存销售，实时进行采购补充库存，避免缺货造成损失和过多挤压产品使库存成本过高。物流信息系统中的车辆管理和过程管理使每个车辆的配送装货效率能达到最优，降低采购物流成本。

5. 实施新采购方案的成本效益分析

在本案例中，采用新的采购方案带来的改进效果表现为以下几个方面。

1）采购成本明显降低

当“集中采购和统一采购”系统在国美实施后，其采购成本大大降低。首先集中大批量采购，议价能力大大提升，供应商唯恐失去国美这么一个大客户，所以国美拿到的价格低于其他零售商的价格。统一采购使国美和旗下的永乐等区域零售商绑定在一起，采购统一性使国美和永乐的采购成本都降低，同时又避免重复采购，可以优化采购的物流路线，降低了整个采购链的成本。

2）采购的物流成本明显降低

当建立物流信息系统后，采购过程中的物流成本明显降低，这得益于物流信息系统对采购路线的优化和对库存的管理，减少了无效的采购次数和保持稳定的库存成本，从而降低了整个采购链的成本。

3）采购效率大大提高

在优化供应商的基础上，基于电子采购的实施，国美公司降低了采购的复杂程度，采购订单的处理时间已经降低到 1 天，合同的平均长度减少了 5 页，内部的员工满意度提升了 50%，“独立采购”也减少到 8%。电子采购在国美电器内部产生了效率的飞跃。

4）供应商的满意度提高

采用了 ERP 系统后，供应商最大的感受之一是更容易与国美做生意。统一的流程，标准的单据意味着更公平的竞争。集中化的采购方式更便于发展战略性的、作为合作伙伴的商业关系，这一点对采购尤为重要。从电子采购系统推广角度而言，供应商更欢迎通过简便快捷的网络方式与国美进行商业往来，与国美一起分享电子商务的优越性，从而达到共同降低成本、共同增强竞争力的双赢战略效果。

5）供应商逐渐从中间商过渡到生产商

国美建立自己的供销模式，摆脱中间商的环节，直接与生厂商合作，从根本上降低了采购成本。同时，国美以承诺销量取代代销形式，与多家生产厂家达成协议取得更多的优惠政策和优惠价格。

（资料来源：http：//home. purchasingbbs. com/archiver/？ tid—896946. html）

问题思考：

采购计划的作用有哪些？制订采购计划应考虑哪些因素？如何制订采购计划？

[复习题]

（1）简述采购计划编制的目的。

（2）采购预测常用的方法有哪些？

（3）采购预算编制的方法有哪些？

（4）简述采购计划编制的过程。

[实训巩固]

实训目的

通过训练掌握定量需求预测的常用方法。

实训内容

深圳市航空物流园区在规划建设阶段需要对园区总货运量进行科学预测，已知深圳机场 1992—2000 年 9 年的航空货运量历史资料，见表 2－9。5 人一小组，利用指数平滑预测法，对深圳机场 2001—2005 年航空总货运量进行预测。

表 2-9 深圳机场航空货运量历史资料

年份	1992	1993	1994	1995	1996	1997	1998	1999	2000
货运量	11512	26590	38973	50965	62260	72977	85789	125202	169064

实训考核

实训评价的方式有教师评价、小组内部成员评价和第三方评分组成员评价 3 种，建议教师评价占 60%的权重，小组内部成员评价占 20%的权重，第三方评分组成员评价占 20%的权重，将三者综合起来的得分为该生在该项目的评价分，见表 2-10。

表 2-10 实训工作评价表

考 评 人		被 考 评 人	
考评地点			
考评内容	定量需求预测		
考评标准	具体内容	分值/分	实际得分
	工作态度	20	
	团队合作	20	
	实训任务的完成度	30	
	成果展示与汇报	30	
合 计		100	

注：考评满分 100 分，60 分以下为不及格，60～69 分为及格，70～79 分为中，80～89 分为良，90 分以上为优。

行动二

供应商选择与评价

GONGYINGSHANG XUANZE YU PINGJIA

【学习目标】

了解供应商在企业采购中的重要地位；理解企业进行供应商开发与选择对生产经营活动的影响；熟悉供应商的开发流程；了解供应商的评价原则与标准；了解供应商评价的主要内容；掌握对供应商衡量选择与评价的方法。

【行动任务】

随着社会化生产的不断进步，当今各个行业的各种产品，如食品、机械、汽车、软件等，都要通过供应商采购来实现生产和销售。而随着生产和销售的不断扩大，采购金额占产品销售总成本的比例也越来越大，使得各个公司对其供应商的管理越来越全面，供应商选择的必要性也逐渐体现出来。任何企业的采购工作都离不开供应商的开发和选择。

如果你是学生小李，需要完成如下任务。

1. 任务要求

小李要想学习和领会本行动的知识，需要经历一次实际采购活动的供应商选择与评价，或调研其他企业的供应商选择与评价方法，并写出自己的体会。

2. 任务实施

小李以个人或和同学组成6～7人小组，制定任务目标及实施路径，进行一次采购活动并对供应商进行选择与评价，主要内容和步骤为：①确定需要购买的商品；②市场竞争环境与需求特点分析；③明确供应商选择目标；④建立供应商的评价标准；⑤建立评价小组；⑥评价和选择供应商，或尝试到企业调研企业的供应商选择与评价过程，然后写出自己的感想和体会，着重分析供应商的评价原则与标准、供应商评价的主要内容、供应商的衡量选择方法。

【行动案例】

西门子的供应商选择

西门子集团公司是世界最大的电器工程与机电公司之一，1847年由维尔纳·冯·西门子建立。它的国际总部位于德国慕尼黑，业务遍及全球190多个国家，在世界拥有大约600家工厂、研发中心与销售办事处。公司的业务主要集中于六大领域：信息和通信、自动化与控制、电力、交通、医疗系统和照明，其全球业务运营分别由13个业务集团负责。西门子最早在中国开展的经营活动可以追溯到1872年，当时西门子公司向中国出口了第一台指针式电报机。在过去130多年的时间里，西门子一直活跃在中国市场，并在工业、能源和医疗业务领域处于领先地位。多年来，西门子已经成为中国经济不可分割的一部分，是中国可靠、忠诚、可信赖的合作伙伴。至今，西门子已在中国建立了90多家公司，61个办事处。西门子遍及中国的业务组织及区域总经理和省级总经理，使公司更好地把握市场脉搏、了解本地信息、更加快速高效地满足客户的需求。在2008财年中(2007年10月1日—2008年9月30日)，西门子在中国的销售收入达到570亿元人民币，新订单总额达到655亿元人民币。西门子在中国拥有超过43000名员工，是在华拥有员工数最多的外商投资企业之一。

作为全球领先的电子和电气工程公司，西门子高度重视采购工作，并且在全球采购市场扮演着举足轻重的角色。全球经济一体化的发展使得西门子这样的企业都不可能在本企业或本土内生产出所需要的全部零部件。因此，选择并管理好散布于世界各地的供应商是大型跨国企业保证质量和信誉的关键。

供应商与西门子合作能在很大程度上提升他们的价值。如果能够与西门子建立长期的业务联系，对于这个供应商来讲是非常有益的，因为与什么样的公司合作能够反映这个供应商是一个什么样的水平。所以，西门子对采购的质量要求非常高，对供应商的要求也非常高。

1. 供应商是伙伴而不是对手

西门子公司在其供应商管理战略中明确提出“你们的成功就是我们的成功，我们的成功也就是你们的成功”的口号，将传统意义上企业与供应商之间的那种短期的、松散的、互为竞争对手的关系转变为长期的、紧密的、互为合作伙伴的关系。西门子将与供应商的关系放在经营战略的高度来考虑是有其实际原因的：原材料、零部件的采购成本包括对服务的需求经常超过公司年销售收入的50%，而且这种成本上涨的趋势还在继续，若不及时采取措施降低成本、提高质量，将无法在竞争中立于不败之地。因此，西门子提出供应商管理的目标就是与所有供应商结成战略合作伙伴关系，共同“在中国市场上具有竞争力。”

2. 管理目标

在供应商管理的目标上，西门子公司要求各级供应商必须不断地改进工作、降低运费、缩短订货时间及即时送货，而且还必须通过ISO质量认证体系的认证，达到西门子的质量标准和世界级的质量标准，尽量降低失误率。供应商还必须与西门子签订严格的质量保证协议。

3. 供应商的选择

西门子在供应商选择方面的具体目标是：与供应商发展高标准的信任与合作关系，把买卖关系从对手、胜利者—失败者、契约—讨价还价的关系改变为合作的、团队型关系，使彼此能为对方考虑；与供应商建立一种能促进其不断降低成本、提高产品质量的契约关系；与供应商达成长期共识、彼此在物流流程的高度一体化的基础上同步展开业务；与供应商之间开放沟通渠道，实现信息共享、共担风险、共享利益；使供应商参与到产品的设计和创新过程中，使每个供应商确实感觉到“西门子的用户就是我的用户，让用户满意就是我应尽的责任”。

4. 供应商评估

供应商的选择依赖于对供应商的全面评估选择，因此供应商的评估也可以看作供应商选择的核心环节。西门子由采购部、技术部、生产部和质保部联手组成评估小组，制定了正规的评价体系和评价标准，从价格、质量、后勤服务和技术服务等方面对每一个现实的和潜在的供应商进行严格的打分、内部交流及结果比较，将结果作为选择供应商的依据。

5. 技术能力的评估

西门子坚信技术和设计能力的完善是改进和发展产品性能的保障，因此技术能力的评估还要考察供应商是否有对质量不断深入研究和发展的过程，其中尤为重要的是供应商对研究部门的重视程度，这关系到西门子的不断升级和换代。

6. 价格和成本评估

评价内容包括价格行为及政策、降低成本的努力、适应市场和西门子要求的能力及服务和支持方面的表现等方面。

7. 质量评估

质量评估是从质量性能、质量体系和对质量重要性的认识及合作服务和支持方面的表现考虑的。

8. 后勤考察

后勤考察主要是交货方面的评估。及时交货是精益生产的必要条件。同时为了减少库存，西门子正在努力推行包括减少批量、频繁和可靠的交货计划、压缩运转周期、采购高质量供应物料的准时制采购。

9. 供应商类型及发展战略

经过严格的评估，所有的供应商被分为 4 类，即良好型供应商、可以接受型供应商、受限制型供应商和终止型供应商。毫无疑问，被评为良好型供应商的是西门子将要与之发展为战略伙伴的供应商，寻找到这样一个供应商也是西门子整个供应商管理战略的灵魂所在。西门子的思路是尽量提高向其采购的数量，定期进行政策透明的沟通，并随时邀请其参加有关新产品的研制，以便听取和吸收宝贵意见。同时，在必要时向此类战略伙伴提供适时的培训和技术支持，还可以考虑帮助关键零部件厂建立自己的供应商管理体系，使西门子从源头就获得比其他竞争对手更具优势的供应体系，真正做到“双赢”，利益共享，责任共担。

（资料来源：王炬香，温艳，王磊．采购管理实务［M］．北京：电子工业出版社，2011.）

思考与分析：

当今企业的竞争已成为供应链之间的竞争，供应商作为供应链中重要的节点企业，对提高企业的竞争力具有重要的意义。供应商评估是对供应商进行评价和选择，以期寻找最佳的供应商，保证供应商具有提供满足本公司规定要求的产品和能力，促使公司产品的品质得到稳定发展和提高，建立相配套的信息共享系统，有效地对供应商在产品质量、交期、成本等方面进行合理的管理和控制，并提高产品的竞争力。

一、供应商开发

【行动知识】

（一）供应商的含义

供应商是指可以为企业生产提供原材料、设备、工具及其他资源的企业，可以是生产企业，也可以是流通企业。供应商管理就是对供应商的了解、选择、开发、使用和控制等综合性的管理工作的总称。供应商是一个与购买者相独立的利益主体，而且是以追求利益最大化为目的的利益主体。

企业要维持生产，就必须有一批可靠的供应商为其提供各种各样的物资，供应商对企业的物资供应起着非常重要的作用，采购管理就是直接和供应商打交道，从而从供应商处采购获得各种物资的，因此采购管理的一个重要工作就是要搞好供应商管理。

选择好的供应商一直是企业追求的目标，在中国古代就有“货比三家”之说。到现在发展出很多选择供应商的方法，从注重采购成本，到价格、质量、技术、交货期、售后服务的综合评价，现在更进一步发展为供应链一体化、合作竞争，供应商作为供应链中重要的节点企业，在提高供应链及企业的竞争力中发挥着巨大的作用。

(二) 供应商的种类

企业可以按供应商提供产品的重要程度以及供应商对本企业的重视程度和信赖程度，将供应商划分成若干群体。供应商的分类是供应商关系管理的先行环节，只有在供应商细分的基础上，企业才有可能根据供应商的不同情况实行不同的供应商关系管理策略。

1. 按照供应商的重要性分类

依据供应商对本企业的重要性和本企业对供应商的重要性进行分析，供应商可以分成4类。

1) 伙伴型供应商

这类供应商为企业提供生产制造所需要的重要部件或资源，同时，其自身也是同行业中的佼佼者，具有很强的产品研发与创新能力。它可以为企业提供新产品，从而推动企业的发展和创新，有助于提高企业的核心竞争力。供应商的采购业务对本企业来说很重要，而且本企业的采购业务对于供应商来说也很重要，那么这样的供应商就是“伙伴型供应商”。

2) 优先型供应商

这类供应商非常看重本企业的采购业务，但由于市场上同类产品非常多，或者由于它所提供的产品对于本企业不太重要，企业并不特别看重这项采购业务。这类供应商对企业具有强烈的信赖感。在这种情况下，该项采购业务对于本企业无疑是非常有利的，这样的供应商就是本企业的“优先型供应商”。

3) 重点型供应商

由于市场相对宽广，而本企业的采购数量却不大，因此对于供应商来说本企业的采购业务无关紧要，但对本企业来说该采购业务却非常重要。在这种情况下，企业必须保持与供应商的长久关系，才能获得有利的市场地位，保持持久的竞争优势。这样的供应商就是需要注意改进提高的“重点型供应商”。

4) 商业型供应商

企业和供应商对于相互之间的采购业务都不是非常看重，相互之间的交易具有偶然性和临时性的特点，这类供应商对于本企业具有很强的变动性。双方都不存在信赖关系。因而这类供应商可以很方便地选择与更换。企业不需要花费太多的精力和时间来维护他们的关系。与这些采购业务对应的供应商就是普通的“商业型供应商”。

2. 按照80/20规则分类

供应商80/20规则分类法的理论基础是物品采购的80/20规则，其基本思想是针对不同的采购物品应采取不同的策略。同时，采购工作时间、精力也应各有侧重，相应地对不同物品的供应商也应采取不同的策略。供应商分类80/20规则是指，通常情况下数量20%的采购物品(重点采购物品)占采购物品80%的价值；而其余数量80%的物品(普通采购物品)只占采购物品20%的价值。相应地，可以将供应商依据80/20规则进行分类，划分为重点供应商和普通供应商，即占80%价值的20%的供应商为重点供应商，而只占20%价值的80%供应商为普通供应商。对于重点供应商应投入80%的时间和精力进行管理与改进。这些供应商提供的物品为企业的战略物品或者是需要集中采购的物品。而对于普通供应商则只需要投入

20%的时间和精力让其交货。因为这些供应商所提供的物品对企业的成本和质量的影响较小。

在按80/20规则进行供应商分类时，应注意两个问题。

（1）80/20规则分类的供应商并不是一成不变的，是有一定时间限度的，随着生产结构和产品线的调整，需要进行重新分类。

（2）对于重点供应商和普通供应商应采取不同的策略。

3. 供应商的规模和经营品种分类

按供应商的规模和经营品种进行分类，可将供应商分为以下几种。

（1）“专家级”供应商。“专家级”供应商是指那些生产规模大、经验丰富、技术成熟，但经营品种相对较少的供应商。这些供应商的目标是占领广阔的市场。

（2）“低产小规模”供应商。“低产小规模”供应商是指那些经营规模小，经营品种少的供应商。这些供应商的目标仅定位于本地市场。

（3）“行业领袖”供应商。“行业领袖”供应商是指那些规模大、品种多的供应商。这些供应商的目标是立足于本地市场，并积极开拓国际市场。

（4）“量小品种多”供应商。“量小品种多”的供应商是那些虽然规模不大但生产的品种较多的供应商。这些供应商的财务状况通常不好，但其潜力可以培养。

（三）优秀供应商对企业的重要性

按照传统的观念，供应商和购买者是利益相互对立的矛盾对立体，供应商希望从购买者手中多得一点，购买者希望向供应商少付一点，为此常常斤斤计较。某些供应商往往在物资商品的质量、数量上做文章，以劣充优、降低质量标准、减少数量，甚至制造假冒伪劣产品来坑害购买者，既相互依赖又相互对立，彼此相处总是一种提心吊胆、紧密设防的紧张关系。这种关系对双方都非常不利，对购买者来说，物资供应没有可靠的保证、产品质量没有保障、采购成本太高，这些都直接影响企业的生产成本和效益。相反，如果找到一个好的供应商，它的产品质量好，价格低，而且服务态度好，保证供应，按时交货，这样，采购时就可以非常放心，不但物资供应稳定可靠，质优价廉，准时供货，而且双方关系融洽，互相支持，共同协调。这样对企业采购管理、企业的生产和成本效益都会有很多好处。

1. 确保物料供应的可靠性

好的供应商应具备很强的交货能力，保证按时按质按量交货，确保企业生产进度计划和销售计划的顺利执行。反之，会直接影响企业的生产与销售。

2. 保证产品质量

按质量控制的时间顺序可将其划分为进料质量控制、过程质量控制及出厂质量控制。由于产品质量中价值60%的部分是经由采购而来的，是供应商提供的，毫无疑问产品质量的60%应在采购件进厂之前得到控制，也就是说企业产品质量更多地应控制在供应商的质量管理过程中，这也是“上游质量控制”的体现。供应商上游质量控制得好，不仅可以为下游质量控制打好基础，同时可以降低质量成本、减少企业进货检验费等。

3. 充分利用供应商的技术能力

当前许多大公司都将自身企业产品开发与生产延伸到供应商，与供应商建立“伙伴关系”。充分利用供应商的技术能力与生产设施为自己开发新技术。这样一方面可以节省自己的投资，降低投资风险；另一方面还可以迅速形成生产能力，扩大产品的生产规模。越来越多的企业将对供应商的利用从材料和零部件的供应逐步扩大到成品，有些企业完全依靠供应商实现 OEM 供应方式。

(四) 新供应商的开发

供应商管理的首要工作，就是要了解资料市场，选择合适的供应商。因为，采购工作的优劣从根本上来说取决于供应商所提供的产品质量、价格、性能等。不管采用一般采购或者招标采购，也不管选择国产物料还是进口物料，选择合适的供应商都是采购部门实施计划的首要工作。良好的供应商可以保证顺畅的物料供应，可以保证稳定的物料品质，可以保证交货期和交货数量等。为了创造和谐的供应商关系，克服传统的供应商关系观念，有必要注重供应商的管理工作，通过多方面的持续努力，去了解、选择、开发供应商，合理使用和控制供应商，建立起一支可靠的供应商队伍，为企业生产提供可靠的物资供应保障。

所谓开发供应商就是要从无到有地寻找新的供应商，建立起适合于企业需要的供应商队伍。供应商管理的一个重要任务就是供应商的开发。一批适合于企业需要的供应商是企业的宝贵资源。供应商应适时、适地为企业提供物质供应，保证企业生产和流通的顺利进行，这是企业最大的需要。军队打仗需要粮草，企业生产需要物资，供应商就相当于企业的后勤队，供应商的开发和管理实际上就是企业的后勤队伍的建设。

一般来说，开发新的供应商有两个原因。

(1) 现有供应商的综合服务水平不能满足企业的要求，需要开发新供应商来取代现有供应商或给现有供应商施加压力。

(2) 企业不断开发新产品，现有供应商不能提供新产品所需的原材料或零部件，或者现有的供应商的生产能力不够。

供应商开发是一项很重要的工作，同时也是一个庞大复杂的系统，需要精心策划、认真组织。要开发供应商，企业就必须扩大供应商来源，换句话说，企业所掌握的供应商信息越多，选择供应商的机会就越大。供应商开发的信息主要有以下来源：国内外采购指南；国内外产品发布会、展销会；国内外新闻传播媒体(报纸、期刊、广播、电视、网络)；政府组织的各类商品订货会；国内外行业协会、企业协会；利用专业顾问公司，企业可以利用采购专业顾问公司，特别是来源稀少或取得不易的物料；媒体广告，企业可以在影响力较强的电视或报纸杂志的广告上，通过媒体上的联系电话、地址作为信息来源；同行市场调查，企业可以对竞争厂商进行调查，发现优良的供应商的信息来源；厂商介绍，向同行厂商询问，同行厂商可以提供相关信息；供应商自行找上门。

【行动实施】

新供应商的开发工作应有计划地进行，并应在预定的日期之前开发成功。开发新供应商的一般步骤按先后顺序如下。

1. 明确需求

明确需要何种原材料或零部件、需求量与需求时间、要开发什么性质的企业作为供应商、要求供应商有什么样的生产能力与品质水平、要求是本地供应商还是远近皆可等，弄清以上问题后再寻找供应商的时候就会目标明确得多，从而少做无用之功。

2. 编制供应商开发进度表

最好按照开发供应商的步骤编制一份时间进度表，这样不仅可以使开发新供应商的具体工作明确化，而且也可以尽量减少计划日期被拖延的可能性。

3. 寻找新供应商的资料

明确对新供应商的需求后，便可依照编制的进度表进行开发的具体工作，寻找新供应商的资料或信息是第一步。获得所需信息的方式有很多，例如，访问因特网、参加各种展览会、通过别人介绍等方法来调查供应商的相关内容。一般来说，通过各种方式获得的供应商会有很多，可根据企业对欲开发的新供应商的各方面要求进行初步筛选，留下 3～10 家的供应商进一步接触。

4. 初步联系

每种物料可选择 3～10 家供应商，使用适当的联系方法跟供应商取得联系。一般来说，第一步可用电话或邮件进行联系，应跟供应商的相关业务人员清楚表达与他们联系的目的、自己的需求并初步了解该供应商的产品。

跟供应商联系取得初步的信息后，应根据筛选出的供应商所在地的远近来采取不同的行动。可以要求距离较近的供应商来企业面谈，让供应商带上企业简介、相关的样品增加会谈效果，面谈时不仅要尽可能多地从供应商那里得到信息，如果可以而且必要的话，带供应商到生产现场看一看，会增加供应商对预购产品的进一步把握。但因涉及技术及工艺保密问题，带供应商到生产现场参观在很多企业都是被明文禁止的。

如果是远距离的供应商，草率地让供应商千里迢迢赶来显然是不合适的，合适的做法是让供应商用快递将资料和样品寄过来一些，从供应商的资料、样品中可以在一定程度上了解它的实力。另外，还有一种方式，就是通过访问供应商的网页去了解供应商。

无论供应商是远是近，要求供应商填写一份“供应商调查问卷”都是必要的，表 2－11 是一份供应商调查问卷，它的目的在于初步了解供应商的一些基本情况。

表 2－11 供应商调查问卷

1	企业名称：		
2	负责人或联系人姓名：		
3	地址：		
4	电话：		
5	企业成立时间：		
6	主要产品：		
7	职工总数：		
8	年销量/年产值(万元)：		
9	生产能力：		
10	样机/样品、样件生产周期：		
11	生产特点： 成批生产□	流水线大量生产□	单台生产□
12	主要生产设备：齐全、良好□	基本齐全、尚可□	不齐全□

续表

13	使用或依据的质量标准： A. 国际标准名称/编号：　　B. 国家标准名称/编号： C. 行业标准名称/编号：　　D. 企业标准名称/编号： E. 其他：
14	工艺文件：齐备□　　有一部分□　　没有□
15	检验机构及检测设备：有检验机构及检测人员，检测设备良好□　　只有兼职检验人员，检测设备一般□　　无检验人员，检测设备短缺，需外协□
16	测试设备校准情况：有计量室□　　全部委托外部计量机构□
17	主要客户(公司/行业)：
18	新产品开发能力：能自行设计开发新产品□　　只能开发简单产品□ 没有自行开发能力□
19	国际合作经验：是外资企业□　　是合资企业□ 与外企业合作生产全部/部分产品□　　无对外合作经验□
20	职工培训情况：经常、正规地进行□　　不经常开展培训□
21	是否经过产品或体系认证：□是(指出具体内容)　　□否
22	供方企业负责人签名：

5. 调查评价与初步访问

成立供应商评估小组，对供应商的规模、生产能力等情况进行调查，如果有必要的话，在对供应商正式审核之前去实地考察还是有益的。因为越来越多的企业的供应商开发工作是有一个包括工程、品质管理人员在内的开发团队去完成的，如果采购人员不提前对供应商的工厂有一个初步的了解，万一供应商的实际生产现场很差，采购人员毫无疑问会遭到开发团队其他部门人员的抱怨甚至责难，他们会认为采购人员在浪费他们的宝贵时间。踩点的目的是要得到一个对该供应商的初步总体印象，这种结果是不精确的，但它影响采购人员决定对该供应商是否有必要采取下一步行动。

供应商卡片是采购管理的基础工作，把供应商卡片的内容输入计算机中，利用数据库进行操作、维护和利用。通过访问建立起供应商卡片，见表2-12。

表2-12　供应商卡片

企业基本情况	公司名称					
	公司地址					
	营业执照			注册资本		
	联系人			部门、职务		
	电话			传真		
	E-mail			信用度		
产品情况	产品名	规格	价格	质量	可供量	市场份额
运输方式		运输时间			运输费用	
备注						

6. 报价

在初步掌握供应商的一些基本情况后，作为采购人员很想知道的就是供应商能够以什么样的价位提供物料，此时再要求供应商报价就比较合适(因为供应商对他潜在的客户也有一定的了解)。在供应商报价前，最好发一份询价单给所有要报价的供应商，以便让供应商进一步得到此物料的一些基本情况，并可让供应商以相同的报价条件(币种、价格术语、交货地、付款条件等)来报价格，这样对采购人员比价非常有利，从而对采购人员的还价提供方便。

7. 正式供应商审核

在与供应商议价后，一般可获得采购方基本满意的价格。如果购买的是关键物料，除特殊情况外都要安排正式的工厂审核，以利于采购方更准确、更详细地掌握供应商的工程技术能力、品质保证能力、财务状况等基本信息。采购方的审核人员一般由采购人员、品管人员、工程技术人员等组成，供应商审核的项目及主要内容见表 2-13。

表 2-13　审核的项目及内容

审核项目	审核内容
管理人员水平	管理人员素质的高低、工作经验是否丰富、工作能力的高低等
专业技术能力	专业技术人员的构成、研发能力及前景等
机器设备情况	机器设备的规格、生产厂、使用年限、生产能力、新旧程度、性能及维护状况等
材料供应状况	原材料的供应来源、供应渠道、供应质量及稳定性
质量控制能力	质量管理组织、制度、操作标准、检验标准、检验仪器、追溯程序、统计技术
财务及信用状况	月产值、销售额、来往客户、来往银行、经营业绩、发展前景
管理制度	企业制度系统化、标准化与科学化程度、工作标准及其执行情况

在供应商审核中，既要做到严格把关又不能吹毛求疵，应坚持实事求是的原则，不能拿放大镜去看在审核时发现的一些小问题。现场考察是必需项目，仅凭对方的宣传资料是不可靠不全面的，无法做出准确的判断。

8. 样品认证与批量试产

如果供应商的产品不能满足使用要求，其他方面再好也没有用。要求供应商提供适当数量的样品供检验、装配以确定供应商的产品是否可被接受是开发新供应商过程中的一个重要环节。供应商在提供样品时，应根据产品类别提交下列全部或部分资料：材质证明、安全证明、检验报告(一般包括外观、尺寸、功能等项目)、合格证书等。

采购人员收到供应商提供的样品后，一般需将供应商名称及样品的一些基本信息填入一份“样品认证表”中。一些大企业中，专门设有“样品评估小组”来评审样品。采购人员应及时把样品在检测、装配过程中发现的问题反馈给供应商，以让供应商进行改善。有时需要把供应商的工程技术人员和采购方的工程技术人员安排在一起以便沟通更直接、更有效。需对供应商改善后的样品进行再次评估，一般来说，同一产品的送样次数不宜超过 3 次。

样品通过评审并不代表供应商能够批量供货，一些供应商的样品可能是经过“千挑万选”的，所以样品可以接受并不代表采购人员可以向该供应商下订单。采购方应向供应商索要或订购适当数量的物料来进行批量试产，只有较大数量的样品能通过评估，样品评估这个环节才算真正结束。试用生产的第一批订货数量不宜太大，一般为 3000～5000 件比较合适，不同的企业对此有不同的规定。

9. 正式接纳为合格供应商

如果对新供应商的工厂审核及样品评估达到采购方的要求，那么该供应商便可被接纳为合格供应商，将被加入合格供应商的清单中。

10. 订单转移

如果目前有供应商在供货，当新供应商开发成功后就要考虑订单如何分配的问题，一般来说，新供应商的订单以逐步增加为宜，以避免新供应商在磨合期中产生的问题影响企业的正常生产。当新供应商供货时间超过 3 个月，就可将新老供应商在各方面进行比较，综合服务水平高的供应商应得到较多或大部分的订单。

在上述一系列的步骤中，企业审核和样品评估这两个环节最容易出现问题，耗时也最长，采购人员应推动企业内部相关部门及供应商，去及时解决这两个环节中出现的问题，以便在预定的日期之前将供应商开发成功。

11. 开发新供应商的流程

开发新供应商的流程如图 2.3 所示。

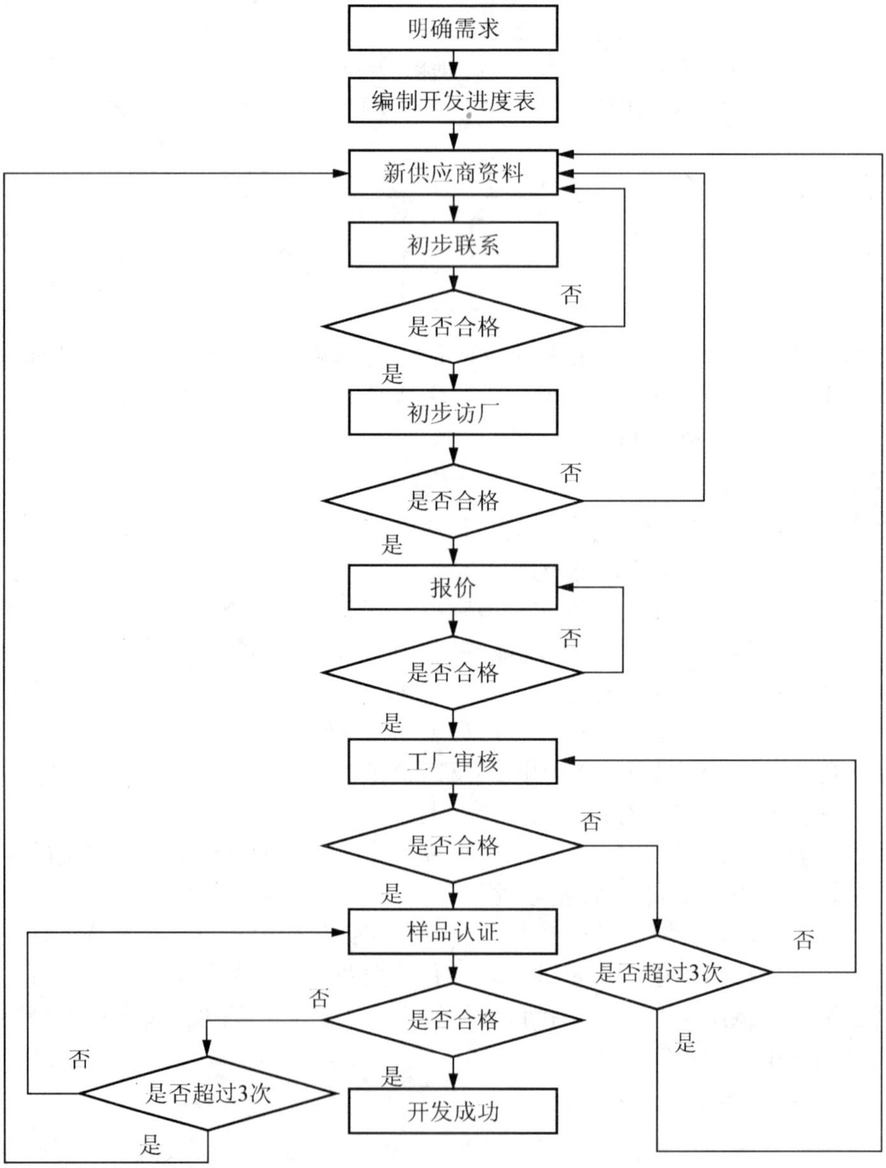

图 2.3　开发供应商的流程

二、供应商评价与选择

【行动知识】

(一) 供应商评价与选择的意义

评价与选择供应商是采购活动中一项非常重要的工作，其目的在于加强供应商管理，提高其供应可靠性及灵活性、缩短交货周期、提高生产效率、减少库存、加快资金周转、增强对市场需求的应变能力等。选择好的供应商对于改善企业经营成果有很重要的意义。

（1）供应商提供产品的价格和质量决定了最终消费品的价格和质量，从而也决定了最终产品的市场竞争力。同时，供应商在交货、产品质量、提前期、库存水平和产品设计等方面都影响着企业。供应商的选择是实现企业低成本、高质量、柔性生产的保证。

（2）供应商的评价标准是供应链运行的基础。供应商的业绩对制造企业的影响越来越大，在交货、产品质量、提前期、库存水平、产品设计等方面都影响着制造企业的效益，而传统的供应关系已不能适应全球竞争日益加剧、产品需求日新月异的新环境，企业为了实现低成本、高质量、柔性生产、快速反应，就必须重视对供应商的评价，选择对于企业来说能实现多个目标的供应商。

（3）选择供应商是供应链管理的关键环节。对于生产企业来说，供应商的数量较多，层次参差不齐，如果供应商选择失误，会对其生产经营带来不利影响，造成生产经营计划中断、存货成本增加、送货延迟、另加原材料、出现缺货或残次物品、引发成本的运送延迟等不良后果。如果企业建立了完整的供应商选择与评价体系，就可以掌握供应商的生产情况和产品价格信息；了解合理的采购价格，最优的服务；确保采购物资的质量和按时交货；可以对供应商进行综合、动态的评估；甚至把供应商结合到产品的生产物流中去，与供应商建立长期的交易伙伴关系以达到效益最优化。

（4）优秀的供应商将成为企业的战略合作伙伴。选择优秀的供应商不仅是为了保障日常物资的供应，从质量、价格、服务和柔性等方面选择优秀的供应商，更多地是从战略的角度考虑和供应商的关系。供应链管理思路的产生和越来越多的外包使得采购的地位日益突出，促使企业将供应商的管理水平作为企业的竞争优势，因此在选择供应商时考虑的因素也随之增加。

(二) 供应商评价体系确定的原则

供应商的评价、选择对企业来说是多目标的，包含许多可见和不可见的多层次因素。供应商评价问题涉及因素众多，评价指标多样，既有定性的，又有定量的，而且指标权重各不相同。因此有必要建立一套通用的、可扩充的供应商评价指标体系，并且该指标体系应遵循以下几个原则。

1. 系统全面性原则

评价指标体系必须全面反映供应商企业目前的综合水平，并包括企业发展前景的各方面指标。

2. 稳定可比性原则

评价指标体系的设置应该是相对稳定的，并能够考虑到与其易于可比性。

3. 可操作原则

评价指标体系应具有一定的灵活性，以使企业在不同的情况下根据自身的特点灵活运用指标。

4. 简明科学性原则

评价指标体系应设置科学、大小适中，层次清楚，结构合理，便于应用。

（三）供应商评价体系的标准

1. 生产与技术能力

生产能力是指在计划期内，企业参与生产的全部固定资产，在既定的组织技术条件下，所能生产的产品数量，或者能够处理的原材料数量。它反映了企业在指定时间内完成单位生产量的有限能力，通常以每单位时间输出的单位产量来表达。它可以反映企业的生产规模，也是反映企业生产可能性的一个重要指标。能力是一个模糊的概念，因为它必须和生产部门如何使用这个概念相联系。例如，有的厂商的生产能力是以每周 5 天，每天一个班次来体现的，或以每月最高 5000 单位产量来体现。生产能力通常可以通过使用新技术、添加新设备、延长劳动时间等方法来提高。由于企业种类的广泛性，不同企业的产品和生产过程差别很大，在衡量过程中，必须确定本企业的生产能力计量单位。常见的生产能力计量单位如下。

1）以产出量为计量单位

如钢铁厂、水泥厂都以产品吨位作为生产能力，家电生产厂是以产品台数作为生产能力。这类企业它们的产出数量越大，能力也越大。若厂家生产多种产品，则选择代表企业专业方向，产量与工时定额乘积最大的产品作为代表产品，其他的产品可换算到代表产品。

2）以原料处理量为计量单位

有的企业使用单一的原料生产多种产品，这时以工厂年处理原料的数量作为生产能力的计量单位是比较合理的，如炼油厂以一年加工处理原油的吨位作为它的生产能力。这类企业的生产特征往往是分解型的，使用一种主要原料，分解制造出多种产品。

3）以投入量为生产能力计量单位

有些企业如果以产出量计量它的生产能力，则会使人感到不确切，不易把握。如发电厂，年发电量几十亿度电，巨大的天文数字不易比较判断，还不如用装机容量来计量更方便。这种情况在服务业中更为普遍，如航空公司以飞机座位数量为计量单位，而不以运送的客流量为计量单位；零售商店以营业面积，或者标准柜台数来计量，而不能用接受服务的顾客数；电话局以交换机容量表示，而不用接通电话的次数。这类企业的生产能力有一个显著特点，就是能力不能存储，服务业往往属于这种类型。

在采购管理中，供应商应考虑以下几个方面的内容：一个正常生产周期的最高生产能力、现有生产能力超载或欠缺的程度、如何增加现有生产能力、用在主要客户上的有效生产能力的百分比等。产品、服务专业技术在一定程度上也反映了供应商的生产与经营的能力，如产品的质量等级、技术先进程度、服务的专业化程度等指标在一定程度上反映了供应商的履约能力。

供应商评价团队经常包括来自工程和技术领域的成员，以便对供应商的工艺和技术能力做出评价。工艺流程由用来生产产品或交付服务的技术、设计、方法和设备组成。供应商对生产工艺的选择有助于定义他所要求的技术、人力资源技能和资本设备要求。

对供应商技术和工艺能力的评价也应该关注未来的工艺和技术能力，这需要评估供应商的资金设备规划和战略。另外，买方应该对供应商用以研究和发展的资源进行评价，这个信息表明供应商对未来工艺和技术发展的重视。

买方也要对供应商的设计能力进行评估。一个减少开发新产品所需时间的方法是利用能够完成产品设计活动的合格供应商。

2. 成本结构

成本不仅包括采购价格，而且还包括原料或零部件使用过程中或生命周期结束后发生的一切支出。供应商的成本包括人工成本(直接人工成本和间接人工成本)、物料成本、制造或工艺运营成本及总的制造费用成本。

评价供应商的成本结构需要彻底了解供应商的全部成本及其结构，可以帮助买方确定供应商生产项目的运营效率。供应商的成本在一定程度上决定了企业的采购价格，采购价格对于降低企业生产经营成本、提高竞争力和增加利润有着明显的作用，因而它是选择供应商的一个重要条件，产品质量、交货时间及地理位置因素下的总成本最低才是选择供应商时需考虑的主要因素。

在评价过程的初始阶段，面临的主要问题是如何收集到成本方面的全面的信息。例如，供应商可能没有详细地了解他的成本或没有成熟的成本核算体系；不能有效地分摊制造费用于产品或工艺中；有些供应商的成本属于商业机密，供应商害怕成本信息的泄露会破坏他的价格策略等。由于这些因素，买方在评价初始阶段只能对其情况进行大致的估计。只要双方能了解成本因素，那么以成本为基础的定价方法就能够为双方带来相互的利益，当然，这种做法的前提是双方有高度的责任感和相互信任。

3. 财务能力和稳定性

财务指标是评估供应商的重要指标，尤其在采购管理中，如何控制采购成本，需要根据财务指标来确定。通过选取相关的财务指标可以有效地降低选取财务状况不稳定的供应商风险，也可以反映供应商自身的成长性。企业主要通过损益表、资产负债表、流动性、周转率、历史及现在的负债与产权比率、资产与销售额比率等指标来评价财务状况。

通常，公司内部财务人员可以通过研究供应商过去 3 年或 5 年内的财务报告和分类账目来对其财务状况进行评估。①企业过去 3 年或 3 年以上的年营业额；②超过 3 年的利润率以及毛利和净利之间的关系；③固定资产值以及固定资产回报和固定资产利用率；④借贷尺度以及资产负债率；⑤企业有无财务资助者或类似的保证方；⑥是否有影响供应能力和收购或合并的可能性；⑦该企业的客户群体及稳定性；⑧供应商的信用报告(可从银行提供的信用参考或者委托第三方机构获取相关财务状况评估)。

对潜在供应商财务状况的评估一般发生在评估过程的最初阶段。许多买方认为，财务评估是供应商详细评估之前的必经过程或基本条件。买方也可以通过资金比率来分析供应商的财务状况。由于在供应链管理环境下，买方只依赖于很少的供应商来满足自己的采购需求，所以必须通过选择那些能够长期保持业务往来的、财务状况良好的供应商来降低风险，这是非常重要的。收集信息的采购人员能提供及时的、有价值的供应商财务状况的信息。采购经理应该关注这些信息，以便从中寻找可能表明供应商潜在财务困难的信息。如果采购经理认为供应商目前正在面临某种类型的财务危机，则应该在供应商解释之后，再决定是否采用紧急行动。

主要财务比率指标见表 2-14。

表 2-14 主要财务比率指标

指 标	具体指标	解 释
流动比率	流动比率＝流动资产/流动负债	大于 1
	速动比率＝(现金＋应收款项)/流动负债	小于等于 0.8
运营比率	存货周转率＝销货成本/平均库存	比较行业平均水平
	固定资产周转率＝销售额/平均固定资产	比较行业平均水平
	总资产周转率＝销售额/平均总资产	比较行业平均水平
	应收账款周转天数＝(应收账款×365)/销售额	比较行业平均水平
获利能力比率	销售净利润率＝税后利润/销售额	比较行业平均水平
	资产回报率＝税后利润/总资产	比较行业平均水平
	权益回报率＝税后利润/权益	越高越好
负债比率	负债权益比率＝总负债/权益	比较行业平均水平
	流动负债权益比率＝流动负债/权益	大于等于 1
	利润偿付能力比率＝(税前利润＋利息)/利息	大于 3，越高越好

供应商的财务状况直接影响到其交货和履约的绩效，财务不稳定的供应商可能会导致长期持续的物品供应中断，甚至出现停工的严重危机。因此，供应商的财务能力是反映供应商长期供货能力的一个重要指标。

4. 供应商的内部组织与管理

供应商的内部组织与管理是关系到日后供应商服务质量的因素。内部组织与管理因素包括：①经营管理层是否实施长期规划；②管理层能否保证全面质量管理及完善；③管理人员的变动率是否过高；④管理人员是否具有职业经验；⑤有多少采购专业人士被授予采购经理的职位；⑥企业未来的前景如何；⑦管理人员/员工关系如何；⑧管理人员是否为员工提供培训和发展的机会；⑨管理员是否了解战略资源的重要性；⑩提供的销售人员和对顾客进行技术支持的员工数量是多少；⑪关键职员的设置情况；⑫关键职员的背景如何等。

从长期来看，供应商内部组织机构设置是否合理影响着采购的效率及质量，如果供应商组织机构设置混乱，采购的效率及质量就会因此下降，甚至由于供应商部门之间的互相扯皮而影响供应活动正常完成。

5. 供应商员工状况

供应商员工的质量也是影响供应商能力的一项重要指标，稳定的、高素质和有上进心的劳动力可以为企业带来巨大的利益。其指标主要有：人力资源的利用情况、培训方案、劳动力的全面技术和能力、员工支持和保证及持续完善质量程度、员工及管理人员关系的状况、劳动力弹性、员工道德水准、劳动力的平均年龄、劳动力的人事变动率、员工对企业的态度等。

6. 符合环境规章

可持续发展能力表现了企业的产品及服务的发展潜力，如生产经营对环境的影响是否符合环境规章。现在，人们逐渐认识到工业对于环境的影响，无论是从公共关系还是潜在责任的角度看，采购方都不希望与环境污染者有联系。在评估供应商时常用的环境标准，包括环境违规记录的揭发、危险有毒废物的管理、回收管理、ISO 14000 认证及破坏臭氧层物质的控制等。

例如，美国最主要和最受欢迎的家具与室内设计厂商之一 Herman Miller 公司有 95%的物料可循环再用，使人们在获得绝对舒服的使用体验时还能为环保出一份力，它明确要求其供应商在其生产的产品上标示化学成分，以便回收利用者可以根据塑料零部件的确切成分进行分类管理。

7. 生产计划和控制体系

生产计划包括发布、计划和控制供应商生产过程的体系内容。其主要内容包括：供应商利用的物料需求计划体系能否确保所需零部件的可能性；供应商追踪物流和生产周期的时间，并是否将之与绩效目标或标准相比较了；供应商的生产计划体系能否支持买方的即时需求；供应商的生产计划和控制体系需要多长时间的前置时间；供应商即时交付绩效的历史如何；评价生产计划和控制体系的背后是否确定对供应商已经完成了其计划和生产的控制程度。评价原则的基准点时供应商是否拥有一流的物料需求计划体系。

8. 信息体系能力

采购进行的基本条件之一就是，买卖双方要有电子交流的能力，即信息体系能力。这里需要借助的信息技术包括 EDI、条形码、ERP、CAD/CAM 等。只有供应商拥有这些技术，才能保证供应商与买方信息同步、共享，采购才更有效率。

9. 地理位置

供应商的地理位置对库存量有相当大的影响，如果物品价格较高、需求量又大，距离近的供应商有利于管理。买方总是期望供应商离自己近一些，或至少要求供应商在当地建立库存。地理位置近，送货时间就短，意味着紧急缺货时，可以快速送到。

10. 更长期的潜在关系

发展长期合作伙伴已成为供应链管理的环境要求。因此评价供应商是否具有长期的潜在合作关系就成为必需的选择标准之一。其指标主要有：供应商对买方的产业和业务的了解程度、供应商对发展长期合作伙伴关系表达出的意愿和保证、供应商参与产品设计的意愿、供应商保证一些资源不用于其他客户的意愿、如出现问题供应商有兴趣进行谈判或共同解决的意愿、双方自由公开地交换信息、共享未来规划的意愿、双方业务的相对水平等。

【行动实施】

供应商的评价与选择的步骤如下。

1. 市场竞争环境与企业需求特点分析

在对供应商评估考核的流程中，首当其冲的是对资源市场进行竞争性分析，例如，可以通过相关资料查出近几年(一般是 10 年)该资源的市场需求数据，运用统计方法得出近几年的同比或环比系数以便对资源市场有较为充分的了解，知道目前市场的供求关系及未来的发展趋势，对于该资源的市场竞争能力以及现有的供应商要有充分的了解，对潜在供应商的市场位置以及产品的市场占有率要有所认识。其次，企业需进一步明确市场所需要的产品的类型、特征及市场容量以及供应商的现状，分析总结企业存在的问题。

2. 明确供应商选择目标

只有明确的目标，才能够根据目的有效地选择供应商。不同的企业供应商管理的目的是不同的，与之相对应的选择标准也会各自有所侧重。因此，企业在选择供应商时，必须建立明确的、实质性、实际性目标。

3. 建立供应商的评价标准

不同行业的供应商评价标准是不一样的，总体上说，主要包括价格、质量、交货期、服务、柔性、信誉等几个方面。供应商评价的指标体系是企业对供应商进行综合评价的依据和标准，是反映企业本身和环境所构成的复杂系统不同属性的指标，是按隶属关系、层次结构有序组成的组合。

4. 建立评价小组

企业需要建立一个小组以控制和实施供应商评价，评价小组往往包括采购人员、品管人员、工程技术人员等，应注意的是，评价小组必须同时得到制造商企业和供应商企业领导层的支持。

5. 评价选择供应商

调查、收集有关供应商的生产运作等全方位的信息，在收集信息的基础上，利用建立好的评价标准，对供应商进行评价，根据评价结果采用一定的方法技术来选择合适的供应商。

【知识拓展】

供应商选择的方法

选择符合要求的供应商需采用一些科学的方法，并要根据具体的情况采用合适的办法。

常用的方法主要有定量分析法和定性分析法。其中，定性分析法包括直观判断法、招标选择法和协商选择法，而定量分析法主要有采购成本比较法、ABC成本法，定量分析和定性分析相结合的分析选择方法主要有层次分析法、综合评分法和人工神经网络算法。

1. 定性分析选择方法

1）直观判断法

直观判断方法属于定性选择方法。它是根据征询和调查所得资料并结合专家的分析判断，对合作伙伴进行分析、评价的一种方法。这种方法主要是倾听和采纳有经验的采购人员的意见，或者直接由采购人员凭经验做出判断，常用于选择企业非主要原材料的合作伙伴。这种方法运作简单、快捷、方便，但是缺乏科学性，容易受掌握信息详尽程度的限制。

2）招标选择法

当采购物资数量大、供应市场竞争激烈时，可以采用招标选择法来选择供应商。招标选择法是采购企业采用招标的方式，吸引多个有实力的供应商来投标竞争，然后经过投票小组分析评比选择出最优供应商的方法。它由采购单位提出招标条件，各投标单位进行竞标，然后采购单位决标，与提出最有利条件的供应商签订协议。招标的方法可以是公开招标，也可以是选择性招标。公开招标对投资者的资格不予限制，选择性招标则由采购单位预先选择若干个供应商，再进行竞标和决标。招标方法竞争性强，采购单位能在更广泛的范围内选择供应商，以获得供应条件有利的、便宜而实用的物资。但招标方法手续繁杂、时间长，不能适应紧急订购的需要；订购机动性差，若订购者了解信息不够，双方未能充分协商，容易造成货不对路或不能按时到货。

3）协商选择法

在供货方较多，企业难以抉择时，也可以采用协商选择的方法，即由企业先选出供应条件较为有利的几个合作伙伴，分别同他们进行协商，再确定适当的合作伙伴。与招标选择法相比，协商方法能使供需双方充分协商，在物流质量、交货日期和售后服务等方面较有保障。但由于选择范围有限，不一定能得到价格最合理、供应条件最有利的供应来源。当采购时间紧迫、投标单位少、竞争程度低、订购物资规格和技术条件复杂时，协商选择法比招标选择法更为合适。

3 种定性分析法的优缺点及使用范围比较见表 2-15。

表 2-15　3 种定性分析方法的比较

方法	优点	缺点	适用范围
直观判断法	直接、简便、快捷	太具主观性，容易导致选择结果的不公正	适用于非主要原材料的合作伙伴的选择
招标法	公平、公开、公正；充分竞争、优中选优；提高质量、降低成本	手续繁杂、时间长，不能适应紧急订购的需要，订购机动性差	适用于订购数量大，合作伙伴竞争激烈时
协商选择法	订购双方可充分协商，能有效保证货物质量和交货期	选择范围有限，不一定能够得到价格最为合理、供应条件最有利的供应商	采购时间紧、投标单位少、竞争程度小、订购货物规格和技术条件复杂

2. 定量分析选择方法

1) 采购成本比较法

对质量和交货期都能满足要求的合作伙伴，则可以通过计算采购成本来进行比较分析，选择成本最低的供应商。采购成本一般包括售价、采购费用、运输费用等项支出的总和。采购成本比较法是通过计算分析各个不同合作伙伴的采购成本，选择采购成本较低的合作伙伴的方法。

例如，某企业计划需要采购某种物料 200 吨，甲乙两个供应商供应的物料质量均符合企业的要求，信誉也比较好。距离企业比较近的甲供应商的报价为每吨 320 元，运费每吨 5 元，订货费用(采购中固定费用)支出为 200 元。距离企业比较远的乙供应商的报价为每吨 300 元，运费为每吨 30 元，订购费用支出为 500 元。

根据以上资料，可以计算得出从甲、乙两个供应商采购所需支付的成本如下。

甲供应商：200 吨×320 元/吨＋200 吨×5 元/吨＋200 元＝65200 元

乙供应商：200 吨×300 元/吨＋200 吨×30 元/吨＋500 元＝66500 元

可见，在交货时间与交货质量都能够满足企业要求的情况下，甲供应商为合格的供应商。

采购成本比较法的条件为：①供应商的信誉良好；②采购成本容易核算，采购数量和金额较小。

采购成本比较法的优点为：①评价方法简单，评价费用较小；②评价定量化，减少主观因素。

2) ABC 成本法

ABC 成本法又称作业成本分析法或作业成本核算法。这种方法通过计算合作伙伴的总成本来选择合作伙伴。ABC 成本法主要关注生产运作过程，加强运作管理，关注具体活动及相应的成本，同时强化基于活动的成本管理。它对原来的成本方法做了重新调整，使得人们能够看到成本的消耗和所从事工作之间的直接联系。这样人们可以分析哪些成本投入是有效的，哪些成本投入是无效的。

运用 ABC 成本法对供应商进行评价和选择，实质上是把企业的成本和价值链分析深入推进到供应商，考虑供应商的行为对企业的影响。在对供应商进行评价和选择的采购决策中，必须考虑和评估与采购相关的所有成本，而单价并不是人们需要考虑的唯一因素，它考虑的各种与供应商采购过程相关的作业成本，综合了质量、时间等因素并结合了传统意义上的成本概念，已经超出了传统的成本范畴。

3. 定性分析和定量分析相结合的方法

1)层次分析法

美国运筹学家 A. L. Saaty 于 20 世纪 70 年代提出的层次分析法，是一种定性与定量相结合的决策分析方法。它是一种将决策者对复杂系统的决策思维过程模型化、数量化的方法。应用这种方法，决策者通过将复杂问题分解为若干层次和若干因素，在各因素之间进行简单的比较和计算，就可以得出不同方案的权重，为最佳方案的选择提供依据。

层次分析法的基本原理：根据具有层次结构的目标、子目标、约束条件等来评价方案，采用两两比较的方法确定判断矩阵，然后把判断矩阵的最大特征值所对应的特征向量作为相应的系数，最后综合给出各个方案的权重(优先程度)和供应商各自的权重、优先程度，通过对优先程度的比较来实现对供应商的选择。

层次分析法的特点如下。

(1) 分析思路清楚，可将系统分析人员的思维过程系统化、数学化和模型化。

(2) 分析时需要的定量数据不多，但要求问题所包含的因素及其关系具体而明确。

层次分析法具体步骤为：明确问题、递阶层次结构的建立、建立两两比较的判断矩阵、层次单排序、层次综合排序。

这种方法适用于多准则、多目标的复杂问题的决策分析，广泛用于地区经济发展方案比较、科学技术成果评比、资源规划和分析以及企业人员素质测评。

2) 综合评分法

综合评分法用于评价指标无法用统一的量纲进行定量分析，而用无量纲的分数进行综合评价的场合。

综合评分法是先分别按不同指标的评价标准对各评价指标进行评分，然后采用加权相加，求得总分。其顺序如下。

(1) 确定评价项目，即哪些指标采取此法进行评价。

(2) 制定出评价等级和标准。先制定出各项评价指标统一的评价等级或分值范围，然后制定出每项评价指标每个等级的标准，以便打分时掌握。这项标准，一般是定性与定量相结合，也可能是定量为主，或是定性为主，根据具体情况而定。

制定评分表。评分表内容包括所有的评价指标及其等级区分和打分，格式见表 2 - 16。

表 2 - 16　供应商综合能力评分表

综合能力指标	评分标准	分数栏	得分
组织管理	供应商的管理团队优秀，管理水平高；企业组织结构比较合理，各岗位职责明确	10	
	供应商的管理团队一般，管理水平一般；组织结构不十分明确，职责不太清楚	6	
	供应商的管理团队较差，管理水平较差；办事全凭领导口头指示，组织结构不健全，职责不清，工作无章可循，办事效率低下	2	
质量管理体系	有文件化的质量管理体系，结构比较完善；体系能够有效运行，质量手册和程序文件的规定能够认真执行	10	
	有文件化的质量管理体系，但不太完善；体系基本上能够运行，质量手册和程序文件的规定不太严格	6	
	无文件化的质量管理体系，只有一些习惯做法或口头程序在实施	2	
技术能力	有自行设计、开发主要产品的能力；有一套完善的产品设计开发控制制度	10	
	仅能开发较简单的产品，或者产品中的部分零件，设计控制制度不太规范和严密	6	
	无产品设计和开发能力，仅能按照本公司提供的图样或样品进行制造	2	

续表

综合能力指标	评分标准	分数栏	得分
生产现场管理	有一套正规的现场管理办法，如自检、互检、巡检制度，有下一道工序是客户的概念	10	
	现场管理有一些规定，但执行不严或实施不力，或产能偏差较大，或出现漏检等情况	6	
	无正规管理办法，凭组长、领班口头盲目指挥生产，质量难以得到控制	2	
生产工艺	主要工序均有简洁而实效的作业指导书，现场文件均受到控制	10	
	特殊工序才有指导书，且指导书不太科学实效，工人有时不按文件进行操作，有时文件不是最新有效版本	6	
	无工艺性的文件，全凭组长、领班口头指示操作，或凭工人自己经验操作	2	
生产设备维护与保养	有一套完整的设备管理办法，从采购、操作、维护和保养均受到有效控制，不同设备进行不同级别的保养，设备经常处于完好状态	10	
	有一些维修办法，对重要设备才有保养计划，不能经常保证设备处于完好状态，不时有因设备损坏而停工的现象	6	
	无设备保养和维修制度，小问题不重视不预防，出了大问题才进行维修，经常影响生产	2	
检验过程控制	主要检验过程得到严格控制，如每批测试前检查仪器设备，检验员严格按文件操作，检验结果有专人校验等	10	
	关键检验过程受控，但有时未能严格按文件操作，检验结果由检验员一人填写	6	
	检验过程包括关键过程均控制不严	2	
产品交付	能按合同要求的期限、交付条件交货	10	
	基本上能按合同要求的期限和交付条件交货	6	
	经常拖延交期，交付条件也经常变化	2	
售后服务	对客户有良好的服务，主动调查客户的服务需求，并主动尽力实施；客户有抱怨能及时解决，并能将信息及时反馈给客户，客户投诉非常少	10	
	对客户服务较好，但不太主动，客户偶有投诉，会解决，但不太及时	6	
	对客户的投诉经常推卸责任，或拖很长时间才解决，且类似问题时有发生	2	
成本与价格	重视改善流程、提高效率、开源节流、降低成本，因此产品销售价能稳中有降	10	
	对降低成本有认识，但措施不力或方法不到位，产品售价偶有小幅波动	6	
	没有什么具体降低成本的措施，最多压原材料的价格，降低原材料的质量，因此产品质量不稳定，价格也易受市场波动影响	2	
总计			

(3) 根据指标和等级评出分数值。评价者收集和指标相关的资料，给评价对象评分，填入表格。打分的方法，一般是先对某项指标达到的成绩做出等级判断，然后进一步细化，在这个等级的分数范围内打上一个具体分。这往往要对不同评价对象进行横向比较。

(4) 数据处理和评价。其主要流程为：确定各单项评价指标得分、计算各组的结合评分和评价对象的总评分、评价结果的运用、将各评价对象的综合评分，按原先确定的评价目的，予以运用。

根据上文所述供应商综合能力评估体系，可以依据综合评分法来对供应商的综合能力进行评估，见表 2－17。

表 2－17　供应商评估

评估指标	权数	评估数值 A	评估数值 B	评估数值 C
质量	50	0.5×80=40	0.5×75=37.5	0.5×87=43.5
价格	40	0.4×87=34.8	0.4×84=33.6	0.4×84=33.6
服务	10	0.1×76=7.6	0.1×86=8.6	0.1×76=7.6
合计	100	82.4	79.7	84.7

3) 人工神经网络算法

人工神经网络算法是建立接近于人类思维模式的定性与定量相结合的综合评价选择模型，通过对给定样本模式的学习，获取评价专家的知识、经验、主观判断及对目标重要性的倾向，当对供应商进行综合评价时，可再现评价专家的经验、知识和直觉思维，从而实现了定性分析和定量分析的有效结合，也可以较好地保证供应商选择评价的客观性。

【应用案例】

TCL 供应商评价

TCL 公司因为从事出口业务的需要而对供应商进行的选择，与一般的生产供应选择有着不同的机遇和挑战。交货、运输、包装以及一些特殊的质量要求，使企业对供应商的要求也会大不一样。只有客观、科学地评估供应商和进行供应链管理，才能共同为最终用户提供最大价值的产品和服务。

处在竞争异常激烈的彩电行业的 TCL 王牌，引进了供应商评估这一概念，并逐步地建立和完善了供应商评估体系。本案例以 TCL 为例，介绍如何建立有效的供应商评估体系和完善的评价过程，同时提醒大家在进行供应商评估时，应该注意保持动态平衡和抓住关键要素，这对企业的 CEO、采购经理有很好的借鉴意义。

供应链选择成为关系企业生存和发展的关键因素，而供应商评估则是做好供应链管理、使供应链合作关系正常运行的基础和前提条件。如何进行供应商评估？在进行供应商评估时要注意哪些方面？如何选择供应商才能更好地为本企业的出口业务服务呢？

在国外，供应链管理是企业的“第三利润”来源。但在中国，供应链管理几乎尚未开始。很多企业，特别是中小企业在选择供应商时存在较多问题，现介绍如下。

采购方主观的成分过多，有时根据供应商的印象而确定供应商的选择，供应商选择中还存在一些私人因素。

供应商选择的标准不全面，大多只集中在评估要素的某一方面，如产品质量、价格、交货准时性和批量等，没有形成一个全面的供应商评估指标体系，不能对供应商做出全面、具体、客观的评价。

以彩电行业为例，伴随着彩电生产专案的大规模引进，也同时引进了供应商评估这一概念，当时的企业纷纷成立了“部品部”。“部品”二字是从日文搬来的。日本企业设立的“部品部”的主要职责是在品质方面对“部品”进行测试和认定。

当时，中国企业遇到的最突出问题就是品质问题，不稳定、不可靠、参数离散性大在当时是比较突出的矛盾。因此，最初的供应商评估工作是从品质方面入手的。

TCL 王牌电子(深圳)有限公司于 1992 年介入彩电行业。刚开始的供应商评估工作是由供应方即惠州长城公司来做。1996 年，公司具备了生产条件之后才开始自行开展供应商评估工作。目前，TCL 已经建立起一整套供应商评估体系，其评估原则也已逐渐成为企业文化的一部分。供应商评估工作在企业实施稳定的供应链合作关系、保证产品质量、降低生产成本、提高经济效益等方面发挥着巨大的作用。

1. 建立有效的评估体系

在集成化供应链管理环境下，由于企业对短期成本最小化的需要，供应链合作关系的运作需要尽量减少供应源的数量。当然，供应链合作关系并不意味着单一的供应源。另外，由于紧密合作的需要，上下游相互的连接变得更专有，而且制造商会在全球市场范围内寻找最杰出的供应商。

供应商综合评价的指标体系是企业对供应商进行综合评价的依据和标准，不同行业、企业、产品需求、不同环境下的供应商评价应是不一样的。但基本都会涉及供应商的业绩、设备管理、人力资源开发、质量控制、成本控制、技术开发、用户满意度、交货协定等可能影响供应链合作关系的方面。

建立评估体系，通常要确定评估的专案、评估的标准、要达到的目标。这些问题明确以后，要有一个评估小组，不过，不一定每一个专案都要有一个评估小组，一个小组可以负责某些专案。

TCL 王牌目前有 10 个评估小组，包括部品采购类、生产设备类、检测设备类、后勤设备类、动力设备类等，并针对每一类都制定了相应的管理办法。“如果把这些问题解决好，并做得比较规范，我个人认为就可以建立评估体系了。”TCL 王牌的副总经理徐洪涛这样说：“我们做评估有一个重要原则，就是要求公开、公正、公平和科学。这也已成为公司企业文化的一部分。”

目前，很多企业在供应商评估工作中存在个人权力太大，一人说了算的现象，主观成分过多，同时还存在一些个人的成分在里面，容易产生消极的后果。建立规范的评估体系可以有效解决这个问题，“因为评估体系的一个特点，就是评估工作不是由一个人来做。”徐洪涛强调。

2. 完善的评估过程

TCL 评估的对象主要有两类。一类是现有供应商；另一类是潜在的新供应商。“对于现有合格的供应商，我们每个月都要做一个调查，着重就价格、交货期、进货合格率、质量事故等进行正常评估。1～2 年做一次现场评估。”该公司部品部经理助理晏华斌介绍说。由于 TCL 在行业内是较为领先的企业，因而其供应商在行业内也是很优秀的。“产品合格率基本上可以做到 100%，交货期也一样。”晏华斌说。

接纳新的供应商，其评估过程要复杂一些。公司采购部经理孙歌说：“通常是产品设计时提出了新材料的需求，然后我们就会要求潜在的目标供应商提供基本情况，内容包括公司概况、生产规模、生产能力、给哪些企业供货、ISO 9000 认证、安全认证、相关记录、样品分析等，然后就是报价。”

随后，公司就要对该供应商做一个初步的现场考察，看看所说的和实际情况是否一致，现场考察基本上按 ISO 9000 的要求进行。最后汇总这些材料交部品管理小组讨论。在供应商资格认定之后，公司各相关部门，品质部、部品部、采购部再进行正式的考察。如果正式考察没有问题，就可以小批量供货了。供货考察期一般进行 3 个月，若没有问题，再增加数量。

3. 保持动态平衡

在实施供应链合作关系的过程中，市场需求和供应都在不断变化，必须在保持供应商相对稳定的条件下，根据实际情况及时修改供应商评价标准，或重新开始新的供应商评估。

TCL 有一个基本思路，合格的供应商队伍不应该总是静态的，而应该是动态的，这样才能引入竞争机制。徐洪涛说：“要淘汰差的，引入好的，这是一个动态的概念。”

TCL 的供应商基本上是行业内出类拔萃的，也几乎都是主动找上门来，希望能成为 TCL 的供应商。这也体现了市场经济的特点。徐洪涛说：“不管我们处在怎样的环境，都遵循一个原则，就是我们发展，供应商也发展。我们希望和优秀的供应商一起发展。”

4. 抓住关键要素

在所有的评估要素中，毫无疑问，质量是最基本的前提。如果产品质量过不了关，其余一切都免谈，没有再评的必要了。“我们要求自己的产品质量要满足客户的需求。所以就要保证我们的供应商提供的原器件能满足我们的品质要求。”徐洪涛说：“价格因素相当重要，但只有在质量得到保证的前提下，谈价格才有意义。”

目前，TCL的供应商基本能达到100%的产品合格率，因此，价格就成了评估的主要因素。TCL会要求新的供应商提供一个成本分析表，内容包括生产某一元器件由哪些原材料组成、费用是如何构成的、看里面的价格空间还有多少，如果认为有不合理的因素在里面，就会要求供应商进行调整。

在中国，供应商的个人情况也被列为要素之一。中国企业的经营者素质参差不齐，所以，对经营者个人进行评估，在实际操作中的确有一定难度，只能从与经营者接触的过程中去考察。另外，经营者在行业中的口碑也有一定的参考价值，但很难有一个统一的标准。

（资料来源：李严锋，罗霞．物流采购管理［M］．北京：科学出版社，2011.）

问题思考：

(1) 在进行供应商评估时要注意哪些方面？

(2) 在进行供应商评估时，应该如何保持动态平衡和抓住关键要素？

[复习题]

（1）简述供应商评价标准。

（2）如何建立供应商评估体系？

[实训巩固]

实训目的

通过训练掌握供应商评价与选择的标准及步骤、了解供应商的选择方法。

实训内容

在教师的组织下，将学生分成小组实地调查学校所在城市的某一企业的供应商，并与在图书馆、因特网、统计局等查找的资料相结合，集体讨论、分析，最终得出供应商选择的相关标准和评价体系。

实训考核

实训评价的方式有教师评价、小组内部成员评价和第三方评分组成员评价3种，建议教师评价占60%的权重，小组内部成员评价占20%的权重，第三方评分组成员评价占20%的权重，将三者综合起来的得分为该生在该项目的评价分，见表2-18。

表2-18　实训工作评价表

考　评　人		被考评人	
考评地点			
考评内容	供应商评价与选择的标准、步骤与方法		
考评标准	具体内容	分值/分	实际得分
	工作态度	20	
	团队合作	20	
	实训任务的完成度	30	
	成果展示与汇报	30	
合　计		100	

注：考评满分100分，60分以下为不及格，60～69分为及格，70～79分为中，80～89分为良，90分以上为优。

行动三

采购谈判与合同订立

CAIGOU TANPAN YU HETONG DINGLI

【学习目标】

熟悉采购谈判的基本原则和实施的基本阶段；掌握采购谈判方案的内容和实施的原则；重点掌握采购谈判的策略、技巧以及应用，并将所学的知识应用于采购实际；熟悉采购合同的基本构成内容，并能制定和修改采购合同。

【行动任务】

采购谈判是实现采购的重要前提。企业根据实际情况制订了采购计划、选择了合适的供应商之后，就要和供应商就采购商品的数量、质量、价格、包装等进行谈判。采购方想以自己比较理想的价格、产品质量和供应商服务条件来获取供应商的产品，而供应商则想以自己希望的价格和服务条件向购买方提供自己的产品，要实现两者的统一，就需要进行采购谈判。

采购谈判结束后，企业和供应商就商品采购达成一致，为了维护双方的合法权益，必须就在谈判中达成的交易条件、权利义务关系等内容签订具有法律效力的契约文件——采购合同。

如果你是学生小李，需要完成如下任务。

1. 任务要求

小李要想学习和领会本行动知识，需要进行一次谈判过程模拟，并制定采购谈判的方案和采购合同。

2. 任务实施

小李和同学组成4人小组；明确分工，制定采购谈判方案和采购合同；结合实际灵活运用采购谈判的策略和技巧；签订采购合同；然后写出自己的感想和体会，着重分析如何灵活运用各种采购谈判的策略和技巧。

【行动案例】

日本航空公司与美国波音公司的谈判

日本航空公司拟从美国引进 10 架新型波音客机，日方三位谈判代表按约定到达波音公司的会议室。出乎意料的是，日方代表动作迟缓，慢吞吞地喝着咖啡。精明而又讲究效率的波音公司代表把对方的疲倦懈怠看作是可乘之机，在双方重申了购销意向之后，迅速把谈判引入“概说”阶段。从早上 9 点到 11 点半，3 架放映机相继打开，图表、电脑计算、屏幕显示应有尽有，美国代表以压倒性的准备资料“淹没”了日方代表。整个过程日方代表只是静静地坐在一旁，一句话也没说。美方代表自信这些足以使对方相信波音公司飞机的性能和定价都是无可挑剔的。

美方代表讲完后长长地舒了口气，关掉机器，拉开窗帘，充满信心地问日方代表：“你们认为如何?”一位日方代表斯文有礼，面带微笑地说：“我们看不懂。”

美方代表脸色倏地变得惨白：“你说看不懂是什么意思? 什么地方看不懂?”日方主谈笑了笑：“都不懂。”

美方主谈急切地追问：“都不懂是什么意思? 请具体说明你们是从什么时候开始不明白的?”日方主谈说：“对不起，从拉上窗帘的那一刻开始。”

眼看半天的努力全部化为泡影，美方代表几乎要骂出来。他们只好重新拉上窗帘，不过接下来的那两个小时的介绍已经失去了最初的热忱和信心。

谈判进入交锋阶段。日航代表的表现同样使美方大失所望，他们听觉不灵、反应迟钝，很难甚至根本不能理解波音公司代表的讲话。美方代表详细准备好的论点、证据都没有用了，精心设计的谈判计划也无用武之地。几天下来，美方代表已被搅得烦躁不安，越说越说不清楚，只好直截了当地问对方：“我们飞机的性能是最好的，报价也是合情合理的，你们有什么异议吗?”此时日航主谈似乎由于紧张忽然出现语言障碍，结结巴巴地说：“第、第、第一，价、价……”，“你要说的第一点是价格吗? 这点可以商量。第二点是什么?”，“性、性……”“你说的是性能吗? 只要日航方面提出书面要求，我们一定满足。”日航代表连连点头。

接着就开始商谈价格，这笔大宗交易还价应该按国际惯例采取适当的幅度，可是日航代表似乎全然不知，一开口就要求削价 20%，波音公司代表听了大吃一惊，可发现对方的态度认真，不像是开玩笑，为了表示诚意，于是便说：“我们可以削价 6%。”

由于双方差距太大，谈判暂告结束。下午，日航代表第二次还价，要求削价 18%。

波音公司坚持原来的立场，又一轮激烈的争论开始了，双方谁也说服不了谁。波音公司主谈已对这笔交易失去了耐心，提出休会：“我们双方在价格上差距太大，有必要寻找新的解决办法。你们如果同意，两天后双方再谈一次。”

日方代表在休会期间反复权衡利弊。重新回到谈判桌后，日航代表降低了 6 个百分点，提出削价 12%，波音公司代表仅作出削价 7%的让步，谈判又陷入僵局。经过长时间的沉默，波音公司主谈决定终止谈判，开始收拾文件。这时，日航主谈突然流利地说道：“你们对新型飞机的介绍推销使我们难以抵抗，如果同意降价 8%，我们现在就起草购买飞机的合同。”说完，他笑吟吟地起身把手伸向对方。

“同意。”波音公司代表也起身和精明的谈判对手握手：“祝贺你们，用最低的价格买到了世界上最先进的飞机。”

日航代表用 10 架飞机的价钱买回了 11 架飞机。

（资料来源：http：//nc. zjsdxf. cn/read/bookcontent. php? contentID=10000054381907)

思考与分析：

在本案例中，谈判开始日方代表由于不清楚对方的价格和成本，所以利用保持沉默的方法成功地掌握了谈判的主动权；在谈判的过程中利用避免争论、多听少讲、忍气吞声等策略，最终达成成交意图并促成交易。

一、采购谈判方案的制定

【行动知识】

(一) 采购谈判的概念

采购方有效谈判的能力意味着与供应商交易成功的概率会更大，在一些相对重要的采购活动实施前，采购方必须与供应商进行面对面的直接接触，进行谈判，而采购谈判也就成为整个采购过程中一个非常重要的环节。人并非生来就是一个优秀的谈判者，尽管有些人对谈判或许会有一种天生的能力或兴趣，但人们都能通过训练在一定程度上提高谈判能力。因此，良好的谈判技能会对企业竞争力和利润的提高起到重要的作用。

谈判(Negotiation)是指人们为了实现一定的目标，而与实现目标的影响者进行沟通协商的过程。作为协调各方关系的重要手段，谈判既是一门科学，也是一门艺术。它可以应用于政治、军事、外交、经济等各个领域，并发挥着独特的作用。

采购谈判是指企业在采购时与供应商所进行的贸易谈判。采购方想以自己比较理想的价格、商品质量和供应商条件来获取供应商的产品，而供应商则想以自己希望的价格和服务条件向购买方提供自己的商品。当两者未完全统一以前，就需要通过谈判解决，这就是采购谈判。另外在采购过程中，由于业务操作失误发生货物的货损、货差、货物质量数量问题在赔偿问题上产生的争议，也要进行谈判，也属于采购谈判。

(二) 采购谈判的目的和内容

1. 采购谈判的目的

(1) 希望获得供应商质量好、价格低的产品。

(2) 希望改进供应商的可靠性和获得比较好的服务。

(3) 希望合同的履行更加有效并按时进行，在发生物资差错、事故、损失时获得合适赔偿。

(4) 当发生纠纷时能够妥善解决，减少双方的争执，不影响双方的关系。

2. 采购谈判的内容

在采购谈判中，谈判双方主要就商品的质量条件、商品的价格条件、商品的数量条件、商品的包装条件、商品的交货条件、货款的支付条件、货物的保险条件、商品的检测与赔偿条件、不可抗力条件、仲裁等交易条件进行磋商。

(1) 商品的质量、价格、数量和包装条件是谈判双方磋商的主要交易条件。只有明确了商品的质量条件，谈判双方才有谈判的基础。也就是说谈判双方首先应当明确双方希望交易的是什么商品。在规定商品质量时，可以用规格、等级、标准、产地、型号和商标、商品说明书和图样等方式来表达，也可以用一方向另一方提供商品实样的方式表明己方交易商品的品质要求。

(2) 在国内商品买卖中，谈判双方在商品的价格问题上主要就价格高低进行磋商。而在国际货物买卖中，商品价格的表示方式除了要明确货币种类、计价单位以外，还应明确以何种贸易术语成交。国际商会制定的《国际贸易术语解释通则》介绍并解释了13种贸易术语。它们清楚地表达了买卖双方各自应承担的风险、手续责任和相关的费用。

（3）在磋商数量条件时，谈判双方应明确计量单位和成交数量，在必要时订立数量的机动幅度条款。在货物买卖中，大部分货物都需要包装。因此，谈判双方有必要就包装方式、包装材料、包装费用等问题进行洽谈。

（4）商品的交货条件是指谈判双方就商品的运输方式、交货时间和地点等进行的磋商。而货物保险条件的确定则需要买卖双方明确谁向保险公司投保，投保何种险别，保险金额如何确定，以及依据何种保险条款办理保险等。

（5）货款的支付问题主要涉及支付货币和支付方式的选择。在国际货物买卖中使用的支付方式主要有汇付、托收、信用证等。采用不同的支付方式，买卖双方可能面临的风险大小不同，在进行谈判时，应根据情况慎重选择。

（6）检测、索赔、不可抗力和仲裁条件，有利于买卖双方预防和解决争议，保证合同的顺利履行，维护交易双方的权利，是国际货物买卖谈判中必然要商议的交易条件。

（三）采购谈判的特点

采购谈判属于商务谈判的范畴，它具有商务谈判的基本特点，但同时也具有自己的特殊性。

（1）采购谈判是为了最终获取本单位或部门所需商品，保障本单位或部门及时持续的外部供应。

（2）采购谈判讲求经济效益。在谈判中，买卖双方争议最激烈的问题往往是商品的价格问题。对于采购者来说，当然是希望以最低的价格或者最经济的价格获得所需产品。

（3）采购谈判是一个买卖双方通过不断调整各自的需要和利益而相互接近，最终争取在某些方面达成共识的过程。

（4）采购谈判蕴涵了买卖双方"合作"与"冲突"的对立统一关系。双方都希望最终能够达成协议，这是合作的一面；但各方同时又希望协议能够获得尽可能多的效益，这是冲突的一面。正是由于买卖双方的这种对立统一关系，才体现出采购谈判的重要性，以及在谈判中选用适当策略和技巧的必要性。

（5）在采购谈判中，最终达成的协议所体现的利益主要取决于买卖双方的实力和当时的客观形势。另外，谈判结果还在一定程度上受主观条件的制约，例如，谈判人员的素质、能力、经验和心理状态，以及在谈判双方所运用的谈判策略技巧。

（6）采购谈判既是一门科学，又是一门艺术。掌握谈判的基本知识和一些常用策略技巧能使谈判者有效地驾驭谈判的全过程，为己方赢得最大的利益。可见，采购谈判技巧是实现采购行为的关键环节。

在采购谈判的实际组织实施中，要综合考虑采购谈判的上述特点，并结合实施情况，制订合适的谈判计划、方案和策略等。

（四）采购谈判方案制定的要求

采购谈判方案是在谈判开始前对谈判目标、谈判议程、谈判策略预先所做的安排。谈判方案是指导谈判人员行动的纲领，在整个谈判过程中起着非常重要的作用。

由于采购谈判的规模、重要程度不同，所以谈判内容有所差别。内容可多可少，可视具体情况而定。尽管内容不同，但其要求都是一样的。一个好的谈判方案要求做到以下几点。

1. 简明扼要

所谓简明，就是尽量使谈判人员很容易记住其主要内容与基本原则，使他们能根据方案的要求与对方周旋。

2. 明确、具体

谈判方案要求简明、扼要，但必须要与谈判的具体内容相结合，以谈判的具体内容为基础；否则，会使谈判方案显得空洞和含糊。因此，谈判方案的制定也要求明确、具体。

3. 富有弹性

谈判过程中各种情况都有可能发生突然变化，要使谈判人员在复杂多变的形势中取得比较理想的结果，就必须使谈判方案具有一定的弹性。谈判人员要做到在不违背根本原则情况下，根据情况变化，在权限允许的范围内灵活处理有关问题，取得较为有利的谈判结果。

【行动实施】

第一步，明确采购谈判方案制定的内容。采购谈判方案是指导谈判人员行动的纲领，在整个谈判过程中起着重要作用。采购谈判方案主要包括谈判目标、谈判策略、谈判议程、谈判人员的分工职责、谈判地点等内容。

1. 采购谈判目标的确定

谈判目标是指参加谈判的目的，企业在进行谈判之前，必须设定自己的谈判目标。一般可以把谈判目标分为3个层次：最高目标、中间目标及最低目标。

对于采购谈判来讲，首先是为了获得原材料、零部件或产品，所以谈判就以能满足本企业对原材料、零部件或产品的需求数量、质量和规格作为谈判追求的目标。也就是谈判的最低目标；其次采购谈判还要以价格水平、经济效益水平等作为谈判的目标，这可以作为中间目标；最后采购谈判还要考虑供应商的售后服务情况，如供应商的送货、安装、质量保证等，这是采购谈判追求的最高目标。

2. 谈判议程的安排

谈判议程一般要说明谈判时间的安排和谈判议题的确定。谈判议程可由一方准备，也可由双方协商确定。

1）时间安排

谈判时间的安排即确定在什么时间举行谈判、多长时间、各个阶段时间如何分配、议程出现的时间顺序等。谈判时间的安排是议程中的重要环节。如果时间安排很仓促，准备不充分匆忙上阵，心浮气躁，就很难沉着冷静地在谈判中实施各种策略；如果时间安排得很拖沓，不仅会耗费大量的时间和精力，而且随着时间的推延，各种环境因素都会发生变化，还可能会错过一些重要的机遇。

2）确定谈判议题

所谓谈判议题，就是谈判双方提出和讨论的各种问题。确定谈判议题首先必须明确己方要提出哪些问题，要讨论哪些问题。要把所有问题全盘进行比较分析。

（1）哪些问题是主要议题，要列入重点讨论范围。

(2) 哪些问题是非重点问题，哪些问题可以忽略。

(3) 这些问题之间是什么关系，在逻辑上有什么联系。

(4) 还要预测对方会提出什么问题，哪些问题是己方必须认真对待，全力以赴去解决的，哪些问题可以根据情况做出让步。

(5) 哪些问题可以不予讨论。

3. 谈判备选方案的制定

通常情况下，在谈判过程中难免会出现意外的事情，令谈判人员始料不及，影响谈判的进程。为了预防这种情况的发生，在接到一个谈判任务时，应对整个谈判过程中可能做出的一切行动进行正确的估计，并依此设计出几个可行性的备选方案。

在制定谈判备选方案时，可以注明在出现何种情况下，使用此备选方案，以及备选方案的详细内容、操作说明等。当然，任何一种估计都可能是错误的，这就要求不仅在分析、讨论问题时，必须要以事实为依据，按照正确的逻辑思维来进行；而且在谈判过程中，也要注意对手的观察和对谈判形势的分析判断，对原定的方案进行不断修正，并结合具体情况灵活运用。

第二步，灵活应用几种采购谈判策略。采购谈判的策略是指谈判人员通过何种方法达到预期的谈判目标，在实际谈判应用中主要有以下几种策略。

1. 避免争论策略

在谈判过程中双方为了谋求各自的利益，必然会在一些问题上出现分歧。此时，双方都要保持冷静，不要感情冲动，尽可能地避免争论。能冷静地倾听对方的意见，婉转地提出不同意见，不应直截了当地提出自己的否定意见，这样会使对方产生抵触情绪，反而迫使对方千方百计地维护自己的意见，因此应先同意对方的意见，然后再提出探索性的提议。

如果在谈判过程中，分歧产生后谈判无法进行，应立即休会。休会策略为那种固执型谈判者提供了请示上级的机会，同时，也为自己创造了养精蓄锐的机会。

2. 抛砖引玉策略

抛砖引玉策略是指在谈判中，一方主动提出各种问题，但不提供解决的办法，让对方解决。这一策略不仅让对方感觉到尊重，使对方感觉到自己是谈判的主角和中心，而且又可摸清对方的底细，争取主动。运用该策略时，关键在于买方应给予卖方足够的时间并设法引导卖方对所提出的问题尽可能详细地正面回答。但这种策略不适合用于谈判出现分歧时或对方是一个自私自利、寸利必争的人，这样会使己方处于被动地位。

3. 留有余地策略

在实际谈判中，不论己方是否留有余地或真的没留什么余地，对方总认为另一方是留有余地的，所以在对方最看重的方面做了让步，可在其他条款上争取最大效益。这种策略特别适用于对付寸利必争的谈判方或在不了解对方的情况下。

4. 避实就虚策略

避实就虚策略是指为达到某种目的和需要，有意识地将洽谈的议题引导到相对次要的问题上，借此来转移对方的注意力，以求实现谈判目标。具体做法是在无关紧要的事情上纠缠不休，或在不成问题的问题上大做文章，以分散对方对自己真正要解决的问题上的注意力，从而在对方无警觉的情况下，顺利实现自己的谈判意图。

5. 保持沉默策略

保持沉默是处于被动地位的谈判人员常用的一种策略，是为了给对方造成心理压力，同时也起到缓冲作用。但是如果运用不当，容易适得其反。例如，在还价中沉默常被认为是默认；沉默时间太短常意味着被慑服。

在沉默中，行为语言是唯一的反应信号，是对方十分关注的内容，所以应特别加以运用，以达到保持沉默的真正目的。

6. 忍气吞声策略

谈判中占主动地位的一方有时会以一种咄咄逼人的姿态表现自己。这时如果坚决反对或表达不满，对方会更加骄横甚至退出谈判。这时可对对方的态度不做任何反应，采取忍耐的策略，慢慢地消磨对方的棱角，挫其锐气，以柔克刚，反而能变弱为强。

7. 情感沟通策略

人都是有感情的，满足人的情感和欲望是人的一种基本需要，因此在谈判中利用感情因素去影响对方是一种可取的策略。灵活运用此策略的方法很多，可以有意识地利用空闲时间，主动与谈判对手聊天、娱乐、谈论对方感兴趣的问题；也可以赠小礼品，请客吃饭；还可以通过帮助解决一些私人问题，从而达到增进了解、联系感情、建立友谊的目的，从侧面促进了谈判顺利进行。

8. 最后期限策略

处于被动地位的谈判者，总有希望谈判成功、达成协议的心理。当谈判双方坚持己见、争执不下时，处于主动地位的谈判者就可利用这一心理，提出解决问题的最后期限和解决条件。

期限是一种时间通牒，可使对方感到如不迅速做出决定，就会失去机会，从而给对方造成一种心理压力——谈判不成损失最大的还是自己。

但使用该策略时还应注意，不可激怒对方，而要语气委婉、措辞恰当、事出有因；要给对方一定的时间进行考虑，让对方感到不是在强迫他，而是向他提供了一个解决问题的方案，并由对方自己决定具体时间；提出最后期限时最好还能对原有条件做出让步，给人以安慰。

二、采购谈判实施

【行动知识】

（一）采购谈判的基本原则

在制定好谈判方案后，还要按照一定的步骤进行有效的实施，同时还要注意供应商谈判的方法和技巧，为谈判打下良好的基础。

谈判原则是谈判的指导思想和基本准则，决定谈判者采用什么谈判策略和谈判技巧，以及怎样运用这些技巧和策略。

1. 合作原则

合作原则就是要求谈判双方以最精练的语言表达最充分、真实、相关的信息。合作原则包括 4 个准则。

(1) 量的准则：要求所说的话包括交谈所需要的信息，所说的话不应包含超出的信息。

(2) 质的准则：要求不要说自知是虚假的话，不要说缺乏足够证据的话。

(3) 关系准则：要求所说的话内容要关联并切题，不要漫无边际地胡说。

(4) 方式准则：要求清楚明白，避免晦涩歧义，要简练，井井有条。

2. 理解和尊重原则

将对谈判对手的态度和所讨论问题的态度分开，相互理解和尊重。

(1) 提出方案和建议时，不仅要考虑自身利益，还需要从对方的立场出发考虑提议的可能性。

(2) 多阐述客观情况，避免责备对方。双方共同参与提议与协商，明确各自的利益关系。以和为重，避免僵局。

3. 礼貌原则

人们在谈判过程中，为了实现各自的目的，保持良好的关系，一般都会遵循合作原则，当然还会遵循礼貌原则。礼貌原则(Politeness Principle)包括 6 个准则。

(1) 得体准则(Tact Maxim)：是指减少表达有损于他人的观点。

(2) 慷慨准则(Generosity Maxim)：是指减少表达利己的观点。

(3) 赞誉准则(Approbation Maxim)：是指减少表达对他人的贬损。

(4) 谦虚准则(Modesty Maxim)：是指减少对自己的表扬。

(5) 一致准则(Agreement Maxim)：是指减少自己与别人在观点上的不一致。

(6) 同情准则(Sympathy Maxim)：是指减少自己与他人在情感上的对立。

礼貌原则与合作原则互为补充。谈判中经常会出现这样的现象：一方对另一方的观点并不赞同，但是在表达不同意见之前，往往会先部分或笼统地赞成对方的观点，这里谈判者遵守礼貌原则的一致准则和赞誉准则，放弃了合作原则中的“质”的准则。在上述情况下，另一方的谈判者就不能只从字面上去理解对方的回答，他必须透过对方的话语表面意义去设法领会对方话语中的深层意义，寻求对方在什么地方体现着合作原则，进而体会对手言语之外的意思。

在采购谈判中，谈判双方虽然站在各自的立场，处于对立的状态，但他们的最终目的都是希望谈判能获得成功。为此，他们都尽量遵守合作原则，以显示自己的诚意，确保谈判的顺利进行，但由于种种原因，如谈判策略的需要、各自的立场不同等，他们又是经常性的违反某些原则。这时，其对手就需要揣度其弦外之音，以决定自己的应对之策，这不仅仅是智慧方案。

(二) 采购谈判中的具体原则

1. 谈判前原则

(1) 信息充足。注意信息的收集、分析和保密。在信息时代，谁掌握的信息多，谁就在谈判中处于主动。谁把握信息快，谁就在谈判中占据优势。这就要求参与谈判的时候，只有在十分必要的情况下才能将有关的想法一点一滴地透露出去，绝不要轻易暴露自己已知的信息，并且设法通过多种渠道去获取有关信息，以便及时调整我方的谈判方案。

(2) 制定适当目标。为自己确定的谈判目标要有机动的幅度并留有可进退的余地。一般来说，目标可分 3 级，即最低目标、中间目标和最高目标。最高目标是应该努力争取的，最低目标是退让妥协的底线，中间目标是可谈判的目标。

2. 谈判中原则

（1）知己知彼。在条件许可的情况下，要努力事先掌握谈判对手的企业现状，如企业的信誉、优势和劣势等；弄清本次谈判的利益何在、问题是什么，谁是对方的决策人物等有关资料。只有知己知彼，才能百战百胜，才能有针对性地制定谈判策略，击中对方的要害，使己方处于优势。

（2）掌握主动权。不轻易给对方讨价还价的余地。价格是采购谈判的核心，因此，价格往往成为谈判双方争执的焦点。要在价格问题上掌握主动，其中一个方法就是运用“价格—质量—服务—条件—价格”逻辑循环谈判法则，即不给对方讨价还价的余地，使对方处于一种只能在枝节问题上进行交涉，而在核心问题上无法进展的境地。

（3）不要急于摊牌。不要急于向对方摊牌或展示自己的实力。让对方摸不到自己的底牌是谈判主要的计策之一，所以不要轻易地把自己的要求和条件过早地、完整地、透彻地告诉对方，应采取有效的暗示方式，如通过第三方的影响或舆论的压力。要多听、多问、少说，谈判不是演讲，演讲的目的是要把自己的主张和想法告知听众，而谈判的目的是要通过语言交流实现自己的谈判目标，分到更多的“蛋糕”份额。这就要求尽可能多地了解和熟悉对方的意图。倾听并发现对方需要；恰当地提问是引导谈判的方向、驾驭谈判进程的工具，所以谈判能手往往是提问专家。而说得过多则会产生不应有的失误，所谓“言多必失”，极易使自己陷入被动。同时，多听多问有助于发觉事物的真相，探索对手的目的和动机，迫使对方更多地提供信息反馈，以确立和调整我方的策略、措施和方法。

（4）不要轻易放弃。一个客户就是一个商机，因此需要采取一切措施，使谈判对方对谈判保持极大的兴趣。通过给予对方心理上的更多的满足来增强谈判的吸引力。如施展个人的形象魅力，树立诚实可信、善于合作的形象，使对方产生可信赖、可交往的感觉，缩短对方心理上的距离；或让对方预感他即将获得的成功；设法增强自我满足感，使其保持良好的心绪和持久的自信心，从而使对方不易中断和己方的谈判。

3. 谈判后原则

（1）掌握结束的时间。

（2）确认做好谈判记录，双方签字。

（3）事后总结的原则。

【行动实施】

第一步，熟悉实施采购谈判方案。采购谈判前，谈判人员已做好了充分的准备，制定了完善的谈判方案。在方案实施过程中要灵活运用、因地制宜，以实现最终的采购目标。

1. 摸底阶段

在正式谈判开始前，双方主要任务是相互摸底，希望知道对方的谈判目标底线，所以在这一阶段说话往往非常谨慎，通常以介绍自己的来意、谈判人员的情况、本企业的历史、产品的有关情况为主，并倾听对方的意见和观察其反应。另外，这一阶段切忌喋喋不休地讲话，要遵循采购原则中“多听、多看、少说”的原则，给对方讲话的机会。

2. 询价阶段

价格是采购谈判的敏感问题，也是谈判最关键的环节，在这一阶段要思考的问题是：谁先开价、如何开价、对方开价后如何还价等问题。

3. 磋商阶段

所有要讨论的议题内容要横向铺开，以合作的方式，反复磋商，逐步推进谈判内容。通过对所采购商品的质量、价格、交货方式、付款条件等各项议题的反复讨论，互做让步，寻找对双方都有利的最佳方案。

这一阶段，要注意双方共同寻找解决问题的最佳办法。当在某一个具体问题上谈判陷入僵局时，应征求对方同意，暂时绕过难题，转换到另一个问题进行磋商，以便通过这一问题的解决，打开前一问题谈判的僵局。

这一阶段，要做好谈判记录，把双方同意解决的问题在适当时机归纳小结，请双方确认。如果通过反复的磋商，所有议题都得到圆满解决，谈判就进入成交阶段。

4. 成交阶段

这一阶段要草拟经磋商所达成的协议初稿，经双方进一步修改认可，签订正式协议据以签订正式合同，整个谈判过程至此全部结束。

第二步，灵活运用采购谈判常用的技巧。进行采购谈判时，采购主管及采购员需掌握一定的谈判技巧，确保谈判的顺利进行。

1. 买方占优势时的技巧

买方占优势的情况下，供应商之间竞争激烈，买方可以“因势利导”，运用压迫式谈判技巧，具体如下。

1）“借刀杀人”

通常询价之后，可能会有3～7个厂商报价，经过报价高低的次序排列。接着，采购人员需要考虑，谈判究竟先从报价最高者着手还是从最低者开始；是否只找报价最低者来谈判；是否要与报价的每一厂商分别谈判。

采购人员若逐一与报价厂商谈判，在时间方面就很不经济，且谈判的厂商越多，通常决定的时候困扰越多。所谓“借刀杀人”，即从非报价最低者来谈判，经过这两次谈判，“底价”就可以浮现出来。若此“底价”比原来报价最低者还低，表示第三、第二低者合作意愿相当高，则可再找原来报价最低者来谈判。以前述第三、第二低价者降价后的“底价”，要求最低者降至“底价”以下来合作，达到“借刀杀人”的目的。如果原来报价最低者不愿降价，则可交予第二或第三低者按谈判后的最低价格成交。如果原来报价最低者刚好降至第二或第三低者的最低价格，则以交给原来报价最低者为原则。运用“借刀杀人”的方法达到合理的降价目的时，应见好就收。

2）化整为零

采购人员获得最合理的价格，必须深入了解供应商的“底价”究竟是多少。若是仅获得供应商笼统的报价，据此与其谈判，吃亏上当的几率相当大。若能要求供应商提供详细的成本分析表，则“杀价”才不致发生错误。因为真正的成本或底价，只有供应商自己心里清楚，无论采购人员如何杀价，最后恐怕还是无法获取好处。因此，特别是当拟购的物品是由几个不同的零件组合装配而成时，即可要求供应商“化整为零”，列示各种零件并逐一报价，同时询问专门制作这些零件的厂商的报价，借此寻求最低的单项报价或总价，作为谈判的依据。

3）压迫降价

在买方占优势的情况下，可以以胁迫的方式要求供应商降低价格，并不征询供应商的意见，这通常是在买方处于产品销路不佳，或竞争十分激烈，导致发生亏损或利润微薄的情况下，为改善其获利能力而使出的杀手锏。由于市场不景气，所以供应商也有存货积压，急于出手换取周转资金。这时候采购人员通常遵照公司的紧急措施，要求供应商自特定日期起降价若干；如果原供应商缺乏配合的意愿，即可更换来源。当然，采用此种激烈的降价手段，供需关系难以维持长久，适用于短期的购买行为。

2. 买方处于劣势时的谈判技巧

1）迂回战术

当卖方占优势时，正面杀价通常效果不好，采取迂回战术才能成功。例如，某厂家从本地的总代理购入某项化学品，发现价格比其他公司的同类产品贵，因此总代理说明原委，并比照给予同样的价格。未料总代理未能解释个中道理，也不愿意降价。因此，采购人员就委托原产国的某贸易商，先行在该国购入该项化学品，再运至内地。因为总代理的利润偏高，此种转运安排虽然费用增加，但成本还是比通过总代理购入的价格低。

2）预算不足

当买方居于劣势时，应以“哀兵”姿态争取卖方的同情与支持。由于买方没有能力与卖方谈判，有时会以预算不足为借口，请求卖方同意在其有限的费用上，勉为其难地将货品卖给他。一方面买方必须施展“动之以情”的谈判功夫，另一方面则口头承诺将来“感恩图报”，换取“来日方长”的打算。此时，若卖方并非血本无归，只是削减原本过高的利润，则双方可能成交。

3）釜底抽薪

为了避免卖方在处于优势情况下攫取暴利，采购人员只好同意卖方有“合理”利润；否则胡乱杀价，仍然给予卖方可乘之机。因此，通常由买方提供所有样本资料。以国外采购为例，可以请总代理提供一切进口单据，借以查核真实的成本，然后加计合理的利润作为采购的价格。

【知识拓展】

谈判成功的关键因素

1. 要具备必胜的信念

只有具备必胜的信念，才能使谈判者的才能得到充分发挥，成为谈判活动的主宰。谈判者必须具备必胜的信念，不仅是指求胜心理，而且有着更广泛的内涵、更深的层次。信念决定了谈判者在谈判活动中所坚持的谈判原则、方针，运用的谈判策略与方法。例如，谈判一方为达到目的不择手段，甚至采取欺诈、威胁的伎俩迫使对方就范。有时，这些做法受求胜心理支配，但是企业不能提倡这种必胜信念，因为这是不道德的。实践证明，这样做的后果是十分消极的。不择手段的做法使企业获得了合同，也获得了利益，但它使企业失去了信誉失去了朋友，失去了比生意更加宝贵的东西。必胜的信念应该符合职业道德，具有高度理性的信心、自信心，这是每一个谈判人员要想取胜的心理基础。只有满怀取胜信心，才能有勇有谋、百折不挠，达到既定目标，才能虚怀若谷，赢得对方信任，取得成功的合作。

2. 谈判者要有耐心

耐心是在心理上战胜谈判对手的一种战术与谋略，也是成功谈判的心理基础。在谈判中，耐心表现为不急于取得谈判结果，能够很好地控制自己的情绪，掌握谈判的主动权。耐心可以使人们更多地倾听对方，掌握更多的信息。

3. 谈判者要有诚意

受诚意支配的谈判心理是实现谈判目标的必要条件。诚意是谈判的心理准备，只有双方致力于合作，才会全心全意地考虑合作的可能性和必要性，才会合乎情理地提出自己的要求和认真考虑对方的要求。所以说，诚意是双方合作的基础。

诚意也是谈判的动力。希望通过洽谈来实现双方合作的谈判人员会进行大量细致、周密的准备工作，拟订具体的谈判计划，收集大量的信息，全面分析谈判对手的个性特点，认真考虑谈判中可能出现的各种突发情况。诚意不仅能够保证谈判人员有良好的心理准备，而且也使谈判人员心理活动始终处于最佳状态，在诚意的前提下，双方求大同、存小异、相互理解、互相让步，以求达到最佳的合作。

4. 善于树立第一印象

在直觉认识中，第一印象决定人们对某人某事的看法。在许多情况下，人们对某人看法、见解往往来自于第一印象，如果第一印象良好，很可能就会形成对对方的肯定态度；否则，很可能就此形成否定态度。

正是由于第一印象的决定作用，比较具有优势的谈判者都十分注重双方的初次接触，力求给对方留下深刻印象，赢得对方的信任与好感，增加谈判获胜的筹码。第一印象的形成要取决于人的外表、着装、举止和言谈。通常情况下，仪表端正、着装得体、举止大方稳重，较容易获得人们的好感。同时心理学家研究发现，如果一个人很善于沟通感染别人，那么他给人的第一印象也比较好。

5. 营造和睦的谈判氛围

和睦的谈判氛围是谈判双方良好沟通的基础，能够加快谈判目标的达成。拥有和睦的谈判气氛，谈判的双方就有了“共同语言”，并能够促进相互理解。

营造和睦的谈判氛围，最有效的手段有两种：①尽量使自己的声调和语调与对方和谐。如果按照对方说话速度和频率来改变自己的说话速度和频率，就可以引导对方的说话速度和频率照自己的说话速度和频率进行，这样在交谈时就会不知不觉地建立起和谐的气氛。

②采用与对方相协调的身体姿势。在谈判中，如果采取与对方相似的举动，自然而然就会形成和谐关系。但是在这个过程中，要避免给对方造成模仿的感觉。

6. 表达准确、有效

无论是何种谈判，正式谈判的第一项内容都是陈述自己的条件，说明希望达到什么的目标及如何实现这个目标。作为建立良好谈判的基础之一，正确、完整、有效的表达是非常重要的。说话语气保持平稳，说话时吐字清晰，保持较慢的说话速度，但一定要自始至终保持一样的语调，这样才会显示权威和自信。同时，在说话的时候切不可埋头，要用温和的眼神看着对方。

7. 拒绝方式要正确

谈判者在处理对方提出的棘手问题时，需要诚心诚意和开诚布公地说“不”，但是在说“不”的时候，需要讲究方式和方法。一般来说，成功的谈判者在说“不”的时候，一般将拒绝的原因放在前面，而后才提出拒绝。错误的拒绝方式如：“我不同意，因为这个价格超过了我们的进货价格。”正确的拒绝方式如：“你的这项价格要求超过了我们进货的价格，所以我们不能接受。”

8. 正确使用臆测

臆测是指在某一客观条件下的主观猜想、揣测。在谈判中，臆测的作用是重要的，它能帮助谈判者预测未来可能发生的事情，但应注意不要被头脑想当然的思想所左右，克服的最好办法就是谈判双方都参与发现事实、分析论证、寻找真实情况的活动。经过双方确定的事实是解决问题的基本要素，只要有充裕的时间分析和发现事实，就能找出双方确定的分歧，同时又能发现有价值的事实。谈判时所坚持的或不可改变的一切就不会那样不可动摇，一切都可以商议。

三、采购合同订立

【行动知识】

(一) 采购合同的含义和特征

在整个采购过程中，最重要的采购文件之一就是采购合同。商品采购合同是企业和供应商在采购谈判达成一致的基础上，双方就交易条件、权利义务关系等内容签订的具有法律效力的契约文件，是双方执行采购业务程序的基本依据。

1. 采购合同的含义

合同是双方或多方确立、变更和终止相互权利和义务关系的协议。合同的种类很多，但人们生活中最常见的合同是经济合同，它是法人之间为实现一定的经济目的，明确双方权利义务关系的协议。

采购合同(Purchaser Contract)是经济合同的一种，是供需双方为执行供销任务，明确双方权利和义务而签订的具有法律效力的协议。随着商品流通的发展，采购合同正成为维护商品流通秩序和促进商品市场完善的手段。

2. 采购合同的特征

(1) 它是转移标的物所有权或经营权的合同。采购合同的基本内容是出卖人向买受人转移合同标的物的所有权或经营权，买受人向出卖人支付相应货款，因此它必然导致标的物所有权或经营权的转移。

(2) 采购合同的主体比较广泛。从国家对流通市场的管理和采购实践来看，生产企业、流通企业以及其他社会组织和具有法律资格的自然人也是采购合同的主体。

(3) 采购合同与商品流通过程密切联系。商品流通是社会再生产的重要环节之一，对国民经济和社会发展有着重要影响，重要的工业品生产资料的采购关系始终是国家调控的重要方面。采购合同是采购关系的一种法律形式，它以采购的客观经济关系作为设立的基础，直接反映采购的具体内容，与流通过程密切相连。

3. 订立采购合同的注意事项

(1) 合同起草。采购、品管、财务、法律等相关人员共同参与起草，由具有法人资格的代表签署，格式统一，便于统一管理供应商。

(2) 单价及交货数量。采购合同要确定定价的原则与方法、交货数量的计算原则与方法，具体的价格采用采购订单等合同附件进行约束，为定期评审价格的日常交货付款提供方便。

(3) 签约对象的主体资格。严格审查交易对方的法人资格、经营范围、改选合同的能力和信用等级等内容，降低交易风险。

(4) 合同条款对等、明确。体现公平原则，说明双方的义务、责任和权利等内容。合同条款用词简洁、明了，条款之间不存在相矛盾的地方。

(5) 仲裁机构名称具体。明确仲裁机构，要求在己方所辖范围内进行裁决。

(6) 签字盖章同时操作。签字盖章同时进行，只签字或只盖章的合同在法律上属无效合同。

(7) 区别定金与订金。定金在法律上是债务的一种担保方式，交付定金的一方不能履行约定的债务，则无权要求返还定金；收受定金的一方不能履行约定的债务，应当双倍返还定金。订金在法律上被认定为预付款。

(二) 采购合同的内容构成

合同、合约、协议等作为正式契约，应该条款具体、内容详细。一份买卖合同主要由首部、正文与尾部 3 部分内容组成。

1. 首部

(1) 名称，如生产用原材料采购合同、品质协议书、设备采购合同、知识产权协议、加工合同等。

(2) 编号，如 2007 年第 1 号。

(3) 签订日期。确定计量的办法，有时还须规定交货数量的机动幅度。

2. 正文

1) 数量条款

数量条款明确成交物品的数量和计算单位。成交物品的数量须以重量计量时。还须明确计量的办法，有时还须规定交货数量的机动幅度。

2) 价格条款

价格条款包括物品的单价和总值两项基本内容。物品的单价由计量单位、单位价格金额、计价货币和贸易术语 4 个部分组成。总值指单价与成交商品数量的乘积，即一笔交易的货款总金额。

3) 品质条款

品质条款应写明商品的名称、规格和等级等，或说明样品的编号和日期，否则采购方有权拒绝收货，甚至撤销合同。订立品质条款应注意以下问题。

(1) 根据产品的特性确定统一表示的方法。

(2) 用词应简单、具体和明确，避免引起纠纷。

(3) 条款应符合有关国家或相关国际组织的标准。

4) 支付条款

支付条款用来规定货款的交付方式。货款交付的方式包括以下 3 种。

(1) 现金采购方式，可在价格、交货期或其他条件上获得优惠。

(2) 月结或年结的方式，适用于资金周转较为困难的时期。

(3) 预付订金的方式，适用于较难采购的商品。

5) 检验条款

检验条款包括检验的时间与地点、检验机构、检验证书、检验依据与复验等内容。

(1) 检验的时间与地点。明确检验的时间和地点，确保检验工作顺利进行。

(2) 检验机构。可以是专门的检验部门或检验企业，也可由供需双方自己检验。

(3) 检验证书。货物检验后，能够证明检验结果的书面文件是确定供应方所交货物是否符合规定的凭证，也是采购方向供应方或其他关系人提出异议和索赔的法律依据。

(4) 检验依据。衡量货物是否合格的标准，包括成交的样品、标样合同和信用证等。

(5) 复验。采购方可自由行使复验权，合同中应明确规定复验的期限、机构和地点等内容。

6) 包装条款

包装条款规定物品包装的方式、材料、规格、标志和费用等内容。规定包装条款应注意以下 3 个问题。

(1) 根据具体物品，作具体、明确的规定，不能有“适合海运包装”、“惯包装”等模糊的规定。

(2) 有的国家禁止或限制某种包装材料，或对运输标志有严格的规定等，应按法律规定选择合适的包装条款。

(3) 明确包装由哪一方提供，包括由供应方提供、由供应方提供并收回和由采购方提供 3 种情况。

7) 装运条款

装运条款规定了交易货物的装运时间、装运地和目的地、分批装运和转运以及转运通知等问题。

8) 保险条款

交易货物的保险由供应方负责，保险条款应明确规定保险金额和险别，保险金额是核算保险费的基础，由供需双方协商确定；险别是根据商品的性质与特点、货物运输的工具和路线及货物的残损规律与风险的程度，双方协议确定投保的险别。

9) 仲裁条款

仲裁条款包括仲裁地点的规定、仲裁机构的选择、仲裁程序法的适用、仲裁裁决的效力、仲裁费用的负担等内容。例如，仲裁条款中规定：“凡因执行本合同所发生的或与本合同有关的一切争议，双方应通过友好协商办法解决，如果协议不能解决，应提交××国××地××仲裁机构，并根据其仲裁程序规则进行仲裁，仲裁裁决为终局裁决，对双方都具有约束力，仲裁费用由败诉方负担。”

10) 不可抗力条款

包括不可抗力事故的范围、不可抗力事故的法律后果、出具事故证明的机构和事故发生后通知对方的期限等。

3. 尾部

合同的尾部包括合同的份数、使用语言及效力、附件、合同的生效日期、双方的签字盖章。

【行动实施】

第一步，订立采购合同。根据《中华人民共和国合同法》(简称《合同法》)第三、第四、第五、第六、第七条的规定，采购合同的订立应当按照平等原则、自愿原则、公平原则、诚实信用原则、遵守法律、行政法规和尊重社会公德的原则进行。按照《合同法》的规定，签订采购合同采用要约、承诺方式。

1. 要约阶段

这是指当事人一方向他方提出订立经济合同的建议。提出建议的一方叫要约人。要约是订立采购合同的第一步，要约应具有以下特征。

（1）要约是要约人单方的意思表示，它可向特定的对象发出，也可向非特定的对象发出。当向某一特定的对象发出要约，要约人在要约期限内，不得再向第三人提出同样的要约，不得与第三人订立同样的采购合同。

（2）要约内容必须明确、真实、具体、肯定，不能含糊其辞，模棱两可。

（3）要约是要约人向对方做出的允诺，因此要约人要对要约承担责任，并且要受要约的约束。如果对方在要约一方规定动作期限内做出承诺，要约人就有接受承诺并与对方订立采购合同的义务。

（4）要约人可以在得到对方接受要约表示前撤回自己的要约，但撤回要约的通知必须不迟于要约到达。对已撤回的要约或超过承诺期限的要约，要约人不再承担法律责任。

2. 承诺阶段

承诺表示当事人另一方完全接受要约人的订约建议，同意订立采购合同的意思表示。接受要约的一方叫承诺人，承诺是订立合同的第二步。它具有以下特征。

（1）承诺由接受要约的一方向要约人做出。

（2）承诺时必须完全接受要约人的要约条款，不能附带任何其他条件，即承诺内容与要约内容必须完全一致，这时协议即成立。如果对要约提出本质性意见或附加条款，则是拒绝原要约，提出新要约。所谓对要约的内容做出实质性变更，是指对有关采购合同的标的、数量、价款、履行期限、地点、方式、违约责任和解决争议的方法等条款做出变更。这时要约人与承诺人之间地位发生了互换。在实践中，很少有对要约人提出的条款一次性完全接受的，往往经过反复的业务洽谈，经过协商取得一致的意见后，达成协议。

3. 采购合同签订的形式

1）口头合同形式

口头合同指合同双方当事人只是通过语言进行意思表示，而不是用文字等书面形式表达合同内容来订立合同的形式。采用口头形式订立商品采购合同的优点是：当事人建立合同关系方便、迅速、缔约成本低。但这类合同发生纠纷时，当事人举证困难，不易分清责任。

《合同法》在合同形式的规定方面，放松了对当事人的要求，承认多种合同形式的合法性，将选择合同形式的权利交给当事人，对当事人自愿选择口头形式订立物品采购合同的行为予以保护，体现了合同形式自由的原则，这与旧《合同法》的规定有很大不同，但是《合同法》同时规定："法律规定采用书面形式的合同必须采用书面形式。"这是法律从交易安全和易于举证的角度考虑，对一些重要合同要求当事人必须签订书面合同。

2）书面合同形式

《合同法》第十一条明确规定："书面形式是指合同书、信件和数据电文(包括电报、电传、传真、电子数据交换和电子邮件)等可以有形地表现所载内容的形式。"简单地说，书面形式是以文字为表现形式的合同形式。书面合同的优点在于：有据可查，权利义务记载清楚，便于履行，发生纠纷时容易分清责任。在目前我国市场经济制度尚未完善之际，当事人订立物品采购合同，适宜采用书面合同形式。

书面合同是采购实践中采用最广泛的一种合同形式，书面合同形式具体分 4 类。

（1）合同书。合同书是记载合同内容的文书。它是书面合同的一种，也是商品采购中最常见的一种。当事人采用合同书形式订立采购合同的，合同自双方当事人签字或者盖章时成立。

（2）信件。信件是当事人就合同的内容相互往来的普通信函。信件的内容一般记载于纸张上，因而也是书面形式的一种。它与通过计算机及网络手段而产生的信件不同，后者被称为电子邮件。在采购合同中，经常是当事人在签订合同书的基础上，又围绕合同条款发生一系列信件往来，这些信件构成书面合同的一部分。

(3) 数据电文。这是与现代通信技术相联系的书面形式，包括传真、电子数据交换和电子邮件。

(4) 确认书。确认书是通过信件和数据电文的方式订立物品采购合同时，在承诺方承诺生效之前，当事人以书面形式对合同内容予以确认的文件。它实质上是一种合同书的形式。

《合同法》第三十三条规定："当事人采用信件、数据电文等形式订立合同的，可以在合同成立之前要求签订确认书。签订确认书时合同成立。"

3) 其他合同形式

这是指除了口头合同与书面合同以外的其他形式的合同，主要包括默示形式和推定形式。

第二步，履行采购合同。

1. 采购合同的追踪

合同跟踪是采购人员的重要职责。合同跟踪的目的有3个：促使合同的正常执行；满足企业的物资需要；保持合理的库存。在合同执行过程中，合同、需求、库存三者会产生矛盾，采购人员恰当地处理好三者的关系，是对采购人员业务素质和能力的考察。

1) 合同执行前的跟踪

在采购环境中同一物资有几家供应商可供选择，采购人员对每个供应商的采购都有一定的比例，但有时供应过程还是会出现问题。例如，因时间变化，供应商可能提出改变"合同条款"，对价格、质量、期限等提出改变。作为采购人员，要及时了解情况，进行沟通，确认可选择的供应商。如对供应商难以接受的订单，不可勉强，应另择供应商，对供应商正式签订的合同要及时存档，以备查阅。

2) 合同执行过程的跟踪

(1) 严密跟踪。严密跟踪供应商物资准备情况，保证订单的正常进行。如发现问题及时沟通，及时解决。

(2) 紧密响应生产需求形式。如因市场生产需求紧急，而对物资供应提出紧急要求，要立即到货时，应积极与供应商进行协调，必要时可帮助供应商解决疑难问题。有时市场需求出现滞销，也要与供应商进行沟通，确认可以承受的延缓时间，终止本次订单操作，同时可给供应商相应赔款。

(3) 慎重处理库存控制。指既不能让生产缺料，又要保证最低的库存，这是一个具有挑战性的问题，体现了采购人员确定订单的水平。

(4) 控制好物资验收环节。物资到达订单交换地点，对国内供应商一般指到达企业原材料库房；对国外供应商一般指到达企业的国际物流中转中心。采购订单操作者必须按订单对到货的物品、批量、单价、总金额确认，并录入归档，开始办理付款手续。

3) 合同执行后的跟踪

在按照合同规定的支付条款对供应商进行付款后，需要进行合同跟踪。如果供应商未收到货款，采购人员有责任督促财务按流程规定加快操作，否则会影响企业的信誉。而对在运输或检验过程中出现的小问题，可由采购人员与供应商进行联系和解决。

4) 合同追踪分析管理

(1) 采购业务追踪查询。供应厂商的选择与资料建立是否存档，采购方式的设定并执行，采购进度，供应商的物资供应是否有异常；以采购进度控制表来监控采购进度。

(2) 商品到货情况了解。采购物资是否按时、按质、按地到达，检验是否规范，检验结果及问题的处理。

(3) 业务员业绩与分析。采购人员是否按既定进度完成任务，完成采购的质量及客户的评价分析。

(4) 能力评价。为以上几项完成状况的能力考核。

2. 采购合同的解除

合同的解除一般可以分为以下两种情况。

(1) 对方解除合同。首先，要了解对方解除合同的原因以确定此行为是否合理；其次，如对方解除合同的理由是因为己方违约所致，则应采取补救措施；再次，如解约是不可抗力所致则可变更合同；最后，如系无理解约，则可通过协商或提起诉讼进行解决。

(2) 己方解除合同。己方解除合同必须坚持有理、有据的原则，并用书面形式及时通知对方，说明理由。

【应用案例】

细节决定成败

东北某林区木材厂是一个近几年生意红火的中型木器制造厂。几年来，依靠原材料有保证的优势，就地制造成本比较低的传统木器，获得了可观的经济效益。但是该厂的设备落后，产品工艺比较陈旧，限制了工厂的发展。因此，该厂决定投入巨资引进设备技术，进一步提高生产效率，开拓更广阔的市场，于是他们通过某国际经济技术合作公司代理欲与外国某木工机械集团签订了引进设备合同，总价值 110 万美元。

外方按照合同规定，将设备到岸进厂，外方人员来厂进行调试安装。中方在验收中发现，该机部分零件磨损痕迹严重，开机率不足 70%，根本不能投入生产。中方向外方指出，你方产品存在严重质量问题，没有达到合同机械性能保证的指标，并向外方征询解决办法。外方表示将派强有力的技术人员赴厂研究改进。2 个月后，外方派来的工作组到厂，更换了不符合标准的部分零件，对机器进行了再次的调试，但经过验收仍然不符合合同规定的技术标准。调试研究后外方应允回去研究，但一去 3 个月无下文。后来厂方经过代理公司协调，外方人员来厂进行一次调试，验收仍未能通过。中方由于安装、调试引进的设备已基本停产，半年没有效益。为了尽快投入生产，中方认为不能再这样周旋下去，准备通过谈判，做出一些让步，只要保证整体符合生产要求即可。这正中外方下怀，中方提出这个建议后，他们马上答应，签署了设备验收备忘录，外方公司进行 3 次调试。但调试后，只有一项达到标准，中方认为不能通过验收。但外方公司认为已经达到规定标准，双方遂起纠纷。

本来，外方产品质量存在严重问题，中方完全有理由表示强硬态度，据理力争，但双方纠纷发生后，外方却显得理直气壮，反而搞得中方苦不堪言。其症结到底何在呢？

原来，双方签署的备忘录中，经中方同意，去掉了部分保证指标，并对一些原规定指标进行了宽松的调整，实际上是中方做出了让步。但是让步必须是有目的和有价值的，重新拟定的条款更需做有利于中方的、明确清晰的规定，不然可能造成新的被动。但该备忘录中竟然拟定了这样的条款标准：某些零部件的磨损程度“以手摸光滑为准”，某某部件“不得出现明显损伤”，等等。这种空泛的、无可量化的、无可依据的条款让外方钻了空子。根据这样的模糊规定，他们坚持认为达到了以上标准，双方争执不下。你中国人摸着不光滑，我外国人摸着就是光滑。拿什么来做共同依据呢？中方对自己同意的条款义正词严，但对于白纸黑字却说不清道不明。显然，掉在人家设的圈套里面了！

外国公司所采取的是精心炮制好了的策略，一段套着一段走。一开始，他们给你一套不合格的设备，能蒙就蒙，能骗就骗，如果骗不过去，就采取第二步，就是拖，逼着你主动让步。结果就拖出一个备忘录来。外方的调试显得很有耐心，但中方的效益却随之流失。中方的一位负责人说，签订合同时，有关索赔条款的很多内容他都不是很清楚，也未请律师，当时只把索赔看成了一种不可不有的合同模式，也根本未想到会出现纠纷。可见这位负责人的意识是多么的淡薄，而没有正确的纠纷意识，又怎会有强烈的竞争意识呢？

中方在外商一改“耐心诚恳”的态度，拒不承认产品质量不符合标准的情况下，终于被迫求助于法律，聘请了律师，要求外方按原合同赔偿损失。外方在千方百计地拖延一个月之后，才表示愿意按实际损失来赔偿。中方认为，赔偿后至少可以保本，但结果又是南柯一梦！在原合同中，精明的外方在索赔条款中写进了一个索赔公式，由于这个公式相当复杂，签约时中方人员根本没有认真研究就接受了。他们没有想到会有纠纷，也根本没有把这公式当回事。现在，外方拿来这个公式，面对面地给你算细账。结果一出来，外方看着屏幕微笑，中国人看着屏幕发呆。原来，按照这个公式计算，即使这套设备完全不符合要求，视同报废，外方也仅仅赔偿设备引进总价的 0.8%！还不说你已承认其中一项指标符合标准！110 万美元的损失只赔偿约 1 万美元，中方负责人被激怒了，外方却始终彬彬有礼地微笑……

此时，纠纷的解决已无可能，律师写上建议依法提出仲裁。但查看合同有关仲裁的条款时，令人大吃一惊。如按合同进行仲裁，吃亏的仍然是中方。因为合同中写道：“如果在本合同中，发生一切纠纷，均需执行仲裁，仲裁在被诉一方所在国进行。”这就是说，如果中方提出仲裁，只能在对方所在国进行，中方将要付出巨大的代价。但如果不提出仲裁，将受到巨大的损失。但外方不可能提出仲裁。如果中方要外方提出仲裁，中方只能有一种手段，就是拒付货款。在国际贸易中，中国银行出具的不可撤销的保证函已与合同一起生效，银行方面保证信誉，遵守国际惯例，根本不可能拒付。也就是说，中方违约不存在客观可能性。在这种情况下，仲裁与否，中方真是进退两难。

对方对此胸有成竹，他们深深了解中方想仲裁而又不愿意到外国仲裁的矛盾。当中方每次提出干脆以仲裁的方式解决时，他们马上旁敲侧击提醒你他们国家仲裁历时要多么长，花销要多么大，等等。而中方一次次望而却步时，他们却又耍新的花招，开始新的进攻。他们趁中方这种欲进不能、欲罢不止的情况下，一再提出所谓的新的解决妥协。最后，中方在万般无奈的情况下，接受了对方总额为 12%的赔偿，同时提供另外 3%零件的最终方案。那台机器两年来根本就不能运转，没有创造任何经济效益。现在，虽然能勉强运转，仍需要不断地调整修理。即便如此，也只有 60%左右的生产效率。

（资料来源：http：//bbs. purchasingbbs. com/forum. php？mod＝viewthread&tid＝376472）

问题思考：

(1) 在谈判过程中中方出现了哪些失误？应该如何避免失误的产生？

(2) 在签订采购合同的过程中中方出现了哪些失误？应该如何避免失误的产生？

(3) 本案例对我国企业有哪些启示？

[复习题]

(1) 怎样制定采购谈判的目标？

(2) 简要回答在谈判过程中应该遵循哪些原则？

(3) 结合实际生活，怎样将谈判策略和技巧应用于实际？

(4) 什么是采购合同？采购合同的内容有哪些？

[实训巩固]

实训目的

通过训练使学生能够制定出采购谈判的方案，并实施该方案，能在谈判中灵活运用谈判的各种策略和技巧；能够制定并修改采购合同。

实训内容

星光公司需购置业务用手机 80 部，试就此项目的买卖洽谈进行策划，并组织面对面的模拟谈判。其要求如下。

(1) 选定 6～7 家手机供应商进行调查(摩托罗拉、诺基亚、三星、索尼、联想、华为、中兴)。

(2) 拟定一份关于销售或购买手机的谈判方案。

(3) 学生每 4 人一组，每组选定主谈人及组长，配置好成员角色，分组进行谈判准备。

(4) 进行面对面的模拟谈判。

(5) 签订采购合同。

实训考核

实训评价的方式有教师评价、小组内部成员评价和第三方评分组成员评价 3 种，建议教师评价占 60%的权重，小组内部成员评价占 20%的权重，第三方评分组成员评价占 20%的权重，将三者综合起来的得分为该生在该项目的评价分，见表 2－19。

表 2－19　实训工作评价表

考 评 人		被考评人	
考评地点			
考评内容	采购谈判方案的制定、采购谈判策略及技巧的应用和采购合同的制定		
考评标准	具体内容	分值/分	实际得分
	工作态度	20	
	团队合作	20	
	实训任务的完成度	30	
	成果展示与汇报	30	
合　计		100	

注：考评满分 100 分，60 分以下为不及格，60～69 分为及格，70～79 分为中，80～89 分为良，90 分以上为优。

行动四

采购运作

CAIGOU YUNZUO

【学习目标】

掌握采购运作的环节及步骤；熟悉采购订单的制定过程；掌握货物跟催的流程和方法；掌握进货检验的基本方法；熟悉货款结算的方式。

【行动任务】

采购运作是整个采购作业活动中尤为重要的环节，包括订单下达、货物跟催、进货检验和货款结算。为了提高采购运作的科学性、合理性和有效性，有必要研究采购运作流程，并对现有的流程进行改造和完善。如何设计出合理的采购运作流程并顺利完成，是每个企业做好采购工作的重点。

如果你是学生小李，需要完成如下任务。

1. 任务要求

假设你是某企业采购人员，负责某一种或几种商品的采购事宜，请结合采购运作的知识运作一个完整的采购过程。（企业和采购的商品可根据自己熟悉的领域自由选择）

2. 任务实施

①明确总的采购运作流程；②编制采购订单；③选择采购跟催的方法，确定跟催的流程；④进货检验，并接受货物入库；⑤选择货款结算方式，并按程序结清货款；⑥总结此次采购活动。

【行动案例】

某烟草公司采购流程改进

某省烟草公司暨某省烟草专卖局隶属于中国烟草总公司暨国家烟草专卖局，是某省烟草行业的省级管理机构，具有烟草专卖市场的行政管理职能；同时作为企业，依法承担烟草产品购进、生产、调拨、营销及行业管理工作，具有半行政(计划)半企业(市场)的特点。目前管辖有地市州烟草(分)公司、县公司等独立核算单位，同时对省内烟厂进行行业管理和指导。另外各级市县公司拥有近千家批发部具体承担卷烟批发销售工作(批发部不作为独立核算单位)。

1. 目前的采购业务流程

在各级烟草公司及各相应批发部调研报告的基础上，整理出某省烟草行业目前的基本采购流程。为了便于描述，以某公司的基本采购流程为例进行阐述，涵盖了省公司、分公司和县公司的采购业务。这里的供应商分为省内外烟厂、调拨站、烟草公司等。某公司可以向省内外烟厂及调拨站采购卷烟，同时，它也可以向省外烟草公司采购。下文以省外卷烟的采购流程为例。

1) 签订合同

某公司业务部门根据市场变动情况、结合历史销售业绩和上级公司下达的购销指标，做出销售预测，在每年的 5 月和 10 月与全国主要供应商进行业务洽谈，形成购销意向。然后某公司在一年两次的全国订货会上和供应商签订合同。由于运输中存在专卖检查问题，一般需要按每次发货的实际运输能力签订数张合同，每张合同明确到品牌、数量、价格、运输方式等。在购销总指标内，某公司经过与省外供应商协商可以调整合同的执行，如推迟发货时间、取消合同执行等。如果需要临时或追加采购，某公司可以到中国烟草交易中心批发市场进行交易，重新签订合同。

2) 供应商通知发货并开出发票

省外供应商在发货之前与业务部门协商，确定是否执行合同，一般是按合同执行，但也有不执行、变更合同和推迟执行等情况。确定执行合同后，省外烟厂根据合同安排发货。同时该供应商开出销售发票递交到业务部门。

3) 验收入库

货到达仓库以后，仓库保管员根据随货同行联验收入库，填写卷烟入库验收单，一式四联，其中第一联存根、第二联业务部门、第三联财务、第四联统计。第三联送交财务科作账，第二联送交业务部门，以便业务员根据库存情况开展销售业务。同时，仓库保管员在送货回单上签字交给送货人。

4) 申请付款

业务员收到供应商转来的发票，核实无误后填写付款申请单，经业务主管签字后将发票和付款申请单一并交财务部门。另外，如供应商要求先付款后发货，业务员填写预付款申请单，经业务主管同意签字后交财务部门。

5) 财务付款

财务部门收到业务部门转来的付款申请单、采购发票以及库管部门转来的入库验收单，审核无误后付款，或者根据预付款申请单审核付款。付款方式有汇票和托收承付两种。

2. 对采购流程的改进

在某省烟草公司现有流程基础之上，结合 IT 技术的最新发展，提出改进的采购流程。出发点是依托信息技术，最大程度实现信息的共享。

1) 供应商管理

收集整理有关当前市场信息，了解市场上供应商的信息，如规模、实力、市场份额、产品品种、价格(进价和销售价)、付款条件、供货能力等，从中筛选出候选的供应商以便进一步联系。如果该供应商已经实现网上信息发布或电子商务，则业务员根据系统储存的供应商主页地址登录到供应商的主页了解其最新信息。

2) 询价和交易

有了候选的供应商后，业务员输入必要的信息，如采购数量、品种、批次等，由系统自动生成询价单。

业务员将询价单以传真或电子邮件形式发往供应商处以了解其供货意向，进行业务交易。

3) 采购计划管理

将询价结果处理后可以由系统自动生成或手工录入生成采购计划。采购计划通过工作流方式传递到本级公司主管做初步审核，并汇总采购计划报上级公司平衡，然后根据上级公司确定的总量指标调整、确定采购计划。

4) 签订合同

业务员根据批准的采购计划在每年两次的全国订货会或省内衔接会上和供应商签署合同或计划衔接书(为简便起见，下文把合同和计划衔接书统称为合同)。对省外购进业务来讲，由于运输中存在专卖检查问题，一般需要根据每批次的运输能力，签多张明确到品牌、数量、运输方式等信息的合同；对省内购进业务来讲，合同只规定了总量，需要供应商进一步分解。但省内外购进数量之和不能超过采购计划指标。这步工作在系统外执行。

5) 合同管理

对省外购进业务，签完合同后，业务员将一张或多张合同直接输入到系统中；对省内购进业务，需要按供应商分解的计划安排表作为合同输入到系统中。然后由系统自动汇总所有合同的合计数，判断是否超过采购计划指标。如果超过系统给予提示或禁止进一步处理。在合同管理中，可以对合同进行更新、暂挂和终止等处理，如货物入库后系统自动根据验收入库单上的实收数(应收数－差异数)核减合同数量和金额。

6) 生成采购订单

供应商发货前通知业务员发货计划，业务员如果同意执行，则在系统中根据合同自动生成采购订单。对于有些购进业务可以从手工输入采购订单开始采购流程处理。

7) 订单审核确认

采购订单审核确认后，自动生成入库通知单和电子发票。其中，入库通知单和电子发票存储在中央数据库中，以便仓库调用入库通知单和财务部门调用电子发票。

8) 匹配发票

业务员收到供应商转来的实物发票后，将该发票的票号补入到系统生成的电子发票有关字段中。

9) 仓库验收入库

库管员根据供应商转来的随货同行联的合同号(或订单号)从系统中调入对应的入库通知单，审核无误后由系统根据入库通知单自动生成(也可以手工录入)验收入库单。如入库数量和随货同行联上的数量有差异，可由库管部门会同业务部门判明原因，如果是供应商的责任，则可以由验收入库单上“差异”字段反映出来，同时按实收数核减合同数量和金额，由供应商下次补发或做其他处理。如果是承运方的责任，则按零售价销售方式销售给对方，由对方承担损失，同时按应收数核减合同数量和金额。如果没有对应的入库通知单，库管员应向业务部门联系，明确这批货物处理意见。

10) 财务做相应处理

财务部门可以在系统内根据合同号调出相应的验收入库单、电子发票，结合供应商的实物发票进行财务处理。如根据电子发票票号字段判断是做正常财务处理(有票号信息)还是做暂估处理(无票号信息)。然后经过主管审批后向供应商付款。

(资料来源：http：//www.mba163.com/glwk/wlgl/200609/67752.htm，有改动)

思考与分析：

从上述的采购流程及改进后的采购流程中，可以得到以下结论。

(1) 在改进的方案中，增加了电子商务的某些模式，如业务员根据系统存储的供应商主页地址登录到供应商的主页了解其最新信息。

(2) 在供应商管理模块中，业务员可以充分掌握供应商的信息，以及交易的记录。

(3) 合同管理模块对合同进行有效的管理，如用入库验收单核减合同数量等。

(4) 增加了入库通知单和电子发票，仓库保管员通过入库通知单、随货同行联和实际的到货情况填写入库验收单，在此入库验收单中包含了合同信息和采购订单信息，电子发票和供应商的实物发票相关联，关联后在电子发票上同样包含了合同信息和采购订单信息，这样方便了财务处理。

(5) 业务人员可以及时查询库存情况，进行合理的采购安排和销售业务。

在研究项目的解决方案中，一定要把一个行业的最佳做法与该企业的实际情况相结合，制定出切实可行的方案，这样既能保证以后项目的顺利进行，又能真正提高企业的效益，这也正是解决方案的真正意义。

一、熟悉采购运作流程

【行动知识】

(一) 采购运作流程的概念

采购运作流程是指采购订单下达、采购跟催、进货检验、货款结算的采购活动的全过程。在采购运作过程中应对物流活动的各个环节状态进行严密的跟踪、监督，实现对企业采购运作执行过程的科学管理。

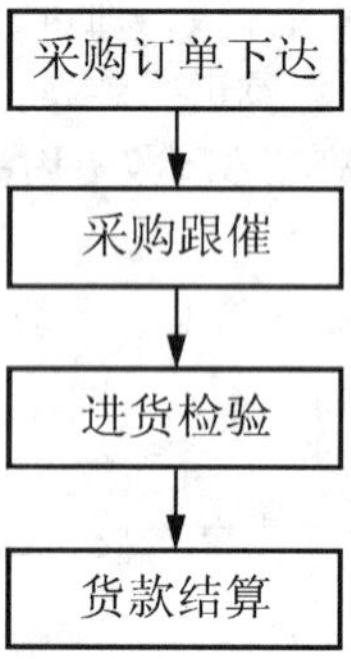

图 2.4　采购运作流程

在整个采购作业流程中，作为购买方的企业，首先，要从企业中某个部门的确切需求出发，向采购部门发出物料请求信息，由采购部门制订采购计划；其次，根据采购计划，在原有的供应商中选择成绩良好的厂商，通知其报价，或以登报公告等方式公开征求供应商；再次，决定可能的供应商之后，确定采购价格、采购条件、供货条件等，与供应商进行有利的谈判，并签订采购合同；接下来，就进入采购运作流程，具体操作包括采购订单下达、采购跟催、进货检验、货款结算，如图 2.4 所示。

(二) 采购运作各流程简介

1. 采购订单下达

在签订采购合同之后，就可以发出订单。有时采购合同就是购货订单。通常在常规采购中，如果对物料有长时间的需求，只需要就合同进行滚动式谈判，购货订单按照合同发出即可，在这种情况下，订购和发出订单是各自独立的活动。

每次采购都需要有本公司的采购订单。绝对不允许(除非是金额微不足道的情况)没有书面采购订单就进行物料采购。所有公司都应该有准备好的采购订单。

向供应商发出采购订单时，要详细、具体地说明有关的信息，采购订单包括采购物品规格、数量、总价、付款方式、运输方式、到货时间、包装标准、验收方法、开票资料、违约责任等。当然这些数据在采供双方结成密切合作伙伴关系的前提下可以实现数据的适时传输和共享。

注意：如果需提供样品的，采购部门需要发样品订单；付款方式，采购员应与部门经理商议后决定；对于首次合作或是金额较大的订单，由部门经理与董事长、总经理商议后再通知采购员办理。款到发货的需填写“办款申请单”交由董事长审批。

2. 采购跟催

订单由双方盖章回传后，采购员开始实行订单事项：并对采购物品进行跟踪，直到采购物到公司仓储，并落实质检单及发票情况。

采购跟催是采购运作实施的主要内容，也是采购订单履行的关键环节。提高采购跟催的执行力是确保供应、防止缺货的必要措施。

由于供应商产能、资源供求关系的变化及运输物流过程中的意外，都会导致供应商供货不及时或供货的意外中断，造成企业停工待料的严重后果。通过采购跟催，可以及时发现供货异常，及时采取措施，调整生产计划，避免缺货带来的损失。

3. 进货检验

进货检验是确保入库货物数量准确、质量完好的关键环节。验收结果也是货款结算的依据。把好进货检验关，就是对采购货物进行数量、重量、外观和内在质量的检验。仓储人员应严格按采购订单的要求进行检验，质检人员应按照质量与技术要求进行质量检验。检验操作应达到及时、准确和严肃的要求。

到货之前，采购部应提前一到两天通知仓储准备安排装货位置，并由仓储通知质保部门提前做好化验准备。

货到公司厂门，门卫应及时准确通知采购部。然后由采购部通知仓储，仓储再通知质保部门安排抽样化验；抽样后需要过磅的，由仓储部门安排人员随送货方同去。

质检结果合格后通知仓储部门，由仓储部门安排卸货。卸货时，仓储部门通知采购部，由采购部安排送货方，确保其不得随意在车间、仓储走动。

注意：若质检结果不合格，由仓储及时通知采购部，采购部经理根据具体情况安排该供货方进行退换货事宜。若有特殊情况，则由采购部经理填写《特采申请单》，交由总经理审批后降价或降级使用。

4. 货款结算

货款结算是采购运作流程的最后一个环节。它的前提是确认采购检验业务确实完结，即物料经验收确认无差错后才能付款，一定要把供应商错发、误发、少发等事故杜绝在入库之前。

供应商在货物验收合格后，随即开具发票，收货方应及时履行付款义务。付款前，采购部门应核查发票与订单、仓库收料单的一致性，防止供应商多批次送货重复开发票，造成重复付款。采购员持采购发票去财务报销时，必须对进货逐笔核对，确认无误并在发票上签字再经领导审批后，方可报销。财务部门除审核采购核销的单证以外，必要时还要核对采购合同，经审核无误后才能结清货款。

二、采购订单下达

【行动知识】

(一) 采购订单的含义

采购订单是存货在采购业务中流动的起点，是详细记录企业物流的循环流动轨迹、累积企业管理决策所需要的经营运作信息的关键。通过采购订单可以直接向供应商订货并可查询采购订单的收货情况和订单执行状况，通过采购订单的关联跟踪，采购业务的处理过程可以一目了然。

采购订单表示了对与供应商进行采购业务的正式的和最终的确认。一般在选择供应商、签订采购合同后订立采购订单。采购部门应在采购合同框架内拟定采购订单，并且必须特别注意用词，因为它是与采购合同一样具有法律效力的文件。几乎所有的采购订单都包括违约相关的法律条款。采购订单描述了采购所需的重要细节信息：数量、物料规格、质量要求、价格、交货日期、交货方式、送达地址等，位于订单的正面。表 2 - 20 就是一份订单样本。

表 2 - 20　采购订单

订货日期：							订单编号			
订货单位名称：			订货单位编号：				电话、传真：			
供应商名称：			供应商编号：				电话、传真：			
序号	料号	品名规格	单位	数量	单价	金额	交货数量及日期			
合计	仟　佰　拾　万　仟　佰　拾　元　角									
交货方式						交货地点				

交易条款：

1. 交货期与数量

供应商必须遵循本订购单的交货期或本公司采购部电话及书面通知调整的交货期，货物发出时须电话通知。交货数量不得超过 5%。

2. 品质

(1) 按国家标准抽样检验。

(2) 工艺按工程图纸要求。

(3) 品质保证期限为 3 个月。

3. 不良品处理

(1) 检验后如发现品质不良，供应商接到通知后 1 天内负责换货，逾期造成损失责任由供应商承担。

(2) 若急用须从其他渠道紧急采购，由此产生的额外费用由承制厂商负责。

4. 其他

5. 送货单、发票

交货时需在送货单上注明本订购单号，并附上开立金额统一的发票，发票上也需注明订单号，并按料号注明数量、单价及金额。

	总经理	采购主管	采购主管	采购员

(二) 采购订单的格式

1. 采购订单的结构

采购订单就其样式和在公司内的传递路线而言各不相同。不过，任何实用的采购订单所必备的要素均包括头部、正文和尾部。其具体如下。

(1) 订单头部。订单名称、订单编号、采购双方的企业名称、签订地点、签订时间。

(2) 订单正文。物料名称与规格、物料的数量条款、物料的质量条款、物料的包装条款、价格条款、运输方式、支付条款、交料地点、检验条款、保险条款、违约责任条款、仲裁条款、不可抗力条款等。

(3) 订单尾部。订单分数及生效日期、签订人的签名、采供双方公司的公章。

2. 采购订单的主要条款

一般经常会提出要注意采购订单的主要条款的签订，这里的采购订单的主要条款其实就是采购订单正文的内容。下面详细探讨订单正文的内容。

(1) 质量条款。质量是指物料所具有的内在质量与外观形态的综合，包括各种性能指标和外观造型。条款的主要内容有：技术规范、质量标准、规格、品牌名。

在采购运作中，须以最明确的方式去界定物料可接受的质量标准，一般有 3 种方式来表达物料的质量：第一种是用图纸或技术文件来界定物料的质量标准；第二种是用国际标准、国家标准或行业标准来界定物料的质量标准；第三种是用样品来界定物料的质量标准，当用文字或图示难以表达时，常用样品来表示，同样样品也可作为物料的辅助型规格，与图纸或技术文件综合使用。

(2) 价格条款。价格是指交易物料每一计量单位的货币数值。价格条款的主要内容有价格术语的选用、结算币种、单价、总价等，具体为计量单位的价格金额、货币类型、交料地点、国际贸易术语、物料定价方式等。

(3) 数量条款。数量是指采用一定的度量单位对物料进行量化，以表示出物料的重量、个数、长度、面积、容积等。数量条款的主要内容是交料数量、单位、计量方式，必要时还应清楚说明误差范围。

(4) 包装条款。包装是为了有效地保护物料在运输存放过程中的质量和数量要求，并利于分拣和环保，把物料装进适当容器的操作。包装条款的主要内容有包装材料、包装方式、包装费用和运输标志等，具体为标示、包装方式材料要求、环保要求、规格、成本、分拣运输标志等。

(5) 装运条款。装运是指把物料装上运载工具并运送到交料地点。装运条款的主要内容有运输方式、装运时间、装运地与目的地、装运方式(分批、转运)、装运通知等。在 FOB/CIF 和 CFR 合同中，供应商只要按合同规定把物料装上船或其他运载工具，并取得提单就算履行了合同中的交货义务，提单签发的时间和地点即为交货的时间和地点。

(6) 检验条款。在一般的买卖交易过程中，物品的检验是指按照合同条件对交货进行检查并验收，涉及质量、数量、包装等条款，主要包括检验时间、检验机构、检验工具、检验标准及方法等。

(7) 支付条款。支付是指采用一定的手段，在指定的时间、地点，使用确定的方式支付货款。这里首先要说明支付手段，可以有货币或汇票两种方式，一般是汇票；其次，要说明付款方式，可以是银行提供信用方式(如信用证)、银行不提供信用但可作为代理(如直接付款和托收)方式；再次，要说明支付时间，包括预付款、即期付款、延期付款；最后，要说明支付地点，一般是付款人或指定银行所在地。

(8) 保险条款。保险是企业向保险公司投保，并交纳保险费的过程。物料在运输过程受到损失时，保险公司会依据投保单向企业提供经济上的补偿。保险条款的主要内容包括：确定保险类别及其保险金额，指明投保人并支付保险费。依据国际惯例，凡是按 CIF 和 CIP 条件成交的出口物料，一般由供应商投保；按 FOB 和 CPT 条件成交的进口物料由采购方办理保险。

(9) 不可抗力条款。不可抗力是指在合同执行过程中发生的、不能预见的、人力难以控制的意外事故，如战争、洪水、台风、地震等，致使合同执行过程被迫中断。遭遇不可抗力的一方可因此免除合同责任。不可抗力条款的主要内容包括：不可抗力的含义、使用范围、法律后果、双方的权利义务等。

(10) 仲裁条款。仲裁条款以仲裁协议为具体体现，是指买卖双方自愿将其争议事项提交第三方仲裁机构进行裁决，主要内容有仲裁机构、适用的仲裁程序、运用地点、裁决效力等。

【行动实施】

1. 采购订单准备

采购订单是采购方与供应商之间达成的成文性协议，具有法律效力。订单人员在接到采购计划部门的订单计划之后，不要立即向供应商下达订单，而要先进行订单准备工作。订单准备过程如图 2.5 所示。

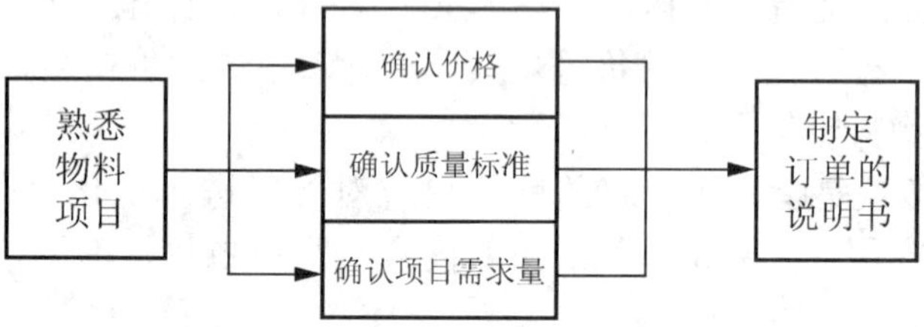

图 2.5　订单准备过程

1) 熟悉物料项目

为了估价，应发出估价单，见表 2-21。

表 2-21　估价单

________公司　　　　估价单号码　第__号　　　　____年____月____日
采购的物品洗完符合下列条件，请回送估价单。
1. 估价单提出日期____月____日。
2. 接受地点__________公司。
3. 订购后____日交货。
4. 品质构造：
5. 估价有效期限：
采购科　　印

订单人员有时会遇到从没有采购过的物料项目，其采购环境不一定熟悉，需要花时间去了解物料项目的技术资料等。订单本身也有难易差异。因此，订单人员必须熟悉订单操作的物料项目。

2) 价格的确认

由于采购环境的变化，作为订单人员，应对采购的最终价格负责，不能把价格的确定责任全归于认证人员的责任，订单人员有权向采购环节(供应商群体)价格最低的供应商下订单，以维护采购的最大利益。

3）确认质量标准

订单人员与供应商联系最为紧密，对供应商的变化是最为清楚的，前一订单的质量标准是否需要调整，订单人员应随时掌握。

4）确认项目的需求量

订单计划的需求量应等于或小于采购环境订单容量(经验丰富的订单人员可不查询系统也能知道)；若订单计划的需求量大于采购环节订单容量时，订单人员要扩充采购环节容量。另外，对计划人员的错误操作，订单人员应及时提出以保证订单计划的需求量与采购环境订单容量相匹配。

5）制定订单说明书

订单说明书的主要内容包括项目名称、确认的价格、确认的质量标准、确认的需求量、是否需要扩展采购环境订单容量等方面。此外，还包括相关的图纸、技术规范、检验标准等。

2. 选择供应商

订单准备工作完毕后，订单人员的下一步工作就是最终确定某次采购活动的供应商。其过程如图 2.6 所示。

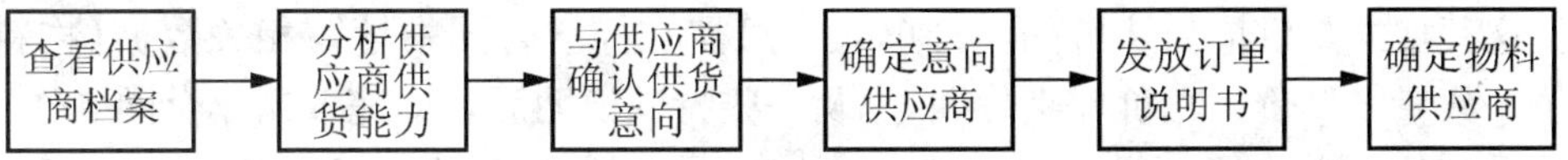

图 2.6 选择供应商的过程

1）查看供应商档案

应在经评审的合格供应商范围内选择供应商，还要结合对供应商月度和年度业绩考核结果，确定采购份额。一般供应商考核结果可分为 A、B、C 三个等级。根据公司供应商考核业绩和采购份额分配的有关规定下订单。

2）分析供应商供货能力

公司需求量与供应商供货能力、供货周期及最小供货批量往往不能保持一致，需要进行平衡。一般为避免因供应商路程远、供货周期长或一次供应量过大而造成积压的问题，可采用两家或两家以上供应商交叉供货的方式。

3）与供应商确认供货意向

对采购的需求应让供应商事先了解，并得到供应商的确认。由于供应商销售市场变化，组织结构的调整、设备的变化、厂房的扩建等都会影响供应商的供货，所以为确保供应商供货，应给供应商提供 3 个月的滚动预测计划和 1 个月的确认计划，以便供应商调整生产计划，力争做到需求与生产同步。

4）确定意向供应商

在权衡供应商绩效、产能、供货周期及合作关系等因素的基础上确定采购意向供应商，这是订单操作的关键环节。

5）发放订单说明书

既然是意向，就应该向供应商发放相关技术资料，一般来说，采购环境中的供应商应具备已通过认证的物料生产工艺文件。如果是这样，订单说明书就不应该包括额外的技术资料。供应商在接到技术资料分析后，即向采购方做出“接单”还是“不接单”的答复。

6）确定物料供应商

通过以上过程，订单人员就可以决定本次订单计划所投向的供应商，必要时可上报主管审批。

3. 签订订单

在与供应商签订合同之后，接下来要做的工作就是同供应商签订正式的采购订单。采购订单根据采购物料的要求、供应的情况、企业本身的管理要求、采购方针等要求的不同而不相同。签订采购订单一般需要经过以下过程，如图 2.7 所示。

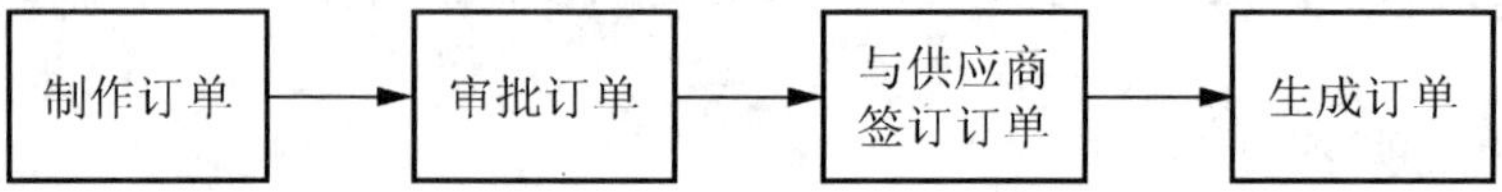

图 2.7　订单签订过程

1）制作订单

拥有采购信息管理系统的企业，采购订单人员直接在信息管理系统中生成订单，供应商通过系统接收客户需求信息，作为订货的依据。

在其他情况下，需要采购订单人员编制和打印订单。通常企业都有固定标准的订单格式，而且这种格式是供应商认可的，订单人员只需在标准合同中填写相关数据(物料名称代码、单位、数量、单价、总价、交货期等)及一些特殊说明后，即完成制作合同操作。

国外采购的双方沟通不易，订单成为确认交易必需的工具。当采购单位决定采购对象后，通常会寄发订单给供应商，作为双方将来交货、验货、付款的依据。国内采购可依据情况是否给予供应商订单。由于采购部门签发订单后，有时并未要求供应商签署并寄回，形成买方对卖方的单向承诺，实属不利。但订单能使卖方安心交货，甚至可获得融资的便利。

订单内容应特别侧重交易条件、交货日期、运输方式、单价、付款方式等方面。根据用途不同，订单可分为厂商联(第一联)，作为厂商交货时的凭证；回执联(第二联)，由厂商签认后寄回；物料联(第三联)，作为控制存量及验收的参考；请款联(第四联)，可取代验收单；承办联(第五联)，制发订单的单位自存。

2）审批订单

审批订单是订单操作的重要环节，一般由专职人员负责。主要审查内容包括以下几点。

(1) 合同与采购环境的物料描述是否相符。

(2) 合同与订单计划是否相符。

(3) 确保订单人员仿照订单计划在采购环境中操作。

(4) 所选供应商均为采购环境之内的合格供应者。

(5) 价格在允许价格之内，到货期符合订单计划的到货要求等。

3）与供应商签订订单

经过审批的订单，即可传至供应商确定并盖章签字。签订订单的方式有 4 种。

(1) 与供应商面对面签订订单，买卖双方现场盖章签字。

(2) 订单人员使用传真将打印好的订单传至供应商，并且供应商以同样的方式传回。

(3) 使用 E - mail 进行合同的签订，买方向供应商发订单 E - mail，且表示接受订单并完成签字。

(4) 建立专用的订单信息管理系统，完成订单信息在买卖双方之间的传递。

4）执行订单

在完成订单签订之后，即转入订单的执行时期。加工型供应商要进行备料、加工、组装、调试等过程；存货型供应商只需从库房中调集相关产品及适当处理，即可送往买家。

4. 订单跟踪

当制定完一个订单之后，订单人员要及时了解供应商是否接受订单，是否及时签订等情况。在订单执行过程中，订单人员应全力跟踪，确定需要变更时要征得供应商的统一，不可一意孤行。在订单执行后，应按合同规定的支付条款对供应商进行付款，并进行跟踪。订单执行完毕的柔性条件之一是供应商收到本次订单的货款，如果供应商未收到货款，订单人员有责任督促付款人员按照流程规定加快操作，否则会影响企业信誉。

三、采购跟催

【行动知识】

（一）采购跟催的含义

订单下达给供应商之后，为使供应商按期、按质、按量交货，企业应按照订单规定，对订单进行跟踪和催货即采购跟催，及时了解包括生产计划安排执行是否及时，生产秩序、仓库发货、发运及承运过程是否正常等情况，督促厂商按规定时间交货。

一般来说，当订单发出的同时会确定相应的跟踪日期。不过在一些企业中，甚至设有全职的跟踪和催货人员。一旦发现供应商没有兑现合同承诺或发生突发事件，采购跟催人员应迅速向有关领导反映情况，以便采取补救措施，避免因缺货导致生产中断的严重后果。

采购跟催是对订单所做的适时追踪，以便确保供应商能够履行其货物发运的承诺。如果在质量或发运方面产生了问题，企业就需要对此尽早了解，以便采取相应的措施。采购跟催通常需要经常询问供应商的工作进度，有时甚至有必要到供应商那里走访一下。不过，这一措施一般仅用于关键的、大额的或提前期较长的采购事项。通常，为了及时获得信息并指导结果，采购跟催可以通过电话、计算机进行。

催货是对供应商施加压力，以使其履行最初所做出的发运承诺、提前发运货物，或加快已经延误的订单所涉及的货物的发运。如果供应商不能履行合约，企业应威胁取消订单或以后可能的交易。催货应该仅适用于采购订单的一小部分，因为如果企业对供应商能力已经做过全面分析的话，那被选中的供应商就应该是那些能遵守采购合约的可靠的供应商。而且，如果企业对其物料需求已经做了充分的计划工作，如果不是情况特殊，它就不必要求供应商提前货物的发运日期。当然，在物资匮乏的时候，催货确实有重要的意义。

（二）交货期延误的原因

供应商交货期延误的原因很多，有供应商的原因，有采购方的原因，还有其他原因。为防止交货延误或发生交货延误时能够采取有效补救措施，有必要对交货延误进行原因分析，以便采取相应对策。订单跟催管理程序如图 2.8 所示。

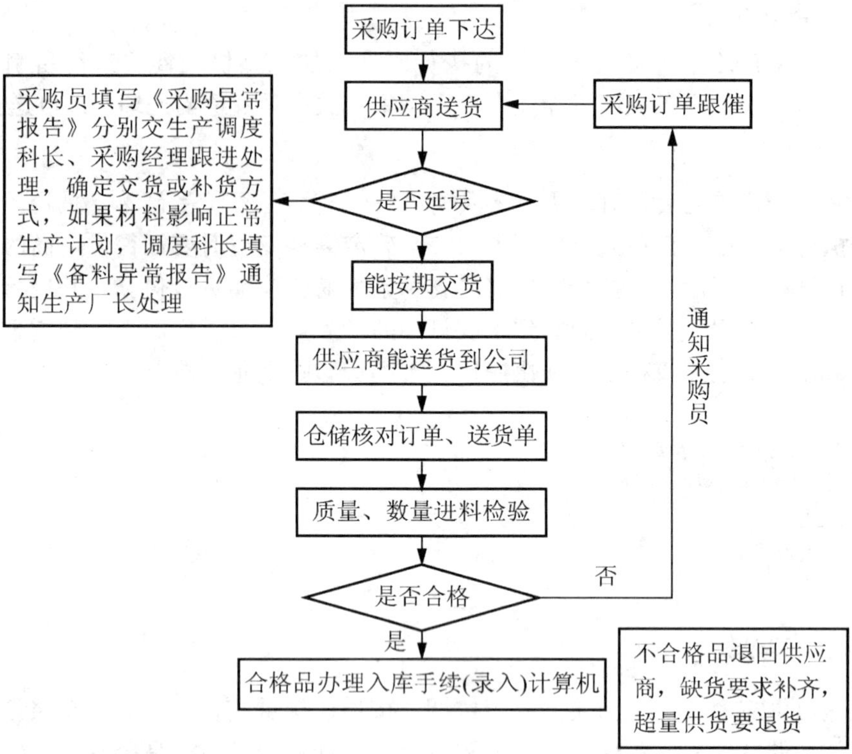

图 2.8　订单跟催管理程序

1. 供应商的原因

(1) 接单量超过供应商的产能。供应商为获得更多订单，不顾自身的产能和供货周期，盲目给客户承诺，发生延误时，拆东墙补西墙，使采购方面临缺货的风险或导致缺货。

(2) 供应商技术、工艺能力不足。由于供应商不具备符合客户需要的生产技术和供应水平，供货后因质量、工艺等问题导致采购方无法让采购物料正常投入生产，导致缺货。

(3) 供应商对时间估计错误。因生产计划变化或生产进度管理不力，事先未充分考虑可能会出现的意外情况，导致供货延误。

(4) 供应商的生产材料出现货源危机。因原材料价格上涨或资源供不应求，某些原材料缺货，导致生产计划无法完成。

(5) 供应商品质管理不当。因供应商技术工艺、质量检测未达到采购方的要求，供货后被判定不合格，供应商又无法补救，导致采购方缺货。

(6) 供应商的客户服务理念不佳，缺乏诚信，在产能不足或货源紧缺的时候，不采取补救措施，不严格按订单交货。

(7) 供应商对物流外包业务监管不严。因第三方物流企业运输计划执行不严、车辆调度不良或缺乏客户服务理念，导致交货延误。

(8) 不可抗力原因，包括自然灾害及战争等。

(9) 其他原因如供应商责任所致的情形。

2. 采购方的原因

1) 采购部的原因

(1) 供应商选择错误。未按规定严格评估供应商，包括对供应商产能、技术、质量及交货能力进行认证等，当发生交货延误问题时才发现供应商存在的问题。

(2) 下单量超过供应商的产能。未按供应商认证及合同规定的供货能力及供货周期下订单。

(3) 业务手续烦琐或审批不及时。从请购、审批到下订单，各业务操作环境及时性不够，执行力度不强，延误采购时机。

(4) 更换供应商。因某供应商存在问题无法满足采购方的要求，必须更换供应商，而开发供应商一般需要经过一定认证程序，需要一定时间，若不能及时找到合适的供应商，就会导致缺货。

(5) 付款条件过于严苛或未能及时付款。因采购方付款方式不够灵活，审批时间过长，不能及时付款，导致供应商拒绝供货。

(6) 紧急订购。因销售预测不准、生产计划变动频繁，采购计划不得不随之变化，紧急订货难以避免，导致供应商供货不及时。

(7) 订货错误。因订货人员的原因导致错订物料的品种、规格、数量等，以至于到货不能接收，再补订已为时过晚。

(8) 跟催不及时。订货人员工作责任心不强，下订单后未持续不断地了解订单执行过程，直到缺货时才发现供应商的问题。

2) 其他部门的原因

(1) 请购提前期不足。计划部门或使用部门未按采购周期的有关规定，提前做好计划和请购，导致采购周期不足，到货延误。

(2) 产品描述不完整，技术资料不齐备。因使用部门对所需物料需求描述不完整以致货物到达后，使用部门对技术工艺、质量要求产生疑义，不能正常投入使用。

(3) 问题物料处理不及时。因相关部门对技术工艺、质量问题判定不及时，导致问题物料得不到及时处理，以致停工待料。

(4) 生产计划变更或物料清单(Bill Of Material，BOM)变更。

(5) 来料点收、检验不及时。未规定不同物料验收期限，验收人员验收不及时，导致来料不能投入供应。

3. 其他原因

1) 采购方与供应商双方沟通不良

(1) 未能掌握一方或双方的产能变化。

(2) 指标、联络不确实。

(3) 技术资料交接不充分。

(4) 品质标准和检验手段掌握不一。

(5) 单方面确定交货期、缺少沟通。

(6) 未建立质量问题、交货延误及付款等问题紧急处理机制。

2) 意外不可抗拒的因素

意外不可抗拒的因素包括车船事故、自然灾害及战争等。

【行动实施】

1. 跟踪供应商工艺文件的准备

工艺文件是进行加工生产的第一步，对任何外协件(需要供应商加工的物料)的采购，订单人员都应对供应商的工艺文件进行跟踪，如果发现供应商没有相关工艺文件，或者工艺文件有质量、货期问题，应及时提醒供应商修改，并提醒供应商如果不能保质、保量、准时到货，则要按照合同条款进行赔偿。

2. 确认原材料的准备

备齐原材料是供应商执行工艺流程的第一步，有经验的订单人员经常发现供应商有时会说谎，如有可能必须实地考察。

3. 跟踪加工过程的进展情况

不同物料的加工过程不同，为了保证货期、质量，订单人员需要对加工进行监控。有些物料采购，其加工过程的监工小组要有订单人员参加，典型的例子是一次性、大开支的项目采购、设备采购和建筑采购。

4. 跟踪组装调试检测过程的进展状态

组装调试检测是产品生产的重要环节，这一环节的完成表明订单人员对货期有一个结论性答案。订单人员需要有较好的专业背景和行业工作经验，否则，及时跟踪也难达到效果。

5. 确认包装入库

此环节是整个跟踪环节的结束点，订单人员可以向供应商了解物料最终完成的包装入库信息。如果有可能，最好去供应商处现场考察。

【知识拓展】

采购跟催的方法

1. 下订单前规划

(1) 制定合理的购运时间。将请购、采购、卖方准备、运输、检验等各项作业所需的时间，予以合理的规划，作为计划、请购部门业务操作的依据，避免因采购提前期不足造成到货延误。

(2) 建立业务评审制度。由于市场的状况变幻莫测，所以生产计划若有调整或 BOM 有更改的必要，必须进行评审，征询采购部门的意见，以便对停止或减少送货的数量、应追加或新订的数量，做出正确的判断，并尽快通知供应商，使其减少可能的损失，以提高供应商配合的意愿。

(3) 准备替代来源。供应商不能如期交货的原因很多，且有些属于不可抗力。因此，采购部门应注重平时强化供应商的开发和培养，随时准备好替代渠道；产品开发部应根据采购资源“瓶颈”，推进产品标准化，或提供零部件的替代方案。

(4) 预定流程进度与合理交货日期。

① 对内，采购企业对生产计划与物料计划、请购、采购、收货、验货、发货或配送等业务环节的作业周期进行标准化，作为相关部门操作和考核的依据，避免业务脱节、延误、货物紧急采购。

② 对外，采购企业应在采购订单或合同中明确规定供应商编制预定供货作业时间流程进度及交货进度表。

(5) 合同中明确违约责任和处罚措施。

① 在签订买卖合同时，应加重违约责任和处罚措施，使供应商明白交货延误应承担的严重后果。

② 强化供应商业绩考核。应建立供应商交货情况记录、评估制度，对如期交货或提早交货的供应商予以奖励或较优厚的付款条件。

2. 下订单后跟催

(1) 下订单后请供应商提供生产计划或生产日程表，据以掌握并督促进度。

(2) 定期打电话询问厂商生产进度。

(3) 建立跟催表或管制卡，切实掌握实际进度。

(4) 了解过程中，如发现供应商说跟做的有很大的出入时，尽快向对方的负责人及高层管理员报告，并及时投诉。

(5) 要不断地在电话中提醒厂商的交货期责任，要让对方保证产品生产，杜绝人为因素而造成交货期的不准时。

(6) 必要时去供应商工厂查看。

(7) 随时准备好后备的供应商。

3. 事后分析与改善

(1) 对交货延迟的原因进行分析并及时提出对策。

(2) 分析是否必须转移订单(更换供应商)。

(3) 执行对供应商的奖惩办法。

(4) 完成交易后剩料、模具、图纸等的回收。

4. 具体的跟催方法

(1) 订单跟催法。指按订单预订的进料日期提前一定时间进行跟催，包括联单法和统计法。

① 联单法。指将订单按日期顺序排列好，提前一定时间进行跟催。

② 统计法。指将订单统计成报表，提前一定的时间进行跟催。

(2) 定期跟催法。指于每周固定的时间，将要跟催的订单整理好，打印成报表统一定期跟催。

(3) 物料跟催表法。物料跟催表可据以掌握供料状况，跟催对象明确，确保进料，见表 2－22。

表 2－22 催货表

编号：__________ 跟催员：__________

物料名称	订购日期	订购单号	订购数量	物料规格	供应商	计划交货日	实际入厂		备注
							数量	交货日期	

审核人：________ 审批人：________

(4) 物料跟催箱法。指在采购部的办公室内设置一个物料跟催箱来取代传统的翻页打钩法。在这个物料跟催箱里，规划成 36 格，前面的 31 格，代表着一个月的 31 天，即第一格代表当月的第一天，第二格代表当月的第二天，第三格代表当月的第三天，以此类推，而其他格，则是问题处理的档案及急件处理格，如图 2.9 所示。

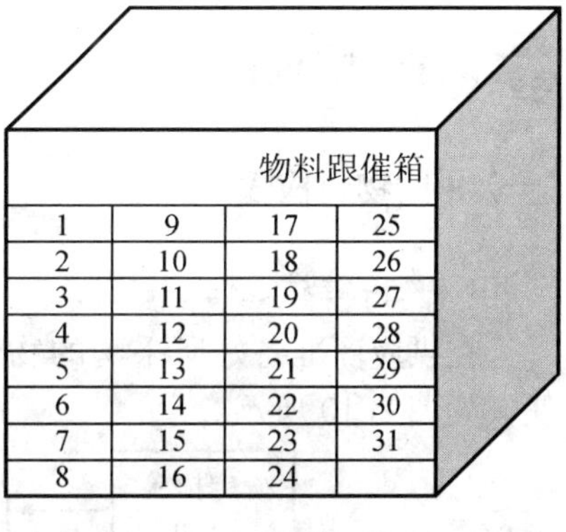

图 2.9 物料跟催箱法

(5) 分批采购法。指因供应商产能或质量原因，在不能按时供货的情况下，要求供应商先提供小批量物料，以避免停工待料，同时为采购部门赢得向其他供应商采购的时间。

(6) 盯人逼迫法。指对供应商出现延期供货的情况时，采购人员应持续紧盯供货方负责供货的相关人员，迫使其最大限度地采取补救措施。

(7) 生产会议逼迫法。指通过生产会议方式，要求采购人员说明供应商延期交货的原因，并要求采购人员采取紧急措施，避免影响生产。

(8) 实绩管理法。指利用企业有关采购人员业绩考核机制，强化采购跟催的执行力度。

四、进货检验

【行动知识】

(一) 进货检验的含义

在供应商提供的产品或设备交货之后，必须进行及时的检验处理。进货检验是进货环节的结束和保管环节的开始，存在采购工作和仓库保管环节之间的交接和责任划分的问题，所以要认真搞好进货检验环节。进货检验是货品更严格的数量清点和质量检验，因此双方应当很好地配合，实行一条龙作业、一次落地处理，把装卸、搬运、计量、检验、入库、堆码顺序联合处理，这样可以大大减少物流工作量、减少货物损坏、节省时间、提高效率。

(二) 进货检验容易出现的问题

1. 单证不全

采购部门订单不到仓库，导致仓库验收无依据；供应商到货单证不齐，进而影响验收进度。

2. 问题物料处理不及时

因单证不全、单证不符、送货差错或质量问题，采购或质保部门处理物料退换业务不及时，导致到货不能及时投入生产。

3. 到货信息沟通不及时

因采购人员不向仓库提供供应商到货时间、数量等信息，导致仓储部门处于被动状态，加班加点，增加成本，同时给仓储部门准备仓位及验收作业增加难度。

4. 验收要求不明确

采购人员未向仓储人员提供不同物料验收条件、标准和方法等要求，导致仓储部门难以行使把关职责。

【行动实施】

(一) 采购物料检验

1. 物料检验过程

在供应商准备好所采购的物料后，就要对物料进行检验。物料检验主要有以下 4 个步骤，如图 2.10 所示。

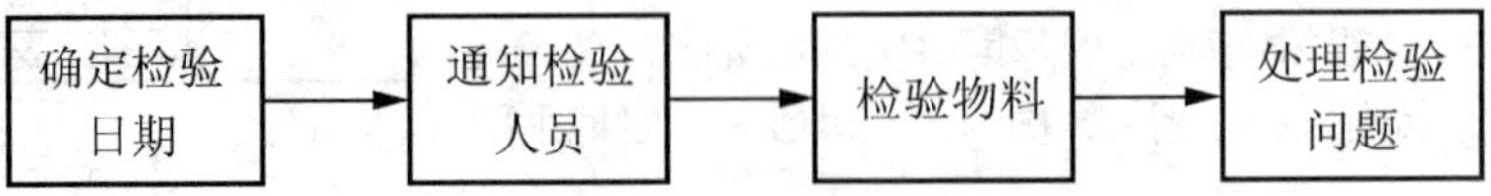

图 2.10　物料检验过程

1）确定检验日期

物料检验日期及地点一般按照惯例进行，必要时由订单人员与供应商临时沟通决定。对于大型物料，如机械、设备等，往往需要到供应商处现场检验；对于小型便利的物料，如电子元器件等，一般是供应商送到采购部门进行检验。

2）通知检验人员

检验信息传递到检验部门之后，由部门主管统一安排。安排要注意物料的轻重缓急，对紧急物料要优先检验。

在物料运达后，一般由仓储部门与物料检验部门对物料进行收料，填写“采购收料单”，见表2-23。

表2-23 采购收料单

收料时间	工程编号		本单编号		请购部门		订单编号
年 月 日							
会计科目	品名规格	项次	材料编号	单位	数量	单价	金额
备注				点收	检验	经办部门	
						主管	经办

3）检验物料

对一般物料，走正常检验程序；对重要物料或供应商在此物料供应上质量稳定性差的，则要严格检验；对不重要物料或供应商在此物料供应上质量稳定性持续表现较佳的，则可放宽检验。

物料检验的结果分为两种情况：合格物料和不合格物料。检验的结果以数据表现出来，如DPPM(百万分之不良数值)或相关记录描述等。

进货检验的主要工作包括以下内容。

(1) 点收数量。即凭点数或用度量衡器具查明物料的数量。

(2) 检验品质。即凭经验或用简单的仪器，以鉴定或测度物料的外表及内容；或凭物理试验及化学分析，以鉴定或测度物料的性质或成分。

4）处理检验问题

(1) 对有致命及严重缺陷的物料，应要求供应商换货。

(2) 对有轻微缺陷的物料，应与认证人员、质量管理人员、设计工艺人员协商，同时考虑生产的紧急情况，确定是否可以代用。

(3) 对于偶然性的质量检验问题，可由检验部门或订单部门通知供应商处理。

(4) 对多次存在的质量检验问题，由认证人员正式向供应商发出质量改正通知书，限期供应商改正重大的质量问题。

(5) 对于 DPPM 数据经常满足不了标准的物料，或出现重大质量问题的物料，则由认证部门组织设计人员、工艺人员、质量管理人员及订单人员等开展专题会议，讨论质量问题的对策，确定原因是因为设计方案的问题还是供应商的问题，前者要修改设计方案，后者要针对供应商进行处理，包括罚款、质量整改、降级使用、取消供应商资格等。

2. 物料检验标准及检验方式

1) 检验标准

对每一种物料都有一个检验标准，检验人员根据相关资料(样品、图纸、技术规范等)制定物料的检验标准。主要内容包括：适应范围(所面对的物料)；所引用的文件及标准(标准的来源)；检验条件及设备(温度、适度、压力等条件及所用的设备)；检验物料项目类别(一种物料所需检验的要素参数有若干个，本标准所针对的要素参数)。

2) 检验方式

(1) 免检。如果某种物料的质量长期优质稳定、性能优良，无使用风险，就可以免除检验。

(2) 全检。通常是价值很高、风险大或非常关键的物料才使用全检的方法。

(3) 抽检。抽样检验是从整批产品中随机抽取一些样本，依照检验标准进行检验然后根据样本的情况推断整批产品的质量情况。抽样检验的前提是产品的生产过程是稳定的，是目前使用最广泛的一种检验方法。抽样检验的国际标准为 ISO 2859，它是由美国军用标准 MIL-STD-105 转变过来的，有的企业直接使用 MIL-STD-105E，ISO 2859 计数型抽样方案包括正常抽样方案、加严抽样方案和放宽抽样方案。

(二) 采购物料接收

经过物料检验之后，就要对合格物料进行接收。物料接收过程如图 2.11 所示。

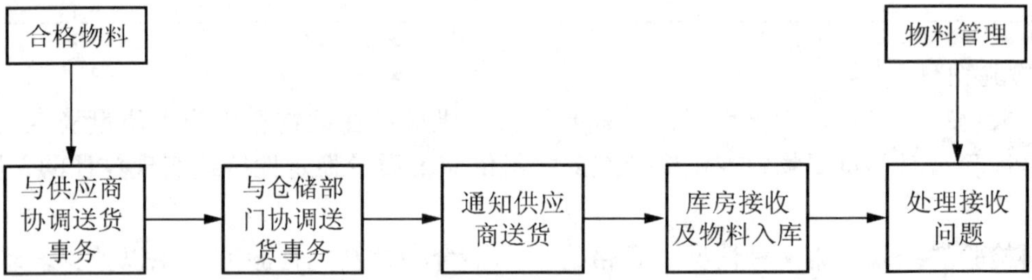

图 2.11 物料接收过程

1. 与供应商协调送货事务

与供应商协调确定送货时间，防止由于供应商在未经许可情况下送货，而造成接货过程的混乱；或由于订单人员在没有和供应商协调的情况下，通知供应商立即送货，导致物料不能如期达到。

2. 与仓储部门协调送货事务

仓储部门每天都要接收大量的物料项目，其过程有卸货、验收、入库信息操作、搬运、库房空间调配等。

因此，在送货前一定要与仓储部门协调送货时间，防止由于仓储部门业务繁忙而使送货人员及车辆等待较长的时间，或者由于没有库房而使货物面临拒收、被迫拉回的情况。

3. 通知供应商送货

在经过以上两个步骤，与供应商和仓储部门这两者沟通联系好后，就可以通知供应商送货。供应商在得到送货通知后，即可组织专职人员进行处理，将产品送至仓储部。不过在特殊情况下，如在得到公司通知此项物料所属产品已经停产，并且没有任何产品能够使用此项物料，那么订单人员应立即通知供应商停止送货活动，并给予供应商一定的赔偿。

4. 库房接收及物料入库

在安排物料入库时，首先检验到货清单是否完整(包括物料的合同、型号、数量等)，接收数量是否正确，检查送货单据及装箱单据是否齐全、正确，包装与外观是否完好，并应与合同对应检查；然后卸货、清点物料、接收物料、搬运入库并填写物料入库单据。将物料入库信息录入存储信息系统中。至此，库房接货过程完毕。物料入库验收单据见表 2－24。

表 2－24　物料入库验收单

<table>
<tr><td>厂商名称</td><td colspan="6"></td><td colspan="2">订购数</td><td></td></tr>
<tr><td>进料时间</td><td colspan="2"></td><td colspan="2">料　号</td><td colspan="2"></td><td colspan="2">交货数</td><td></td></tr>
<tr><td>订单号码</td><td colspan="2"></td><td colspan="2">品名规格</td><td colspan="2"></td><td colspan="2">点收数</td><td></td></tr>
<tr><td>发票号码</td><td colspan="6"></td><td colspan="2">实收数</td><td></td></tr>
<tr><td colspan="2">检验项目</td><td colspan="2">检验规格</td><td colspan="2">检验状况</td><td colspan="2">数量</td><td colspan="2">判定</td></tr>
<tr><td colspan="2"></td><td colspan="2"></td><td colspan="2"></td><td colspan="2"></td><td colspan="2"></td></tr>
<tr><td colspan="2"></td><td colspan="2"></td><td colspan="2"></td><td colspan="2"></td><td colspan="2"></td></tr>
<tr><td colspan="2"></td><td colspan="2"></td><td colspan="2"></td><td colspan="2"></td><td colspan="2"></td></tr>
<tr><td>检验数量</td><td colspan="2"></td><td colspan="2">不良数</td><td colspan="2"></td><td colspan="2">不良率</td><td></td></tr>
<tr><td>处理情况</td><td colspan="9">□接收　□拒收　□特检　□全检</td></tr>
<tr><td>备注</td><td colspan="9"></td></tr>
<tr><td>仓库主管</td><td></td><td>入库员</td><td></td><td>质管主管</td><td></td><td>检验员</td><td></td><td>点收员</td><td></td></tr>
</table>

5. 处理接收问题

对于货物接收过程中发生的物料型号与合同不符、未按照合同中指定的数量送货、交货日期与要求不符、包装质量不合格等问题，订单人员应与仓储人员一同进行协调处理，处理方法要合理。

1) 接收的数量与合约不符

若物料实收数量不足且所差数量不多时，可同意补缴扣款结案；否则，应补足交货量且赔偿缺料所导致的损失。若实收数量超过合约所记载的数量，可依后续计划状况照多交数量收货；否则，可将多余的物料退回。

2) 运输损耗的处理

运输损耗如规定由买方负责，则需要在合同中规定损耗率的极限，若损耗超过此限度，则由承运方或卖方负责。

3) 拒收物料的退回

物料经检查不合格后，需立即通知供应商自行运回，解除合同，责令其赔偿；如卖方不运回，则可依合同的规定收取保管费或通知其逾期不运回，将予以抛弃。但若不合格的物料仍可修补或调换，则可责令卖方修补或调换，不必解除合同，以免双方遭受重大损失。

4）违约罚款的催收

卖方未能依约履行应尽的义务，依合同可令其缴纳罚款。

5）特采

在物料需求紧急时，为免停工待料发生损失，对不合格的物料予以特别认可，称为特采或特别认可。其方式可分为以下几种。

（1）质量偏差：①发生原因。送检批次全部不良，品质与验收标准有偏差，进料检验员判定为不合格。②处理方式。由质保、工程技术、采购等部门共同研究，依据质量瑕疵和生产急需程度判定接收或者拒收。

（2）重新加工：①发生原因。送检批次全部不良，因生产急需不宜退货，经质保和工程技术部门判定可以通过加工修复方法满足生产需求。②处理方式。由质保、工程技术、采购等部门共同研究，依据质量瑕疵和可修复程度判定接收或者拒收；若可以接收，则派加工人员重新加工以解决品质的缺陷。

（3）全检和挑选：①发生原因。不良品过多，超过允许范围，被质检人员判定为不合格。②处理方式。为避免停工待料，将送检物料进行挑选，合格者收下，不合格者退货。

经过上述物料的检验和接收工作，使符合项目要求的物料得以顺利入库，从而保证企业生产的正常运行。验收入库结束，本次进货过程也就基本结束。

五、货款结算

【行动知识】

（一）货款结算的含义

货款结算是整个采购运作过程中至关重要的一个环节。能否按时付款是供应商最关心的问题，也是采购方的信誉所在。如果采购方对到期应付的货款找理由拖延，必然会引起供应商的不满，严重的还会导致供应商停止供货，甚至付诸于法律。货款结算的过程是对采购运作业务的最后把关和规避风险的关键环节。

付款虽然是财务部门的工作，采购部门也要加以协助，因为供应商的货款被拖欠时，供应商往往找采购人员进行投诉。

（二）结算工具和支付方式

在实际的采购过程中，企业要按照采购订单中规定的付款方式来支付货款，通常的结算和支付工具是票据，包括汇票、本票、支票，以使用汇票为主。企业之间的货款结算一般以银行为中介，通过银行提供信用方式或代理方式支付货款，常用的支付方式有汇付、托收和信用证 3 种方法。付款方式通常有预付货款(Payment Advance)、货到付款(C. O. D.)、凭单付款、分期付款、延期付款、月结 30 天(或 60 天、90 天)等几种方式。

由于市场的激烈竞争，对本地供应商绝大部分采用月结方式，付款期限越来越长，但一般不超过 90 天。如果供应商是跨国公司或国外的企业，由于双方的信用情况互相不太了解，一般要求采用预付款的方式，经过一段时间的合作，双方有了进一步的了解，经过与供应商的协商，通常可以改成月结30天。对于市场紧俏的或供应商垄断的产品，供应商会要求货到付款，如果企业流动资金充足，采用货到付款经常能得到更优惠的价格。

1. 结算工具

结算工具是指银行用于支付结算过程中的各种票据，具体包括汇票、本票、支票。

1）汇票

（1）汇票的定义。汇票是由出票人签发的，要求付款人在见票时或在一定期限内，向收款人或持票人无条件支付一定款项的票据。

（2）汇票的种类。汇票可以分为以下几种。

① 按出票人的不同分为银行汇票、商业汇票。

银行汇票是出票人和付款人均为银行的汇票。

商业汇票是出票人为企业法人、公司、商号或者个人，付款人为其他商号、个人或者银行的汇票。

② 按有无附属单据分为光票汇票、跟单汇票。

光票汇票本身不附带货运单据，银行汇票多为光票。

跟单汇票又称信用汇票、押汇汇票，是需要附带提单、仓单、保险单、装箱单、商业发票等单据，才能进行付款的汇票，商业汇票多为跟单汇票，在国际贸易中经常使用。

③ 按付款时间分为即期汇票、远期汇票。

即期汇票指持票人向付款人提示后对方立即付款，又称见票即付汇票。

远期汇票是在出票一定期限后或特定日期付款。在远期汇票中，记载一定的日期为到期日，于到期日付款的，为定期汇票；记载于出票日后一定期间付款的，为计期汇票；记载于见票后一定期间付款的，为注期汇票；将票面金额划为几份，并分别指定到期日的，为分期付款汇票。

④ 按承兑人分为商业承兑汇票、银行承兑汇票。

商业承兑汇票是以银行以外的任何商号或个人为承兑人的远期汇票。

银行承兑汇票是指承兑人是银行的远期汇票。

⑤ 按流通地域分为国内汇票、国际汇票。

2）本票

（1）本票的定义。本票是一个人向另一个人签发的，保证即期或定期或在可以确定的将来的时间，对某人或其指定人或持票人支付一定金额的无条件书面承诺。我国票据法第73条规定本票的定义是：本票是由出票人签发的，承诺自己在见票时无条件支付确定的金额给收款人或持票人的票据。第2款接着规定，本法所指的本票是指银行本票，不包括商业本票，更不包括个人本票。

（2）本票的种类分为以下两种。

① 商业本票。其又称一般本票，是指企业为筹措短期资金，由企业署名担保发行的本票，出票人为企业或个人，票据可以是即期本票，也可是远期本票。

② 银行本票。出票人是银行，只能是即期本票，是由银行签发的，承诺自己在见票时无条件支付确定金额给收款人或持票人的票据。银行本票分为不定额本票和定额本票，在同一票据交换区域的单位和个人的各种款项支付，均可使用银行本票。银行本票是见票即付的票据，可以用于转账，注明“现金”字样的可支取现金，但现金银行本票只适用于个人。本票的提示付款期限自出票日起最长不得超过两个月。

3）支票

(1) 支票的定义。支票是出票人签发，委托办理支票存款业务的银行或者其他金融机构在见票时无条件支付确定的金额给收款人或持票人的票据。

支票是以银行为付款人的即期汇票，可以看做汇票的特例。支票出票人签发的支票金额，不得超出其在付款人处的存款金额。如果存款低于支票金额，银行将拒付。这种支票称为空头支票，出票人要负法律上的责任。

开立支票存款账户和领用支票，必须有可靠的资信，并存入一定的资金。支票可分为现金支票和转账支票。支票一经背书即可流通转让，具有通货作用，成为替代货币发挥流通手段和支付手段职能的信用流通工具。运用支票进行货币结算，可以减少现金的流通量，节约货币流通费用。

(2) 支票的种类分为以下几种。

① 记名支票。记名支票是在支票的收款人一栏，写明收款人姓名，如“限付某甲”或“指定人”，取款时须由收款人签章，方可支取。

② 不记名支票。不记名支票又称空白支票，支票上不记载收款人姓名，只写“付来人”。取款时持票人无须在支票背后签章，即可支取。此项支票仅凭交付而转让。

③ 划线支票。划线支票是在支票正面划两道平行线的支票。

划线支票与一般支票不同，划线支票非由银行不得领取票款，故只能委托银行代收票款入账。使用划线支票的目的是为了在支票遗失或被人冒领时，还有可能通过银行代收的线索追回票款。

④ 保付支票。保付支票是指为了避免出票人开出空头支票，保证支票提示时付款，支票的收款人或持票人可要求银行对支票“保付”。保付是由付款银行在支票上加盖“保付”戳记，以表明在支票提示时一定付款。支票一经保付，付款责任即由银行承担。出票人、背书人都可免于追索。付款银行对支票保付后，即将票款从出票人的账户转入一个专户，以备付款，所以保付支票提示时，不会退票。

⑤ 银行支票。银行支票是由银行签发，并由银行付款的支票，也是银行即期汇票。银行代顾客办理汇票汇款时，可以开立银行支票。

⑥ 旅行支票。旅行支票是银行或旅行社为旅游者发行的一种固定金额的支付工具，是旅游者从出票机构用现金购买的一种支付手段。

2. 支付方式

1）汇付

(1) 汇付的定义。其又称汇款，是付款人通过银行，使用各种结算工具将货款汇交收款人的一种结算方式。属于商业信用，采用顺汇法。汇付的优点在于手续简便、费用低廉。

(2) 汇付的种类。汇款根据汇出行向汇入行转移资金发出指示的方式，可分为3种方式。

① 电汇。电汇是汇出行应汇款人的申请，拍发加押电报或电传给在另一国家的分行或代理行(即汇入行)解付一定金额给收款人的一种汇款方式。

电汇方式的优点在于速度快，收款人可以迅速收到货款。随着现代通信技术的发展，银行与银行之间使用电传直接通信，快速准确。电汇是目前使用较多的一种方式，但其费用较高。

② 信汇。信汇是汇出行应汇款人的申请，用航空信函的形式，指示出口国汇入行解付一定金额的款项给收款人的汇款方式。信汇的优点是费用较低廉，但收款人收到汇款的时间较迟。

③ 票汇。票汇是指汇出行应汇款人的申请，代汇款人开立以其分行或代理行为解付行的银行即期汇票，支付一定金额给收款人的汇款方式。

在这 3 种汇付方式中，因电汇交款迅速，在实际中使用最广泛。汇付方式既可以用于货到付款，也可以用于预付货款。在使用汇付方式时，应在合同中明确规定汇付的时间、具体的汇付方式和汇付金额等。在预付货款情况下，汇付的时间应与合同规定的交货时间相衔接。

2）托收

(1) 托收的定义。托收是出口人在货物装运后，开具以进口方为付款人的汇票(随附或不随附货运单据)，委托出口地银行通过它在进口地的分行或代理行代出口人收取货款一种结算方式。基本做法是：卖方先发货，然后备齐包括运输单据(通常是海运提单)在内的货运单据并开出汇票，把全套跟单汇票交卖方所在地银行(托收行)，委托其通过买方所在地的分行或代理行(代收行)向买方收取货款。

(2) 托收的种类。根据托收时是否向银行提交货运单据，托收分为光票托收和跟单托收两种。

① 光票托收。托收时如果汇票不附任何货运单据，而只附有“非货运单据”(发票、垫付清单等)，叫光票托收。这种结算方式多用于贸易的从属费用、货款尾数、佣金、样品费的结算和非贸易结算等。

② 跟单托收。跟单托收是指卖方发货后开立汇票并连同货运单据交托收行代为收款。跟单托收有两种情形：附有商业单据的金融单据的托收和不附有金融单据的商业单据的托收。在国际贸易中所讲的托收多指前一种。

3）信用证

(1) 信用证定义。信用证是指由银行(开证行)依照申请人的要求和指示或自己主动，在符合信用证条款的条件下，凭规定单据向第三者(受益人)或其指定方进行付款的书面文件，即信用证是一种银行开立的有条件的承诺付款的书面文件。

在国际贸易活动，买卖双方可能互不信任，买方担心预付款后，卖方不按合同要求发货；卖方也担心在发货或提交货运单据后买方不付款。因此需要两家银行作为买卖双方的保证人，代为收款交单，以银行信用代替商业信用。银行在这一活动中所使用的工具就是信用证。

可见，信用证是银行有条件保证付款的证书，成为国际贸易活动中常见的结算方式。按照这种结算方式的一般规定，买方先将货款交存银行，由银行开立信用证，通知异地卖方开户银行转告卖方，卖方按合同和信用证规定的条款发货，银行代买方付款。

(2) 信用证的操作流程如下。

① 买卖双方在合同中约定凭信用证付款。

② 买方向当地银行申请开证，交纳开证押金或其他保证。

③ 开证行按申请书内容开证，并通过通知银行交受益人。

④ 卖方收到信用证后，如审核无误，即按要求发货，并开具汇票和备妥各种货运单据向有关银行议付货款。

⑤ 托收行将汇票和货运单据寄开证行或指定的付款行索款。

⑥ 有关银行收到单据后，即通知买方付款赎单。

【行动实施】

采购的付款操作，一般是在通过物料质量或数量检验后，采购人员或者专职付款人员，不仅要查询实际接收的信息，还要审核仓库收料单、订单及供应商提供的发票。避免因供应商多批次供货导致出现重复付款现象。为避免重复付款，供应商的送货单和发票、仓库收料单都必须注明合同号或订单号。

1. 查询物料入库信息

(1) 对国内的供应商付款操作，一般是在货物运达，并且完成物料检验等入库手续之后进行的，因此采购人员必须认真、准确、及时地查询货物入库信息，并着手办理货物付款手续。

(2) 对于国外供应商，一般货物一到岸或一到指定的交易地点，必须及时验收，在验收后对供应商开具付款票据。对于长期采购的供应商，特别是有较好信誉的供应商，可按约定的付款周期付款，注意周期不宜过长。

2. 准备付款申请单据

对国内供应商付款，需制作付款申请单，并且附合同、物料检验单据、物料入库单据、发票。付款人员要注意5份单据(付款申请单、合同、物料检验单据、物料入库单据、发票)中的合同编号、物料名称、数量、单价、总价、供应商名称必须一致。

3. 付款审批

付款审批由管理办公室或财务部专职人员进行。审核内容主要包括以下几点。

(1) 单据的匹配性。即以上述5份单据在6个方面(合同编号、物料名称、数量、单价、总价、供应商名称)的一致性及正确性。

(2) 单据的规范性。首先是发票，其次是付款申请单，要求格式标准、统一，描述清楚。

(3) 单据的真实性。即发票的真假鉴别，检验、入库等单据的真假等。

4. 资金平衡

如果企业拥有足够的资金，那么本步骤可以省略。但是，合理利用资金是对企业管理者的基本要求，特别是在资金紧缺的情况下，要综合考虑物料的重要性、供应商的付款周期等因素，以确定首先向谁付款。对于不能及时付款的物料，应与供应商进行充分的沟通，征得供应商的谅解和同意。

5. 向供应商付款

企业财务部门接到付款申请单及通知后，即可向供应商付款，并提醒供应商注意收款。

6. 供应商收款

企业之间的交易付款活动一般通过银行进行。供应商是否收到货款，有时会因为付款账号疏漏，导致供应商收不到货款。对于大额资金的付款活动，企业有必要在付款活动之后向供应商作收款提醒。

【应用案例】

美国福特公司采购流程管理

20世纪80年代初，福特汽车公司跟美国的其他许多公司一样，想方设法紧缩人员，减少行政管理费用。福特汽车公司认为能够减少费用的地方之一是应付账款部门。向福特汽车公司供货的供应厂商提出的账单，由该部门付款。当时，福特汽车公司的北美应付账款部门雇用了500多名人员。该公司的管理层认为通过使用电脑使某些职能自动化，能够使该部门工作人员的人数减少到400名，即减少20%。根据再造的定义，使原有的手工操作实现自动化而取得的改进仍属于渐进，算不上是企业再造。福特汽车公司的管理层认为减少20%人员的成绩已经很不错，直至他们参观了日本马自达汽车公司。福特汽车公司的管理人员注意到马自达汽车公司的规模虽然较小，但它雇用的办理应付账款事务的人员只有5名，而福特汽车公司却雇用了500名，两者对比，相差过于悬殊，其原因不是能用规模大小、企业精神、提倡唱公司之歌、做早操等说明得了的。福持汽车公司通过自动化使其人员减少20%，但制造汽车的成本显然仍不能同马自达相匹敌。于是，福特汽车公司的主管人员不得不对包括应付账款部门在内的全部工作流程进行反思。

这个决定标志着福特汽车公司的观点发生了重大的变化，因为公司的再造只能从业务流程着手，而不是从与完成这种流程有关的行政组织机构着手。“应付账款”不是一种工作流程，因此，不是再造的问题。它是一个部门，是组织机构上的一种产物，是从某种特定的流程设计所派生出来的。应付账款部门是由一群办事人员组成的。他们坐在办公室内，把有关的凭证传来递去。人员也不是再造的目标，他们所做的工作，是能够再造的，但是，流程再造后，为了完成新的工作流程，人员终将得到调整。至于怎样调整，则要根据再造后的流程本身的需要而定。

福特汽车公司终于再造的流程并不是“应付账款”，而是“采购工作”。采购流程是从提出购货订单开始，也就是说，从根据下属工厂所需要的原材料、零部件而提出购货订单开始，一直到购到货后付款。将货供应给下属工厂（该工厂也就是采购流程的客户）为止。采购流程包括应付账款职能，但它还包括购货和收货。

福特汽车公司原先的原材料、零部件采购流程显然是按常规办事的。流程一开始，由采购部门向供应商发出购货订单，并将一份副本送交应付账款部门。供应商发货，货物运到福特汽车公司的收货点后，点上的办事人员填写一份表格，说明收到货物的情况，并将表格交给应付账款部门。与此同时，供应商向福特汽车公司的应付账款部门送去发票。

现在，福特汽车公司的应付账款部门关于这批货物有3种凭证——购货订单、收货凭证和发票。如果这3种凭证上的数据互相吻合，应付账款部门的办事人员就签字同意付款。

福特汽车公司新的应付账款流程一看便知，跟原先的流程大相径庭，迥然不同。主要是由于新的流程完全取消了发票，办理应付账款的办事人员也就不再需要把购货订单、收货凭证同发票进行核对。结果表明，情况大不相同。现在，福特汽车公司雇用办理向卖方付款等事项的人员的人数不再是500名，而仅仅是125名。

福特汽车公司新的采购流程是：采购部门的一名采购员向供应商发出购货订单，与此同时，将订单上的有关内容输入联机数据库。供应商跟以往一样，将货物发往买方的收货点。货物运到后，收货点的工作人员通过电脑终端机进行核对，看看已经运到的货物同数据库中存储的已经发出的购货订单的内容记录两者是否相符。只有两种可能性：相符或不相符。如果相符，收货点的工作人员接收这批货物，并按电脑终端的键，告诉数据库，这批货物已经运到。数据库现在已记下收到这批货物，而且，电脑会自动地签发一张支票并在适当时候把它发往供应商。另一方面，如果这批货物同数据库中已经发出的购货订单的内容记录不相符，那么，收货点的工作人员拒绝在运货单上签收，让它退还给供应商。

福特汽车公司这次再造的基本概念是简单明了的。审定支付贷款一事，以往由应付账款部门负责，现在改在收货点上办理。这项工作的原有流程有着迷宫般的复杂性，如查找材料，暂缓执行，记入备忘录等，足以使500名办事人员或多或少地为此忙忙碌碌。新的流程却不是这样。实际上，新的流程实施后，整个应付账款部门就几乎没有继续存在的必要了。在福特汽车公司的某些部门，例如，在发动机部，办理应付账款的人员减少到只有过去的5%。原有的人员中只有极少数人留下来，继续做应付账款方面的工作，处理出现的特殊情况。

福特汽车公司应付账款部门的一项规定是，只有收到了发票才能付款。尽管这条规定难得明确地表达出来，但它已成为一种框架，原先的采购流程就是遵循这种框架形成的。福特汽车公司的管理层在着手调整采购流程时，曾认真地提出问题：是否仍想按照这条规定办事？答案是否定的。破除这项规定的办法就是取消发票。于是，福特汽车公司不再实行"发票收到后才能付款"，改为实行新的规定"货物收到后才能付款"。仅仅改一个词，就为企业的一项重大的变革奠定了基础。在福特汽车公司原有的规定中，做这种一词改变的，另外还有几起。它们至今仍在发挥类似的作用。

例如，福特汽车公司在其下属卡车制造厂实行了更加新的规定，取代"收到货物后才能付款"而实行"货物使用后才能付款"。该公司对它的一家刹车供应厂商说了这样的话："本公司喜欢使用贵公司供应的刹车，并将继续用它装配在本公司制造的卡车上。不过，刹车在装配到卡车之前是属于贵公司的，而不是本公司的。刹车只有在我方使用之后，才是属于我方的，我方才能支付刹车的货款。我方制造的每一辆卡车在装配了贵公司供应的刹车，离开装配线以后，我方定会通过支票将刹车的货款付给贵公司。"这一变革使福特汽车公司的采购和收货流程进一步得到简化。(此外，这一变革还使该公司得到其他的好处，即从减少刹车的库存到改善现金支出等好处)

采购刹车的新流程还摧毁了福特汽车公司的另一条规定——公司要始终保持货源的多源化。至少就卡车的刹车而言，新的规定是："我们将拥有单一的货源，同刹车的这位供应商紧密合作。"

(资料来源：http：//www.liuchengguanli.com/post/375.html)

问题思考：

福特公司采购新流程中有哪些优势表现？

[复习题]

(1) 采购运作的基本步骤包括哪些？

(2) 采购订单的定义和操作步骤是什么？

(3) 进货检验的过程是什么？

(4) 采购跟催的流程及方法是什么？

(5) 货款结算包括哪些步骤？

[实训巩固]

实训目的

通过训练掌握采购运作基本流程，能够以小组为单位建立采购运作流程。

实训内容

假如你是一个企业新上任的采购部门经理，需要设计一套新的企业采购运作流程的方案，主要针对某一种生产原材料从下订单到发货、入库、收货、结算一系列采购步骤。

以5小组为单位讨论，查找建立采购运作流程所需要的资料，根据资料建立一个模拟的采购运作流程，并画出采购运作流程图，写出详细的操作步骤，并将模拟的采购运作流程在各小组中互换以进行优化。

实训考核

实训评价的方式有教师评价、小组内部成员评价和第三方评分组成员评价3种，建议教师评价占60%的权重，小组内部成员评价占20%的权重，第三方评分组成员评价占20%的权重，将三者综合起来的得分为该生在该项目的评价分，见表2-25。

表 2-25 实训工作评价表

考 评 人		被 考 评 人	
考评地点			
考评内容	物料的采购分类与采购方式确定		
考评标准	具体内容	分值/分	实际得分
	工作态度	20	
	团队合作	20	
	实训任务的完成度	30	
	成果展示与汇报	30	
合 计		100	

注：考评满分 100 分，60 分以下为不及格，60～69 分为及格，70～79 分为中，80～89 分为良，90 分以上为优。

行动五

其他采购方式应用

QITA CAIGOU FANGSHI YINGYONG

【学习目标】

了解电子商务采购、招标采购、全球采购 3 种采购方式的含义和特点；熟悉各种采购方式的基本过程和程序；了解不同采购方式适应的不同采购领域。

【行动任务】

传统的采购只是拿钱买东西，但是随着时间的流逝，作为企业的采购来说，采购已不仅是买东西那么简单了，它是沟通生产需求与物资供应的联系，是企业经营管理的核心内容，更是企业获取经营利润的一个重要源泉。企业采购方式的选择，更是决定着企业的采购效率和效果。

如果你是学生小李，需要完成如下任务。

1. 任务要求

小李要想学习和领会本行动的知识，需要进行一次采购体验或到企业调研企业的采购方式，并写出自己的体会。

2. 任务实施

小李以个人或和同学组成 3 人小组；制定任务目标及实施路径；进行自主采购或到企业进行调研；然后写出自己的感想和体会，着重分析各种采购方式的基本过程及适用领域。

【行动案例】

海尔电子商务采购

通过 BBP 交易平台，每月接到 6000 多个销售订单，定制产品品种逾 7000 个，采购的物料品种达 15 万种。新物流体系降低呆滞物资 73.8%，库存占压资金减少 67%。

日前，SAP 公司为海尔集团搭建的国际物流中心正式启用，成为国内首家达到世界领先水平的物流中心。

SAP 主要帮助海尔完善其物流体系，即利用 SAP 物流管理系统搭建一个面对供应商的 BBP 采购平台，它能降低采购成本，优化分供方，为海尔创造新的利润源泉。如今，海尔特色物流管理的“一流三网”充分体现了现代物流的特征：“一流”是以订单信息流为中心；“三网”分别是全球供应链资源网络、全球用户资源网络和计算机信息网络。“三网”同步运动，为订单信息流的增值提供支持。

在要么触网、要么死亡的互联网时代，海尔作为国内外一家著名的电器公司，迈出了非常重要的一步。海尔公司 2000 年 3 月开始与 SAP 公司合作，首先进行企业自身的 ERP 改造，随后便着手搭建 BBP 采购平台。从平台的交易量来讲，海尔集团可以说是中国最大的一家电子商务公司。

海尔集团首席执行官张瑞敏先生在评价该物流中心时说：“在网络经济时代，一个现代企业如果没有现代物流，就意味着没有物可流。对海尔来讲，物流不仅可以使我们实现 3 个零的目标，即零库存、零距离和零营运资本，更给了我们能够在市场竞争取胜的核心竞争力。”

通过 SAP 成功实施的 ERP 和 BBP 项目，海尔物流“一流三网”的同步模式可以实现以下 4 个目标。

(1) 为订单而采购，消灭库存。在海尔，仓库不再是储存物资的水库，而是一条流动的河，河中流动的是按单采购来生产必需的物资，也就是按订单来进行采购、制造等活动，这样，从根本上消除了呆滞物资、消灭了库存。海尔集团每个月平均接到 6000 多个销售订单，这些订单的定制产品品种达 7000 多个，需要采购的物料品种达 15 万余种。新的物流体系将呆滞物资降低了 73.8%，仓库面积减少了 50%，库存资金减少了 67%。

(2) 双赢，赢得全球供应链网络。海尔通过整合内部资源，优化外部资源使供应商由原来的 2336 家优化至 978 家，国际化供应商的比例却上升了 20%，建立了强大的全球供应链网络，有力地保障了海尔产品的质量和交货期。

(3) 实现三个 JIT(Just In Time，即时)，即 JIT 采购、JIT 配送和 JIT 分拨物流的同步流程。目前通过海尔的 BBP 采购平台，所有的供应商均在网上接受订单，并通过网上查询计划与库存，及时补货，实现 JIT 采购；货物入库后，物流部门可根据次日的生产计划利用 ERP 信息系统进行配料，同时根据看板管理 4 小时送料到工位，实现 JIT 配送；生产部门按照 B2B、B2C 订单的需求完成订单以后，满足用户个性化需求的定制产品通过海尔全球配送网络送达用户手中。目前海尔在中心城市实现 8 小时配送到位，区域内 24 小时配送到位，全国 4 天以内到位。

(4) 计算机网络连接，新经济速度。在企业外部，海尔 CRM(客户关系管理)和 BBP 电子商务平台的应用架起了与全球用户资源网、全球供应链资源网沟通的桥梁，实现了与用户的零距离。目前，海尔 100%的采购订单由网上下达，使采购周期由原来的平均 10 天降低到 3 天；网上支付已达到总支付额的 20%。在企业内部，计算机自动控制的各种先进物流设备不但降低了人工成本、提高了劳动效率，还直接提升了物流过程的精细化水平，达到质量零缺陷的目的。计算机管理系统搭建了海尔集团内部的信息高速公路，能将电子商务平台上获得的信息迅速转化为企业内部的信息，以信息代替库存，达到零营运资本的目的。

（资料来源：http：//wenku.baidu.com/view/a86944db7f1922791688e870.html）

思考与分析：

本案例中，海尔利用 SAP 公司搭建的面对供应商的 SAP 采购平台，实现了其特色的物流管理的“一流三网”模式，降低了企业的采购成本，消灭了企业库存，实现了准时采购、准时配送、准时分拨物流的同步流程。海尔在物流方面所做的探讨与成功，尤其是采用国际先进的协同电子商务系统进一步提升了海尔在新经济时代的核心竞争力，提高了海尔的国际竞争力，给国内其他企业带来了新的启示。

一、电子商务采购应用

【行动知识】

(一) 电子商务采购的含义

电子商务是指交易双方利用现代开放的互联网络，按照一定的标准所进行的各类商业活动，是商务活动的电子化。电子商务的产生使传统的采购模式发生了根本性的变革。这种采购制度与模式的变化，使企业采购成本和库存量得以降低、采购人员和供应商数量得以减少、资金流转速度得以加快。

电子商务采购是在电子商务环境下的采购模式，也就是网上采购。通过建立电子商务交易平台，发布采购信息，或主动在网上寻找供应商、寻找产品，然后通过网上洽谈、比价、网上竞价实现网上订货，甚至网上支付货款，最后通过网下的物流过程进行货物的配送，完成整个交易过程。

电子商务采购为采购提供了一个全天候、全透明、超时空的采购环境，即 365×24 小时的采购环境。该方式实现了采购信息的公开化，扩大了采购市场的范围，缩短了供需距离，避免了人为因素的干扰，简化了采购流程，减少了采购时间，降低了采购成本，提高了采购效率，大大降低了库存，使采购交易双方易于形成战略伙伴关系。从某种角度来说，电子商务采购是企业的战略管理创新，是政府遏制腐败的一剂良药。

(二) 电子商务采购的特点

1. 公开性

因为电子商务采购是在网上进行的，因特网具有公开性的特点，全世界都可以看到采购方的招标公告，谁都可以前来投标，所以采购具有公开性。

2. 广泛性

网络没有边界，所有的供应商都可以向采购方投标，采购方也可以调查所有的供应商。

3. 交互性

电子商务采购过程中，采购方与供应商可以通过电子邮件或聊天方式进行信息交流，既方便，又迅速，而且成本较低。

4. 低成本

网上操作可以大量节省人工业务环节，省人、省时间、省工作量，总成本最小。

5. 高速度

网上信息传输速度快。

6. 高效率

以上几点综合起来，显然是高效率的。

当前，电子商务采购处在快速成长阶段，许多的企业和公司出于自身业务的急剧增长或竞争的需要，纷纷对电子商务采购进行了大量的投资。这些投资包括对企业原有的 ERP 和系统改造或自行构建新的商务系统。

(三) 电子商务采购模式的优势

(1) 有利于扩大供应商范围，提高采购效率，降低采购成本，产生规模效益。由于电子商务面对的是全球市场，可以突破传统采购模式的局限，从货比三家到货比多家，在比质比价的基础上找到满意的供应商，大幅度地降低采购成本。由于不需要出差，可以大大降低采购费用，通过网站信息的共享，可以节省纸张，实现无纸化办公，大大提高采购效率。

(2) 有利于提高采购的透明度，实现采购过程的公开、公平、公正。由于电子商务是一种不谋面的交易，通过将采购信息在网站公开，采购流程公开，避免交易双方有关人员的私下接触，由计算机根据设定标准自动完成供应商的选择工作，有利于实现实时监控，避免采购中的黑洞，使采购更透明、更规范，杜绝采购过程中的腐败。

(3) 有利于实现采购业务程序标准化。电子商务采购是在对业务流程进行优化的基础上进行的，必须按软件规定的标准流程进行，可以规范采购行为，规范采购市场，有利于建立一种比较良好的经济环境和社会环境，大大减少采购过程的随意性。

(4) 满足企业即时化生产和柔性化制造的需要，缩短采购周期，使生产企业由“为库存而采购”转变为“为订单而采购”。为了满足不断变化的市场需求，企业必须具有针对市场变化的快速反应能力，通过电子商务网站可以快速收集用户订单信息，然后进行生产计划安排，接着根据生产需求进行物资采购或及时补货，即时响应用户需求，降低库存，提高物流速度和库存周转率。

(5) 实现采购管理向供应链管理的转变。由于现代企业的竞争不再是单个企业之间的竞争，而是供应链与供应链之间的竞争，因此要求供需双方建立起长期的、互利的、信息共享的合作关系，而电子商务采购模式可以使参与采购的供需双方进入供应链，从以往的“输赢关系”变为“双赢关系”。采购方可以及时将数量、质量、服务、交货期等信息通过商务网站或 EDI 方式传送给供应方，并根据生产需求及时调整采购计划，使供方严格按要求提供产品与服务，实现准时化采购和生产，降低整个供应链的总成本。

(6) 实现本地化采购向全球化采购的转变。由于世界经济的一体化，全球化采购成为企业降低成本的一种必然选择，其基本模式就是应用电子商务进行采购。1999 年以来，跨国公司陆续把发展物资采购电子商务工作列入了企业发展战略目标。英美联合石油、埃克森美孚等 14 家国际石油公司联合组建了一个全球性的电子商务采购平台，以消除在物资采购、供应链管理的低效率的影响。通用、福特、戴姆勒一克莱斯勒 3 家汽车公司建立了全球最大的汽车专用采购平台，其每年的采购金额高达 2500 亿美元。国内石油化工行业的中石油、中石化、中海油、钢铁行业中的宝钢等企业都在实施网上采购，并取得了明显的经济效益。目前，通过电子商务建立全球采购系统，联结国内外两个资源市场，已成为标准化的商业行为。

(7) 有利于信息的沟通，促进采购管理定量化、科学化，为决策提供更多、更准确、更及时的信息，使决策依据更充分。

(四) 电子商务采购的形式

电子商务的方式多种多样，因此电子商务采购也可以有多种形式。目前，国际流行的网上采购数据传送途径主要包括以下几种形式：电子商务网站招标；人工向供应商打电话或发送书面文件、传真订购；向供应商发送电子邮件订单；向供应商的站点提交订单；与供应商的 ERP 系统进行集成；电子交易平台等。对它们可以进行以下 3 种分类。

(1) 按利用计算机网络的程度分类，分为完全网上采购和网上网下相结合采购。完全网上采购，即完全通过网上电子商务采购完成采购的全部活动(除运输配送)。网上和网下相结合采购，即在网上完成部分采购活动，例如发布采购消息、招标公告等，而其他活动如采购谈判、供应商调查、交易支付等则在网下进行。

(2) 按采购主体分类，分为自己网上采购和代理网上采购。自己网上采购，即企业自己建立网站，进行电子商务采购活动。代理网上采购，即不是自己建立网站，而是利用别人的网站进行电子商务采购。

(3) 按网上采购的方式分类，分为网上查询采购和网上招标采购。网上查询采购，即由采购商自己登录网站，在网上寻找供应商和所需要的产品而进行的网上采购。网上招标采购，即采购商只在网上发布招标公告，由供应商主动来投标而进行的采购活动。

【行动实施】

第一步，要进行采购分析与策划，对现有采购流程进行优化，制定出适宜网上交易的标准采购流程。

第二步，建立网站。这是进行电子商务采购的基础平台，要按照采购标准流程来组织页面。可以通过虚拟主机、主机托管、自建主机等方式来建立网站，特别是加入一些有实力的采购网站，通过它们的专业服务，可以享受到非常丰富的供求信息，起到事半功倍的作用。

第三步，采购单位通过互联网发布招标采购信息(即发布招标书或招标公告)，详细说明对物料的要求，包括质量、数量、时间、地点等，对供应商的资质要求等。也可以通过搜索引擎寻找供应商，主动向他们发送电子邮件，对所购物料进行询价，广泛收集报价信息。

第四步，供应商登录采购单位网站，进行网上资料填写和报价。

第五步，对供应商进行初步筛选，收集投标书或进行贸易洽谈。

第六步，网上评标，由程序按设定的标准进行自动选择或由评标小组进行分析评比选择。

第七步，在网上公布中标单位和价格，如有必要对供应商进行实地考察后签订采购合同。

第八步，采购实施。中标单位按采购订单通过运输交付货物，采购单位支付货款，处理有关善后事宜。按照供应链管理思想，供需双方需要进行战略合作，实现信息的共享。采购单位可以通过网络了解供应单位的物料质量及供应情况，供应单位可以随时掌握所供物料在采购单位中的库存情况及采购单位的生产变化需求，以便及时补货，实现准时化生产和采购。

电子商务采购是一种非常有前途的采购模式，它主要依赖于电子商务技术的发展和物流技术的提高，依赖于人们思想观念和管理理念的改变。我国目前已经有不少企业以及政府采用了网上采购的方式，对降低采购成本，提高采购效率，杜绝采购腐败起到了十分积极的作用，因此应该大力提倡这一新的采购方式。

二、招标采购应用

【行动知识】

(一) 招标采购的概念

招标是指在一定范围内公开货物、工程或服务采购的条件和要求，邀请众多投标人参加投标，并按照规定程序从中选择交易对象的一种市场交易行为。

所谓招标采购就是通过招标方式寻找最好的供应商进行采购的采购方法。

在商业贸易中，特别是在国际贸易中，大宗商品的采购或大型建设项目承包等，通常采用招标的方法。在招标交易中，对采购企业来说，他们进行的业务是招标；对供应商来说，他们进行的业务是投标。

(二) 招标采购的特点

1. 招标程序的公开性

公开性又称透明性，是指整个采购程序全部公开化，公开发布招标邀请，公开发布招标商资格审查标准和最佳投标商评选标准，公开开标，公布中标结果，公开采购法律，接受公众监督，防止暗箱操作、徇私舞弊和腐败行为。

2. 招标过程的竞争性

招标是一种引发竞争的采购程序，是竞争的一种具体方式。招标活动是若干投标商的一个公开竞标的过程，是一场实力的大比拼。招标的竞争性提醒体现现代竞争的平等、诚信、正当和合法的基本原则。招标也是种规范的、有约束的竞争，有一套严格的程序和实施方法。企业采购通过招标活动，可以在最大程度上吸引和扩大供应商参与竞争，从而使招标企业有可以以更低的价格采购到所需的物资或服务，更充分地获得市场利益。

3. 招标程序的公平性

所有对招标感兴趣的供应商、承包商和服务提供者都可以进行投标，并且地位一律平等，不允许歧视任何投标商。根据事先公布的标准评选中标商，招标时一次性，并且不准同投标商进行谈判。所有这些措施既保证了投标程序的完整，又可以吸引优秀的供应商来进行投标。

(三) 招标采购的适用范围

招标采购一般是一项比较庞大的活动，牵涉面广、费时间、费精力、成本高。因此并不是什么情况都要用招标投标的方法。即使采用，也不应频繁使用，一般只适宜于比较重大的项目，或者影响比较深远的项目，如以下情况。

(1) 寻找比较长时间的持续物资供应商的长期物资供应伙伴时采用招标方式。

(2) 寻找一次批量比较大的物资供应商。

(3) 寻找一项比较大的建设工程的工程建设和物资采购供应商等。对于小批量物资采购、或者比较小的建设工程，一般少用招标方式，因为这样做成本太高、不合算。

（四）招标采购的方式

招标可以分成两种方式：公开招标和邀请招标。

（1）公开招标，是指招标人以招标公告的方式邀请不特定的投标者；又称竞争性招标，即由招标人在报刊、电子网络或其他媒体上刊登招标公告，吸引众多企业单位参加投标竞争，招标人从中择优选择中标单位的招标方式。

（2）邀请招标，是指招标人以投标邀请书的方式邀请特定的投标者。也称有限竞争性招标(Restricted Tendering)或选择性招标(Selective Tendering)，即由招标单位选择一定数目的企业，向其发出投标邀请书，邀请他们参加招标竞争。一般都选择3～10个参加者较为适宜，当然要视具体的招标项目的规模大小而定。由于被邀请参加的投标竞争者有限，不仅可以节约招标费用，而且提高了每个投标者的中标机会。然而，由于邀请招标限制了充分的竞争，因此招标投标法规一般都规定，招标人应尽量采用公开招标。

【行动实施】

1. 策划

招标活动，是一项涉及范围很大的大型活动。因此，开展一次招标活动，需要进行很认真的周密策划。招标策划主要应当做以下的工作。

（1）明确招标的内容和目标，对招标采购的必要性和可行性进行充分的研究和探讨。（必要性——有没有必要采用招标形式；可行性——采用招标形式是否可行，能不能有人来投标，有没有能力组织招标等）

（2）对招标书的标底要仔细研究确定。（什么是标底？——工程或设备，或工程和设备都有而计算出的一个合理的基本价格。标底的作用——降低价格，保证质量）

（3）对招标的方案、操作步骤、时间进度等进行研究决定。例如是采用公开招标还是邀请招标，是自己亲自主持招标还是请人代理招标，分成哪些步骤，每一步怎么进行等。

（4）对评标方法和评标小组进行讨论研究。

（5）把以上讨论形成的方案计划形成文件，交由企业领导层讨论决定，取得企业领导决策层的同意和支持，有些甚至可能还要经过公司董事会的同意和支持。

2. 招标

在招标方案得到公司的同意和支持以后，就要进入实际操作阶段。招标的第一个阶段就是招标阶段。招标阶段的工作主要有以下内容。

（1）形成招标书。招标书是招标活动的核心文件，要认真起草好招标书。

（2）对招标书的标底进行仔细研究确定。有些要召开专家会议，甚至邀请一些咨询公司代理。

（3）招标书发送。要采用适当的方式，将招标书传送到所希望的投标人手中。例如对于公开招标，可以在媒体上发布；对于选择性招标，可以用挂号或特快专递直接送交所选择的投标人。许多标书是要花钱买的，有些标书规定要交一定的保证金，这些招标书要交钱以后才能得到。

3. 投标

投标人在收到招标书以后，如果愿意投标，就要进入投标程序。

投标书、投标报价需要特别认真的研究，仔细地论证完成。这些内容是要和许多供应商竞争评比的，既要先进、又要合理，还要有利可图。

投标文件要在规定的时间准备好，一份正本、若干份副本，并且分别封装签章，信封上分别注明“正本”、“副本”字样，寄到招标单位。

4. 开标

开标时采购机构在预先规定的时间和地点将投标人的投标文件正式启封揭晓的行为。开标由招标人组织，邀请所有投标人参加。开标时，由投标人或者其推选的代表检查投标文件密封情况，经确认无误后，由工作人员当众拆封，宣读投标人名称、投标价格和投标文件的其他内容。开标结束后，由开标组织者编写一份开标纪要，并存档备查。

5. 评标

评标是采购单位根据招标文件要求，对所有的标书进行审查和评比的行为。评标是采购方的单独行为，由采购方组织进行。招标方收到投标书后，直到招标会开会那天，不得事先开封。只有当招标会开始，投标人到达会场，才将投标书邮件交投标人检查签封完好后，当面开封。

开封后，投标人可以拿着自己的投标书当着全体评标小组陈述自己的投标书并接受全体评委的质询，或者甚至参加投标辩论。陈述辩论完毕，投标者退出会场，全体评标人员进行分析评比，最后投票或打分选出中标人。

6. 定标

定标是采购方决定中标人的行为。定标是采购方的单独行为，但需要使用机构或其他人一起进行裁决。在全体评标人员投票或打分选出中标人以后，交给投标方，通知中标方。同时对于未中标者也要明确通知他们，并表示感谢。

7. 签订采购合同

签订采购合同指招标人将合同授予中标人并由双方签署的行为。在这一阶段双方对标书中的内容进行确认，并依据标书签订正式合同。为保证合同履行，签订采购合同后，中标的供应商向采购方提交一定形式的担保书或保证金。

以上是一般情况下的招标采购的全过程。在特殊的场合，招标的步骤和方式也可能有一些变化。

【知识拓展】

招标采购文件

《中华人民共和国招标投标法》第十九条规定，招标人应当根据招标项目的特点和需要编制招标文件。招标文件应当包括招标项目的技术要求、对投标人资格审查的标准、投标报价要求和评标标准等所有实质性要求和条件以及拟签订合同的主要条款。国家对招标项目的技术、标准有规定的，招标人应当按照其规定在招标文件中提出相应要求。

招标文件是招标人向供应商或承包商贩，旨在向其提供为编写投标所需的资料并向其通报招标投标将依据的规则和程序等项内容的书面文件。招标人或其委托的招标代理机构就应根据招标项目的特点和要求编制招标文件。

招标文件的内容大致可分为3类：①关于编写和提交投标文件的规定，载入这些内容的目的是尽量减少符合资格的供应商或承包商由于不明确如何编写投标文件而处于不利地位或其投标遭到拒绝的可能性；②关于投标文件的评审标准和方法，这是为了提高招标过程的透明度和公平性，因而是非常重要的，也是必不可少的；③关于合同的主要条款，其中主要是商务性条款，有利于投标人了解中标后签订的合同的主要内容，明确双方各自的权利和义务。其中，技术要求、投标报价要求和主要合同条款等内容是招标文件的内容，统称实质性要求。所谓招标文件实质性响应招标文件的要求，就是投标文件应该与招标文件的所有实质性要求相符，无显著差异或保留。如果投标文件与招标文件规定的实质性要求不相符，即可认定投标文件不符合招标文件的要求，招标人可以拒绝该投标，并不允许投标人修改或撤销其不符合要求的差异或保留，使之成为实质性响应的投标。

招标文件一般应至少包括下列内容。

（1）招标人须知。这是招标文件中反映招标人的招标意图，每个条款都是投标人应该知晓和遵守的规则的说明。

（2）招标项目的性质、数量。

（3）技术规格。招标项目的技术规格或技术要求是招标文件中最重要的内容之一，是指招标项目在技术、质量方面的标准，如一定的大小、轻重、体积、精密度、性能等。技术规格或技术要求的确定，往往是招标能否具有竞争性，达到预期目的的技术制约因素。因此，世界各国和有关国际组织都普遍要求，招标文件规定的技术规格应采用国际或国内公认、法定标准。本条第 2 款规定“国家对招标项目的技术、标准有规定的，招标人应当按照其规定在招标文件中提出相应要求”，实质上就是国家对招标项目的技术规格有法定公认标准的，招标人在招标文件中规定技术规格时应予遵循、采用，不得另搞一套。

（4）招标价格的要求及其计算方式。投标报价是招标人评标时衡量的重要因素。因此，招标人在招标文件中应事先提出报价的具体要求及计算方法。如在货物招标时，国外的货物一般应报到岸价(CIF)或运费保险付至目的地的价格(CIP)，国内的现货、制造或组装的货物，包括以前进口的货物报出厂价(Exworks)(出厂价或货架交货价)。如果要求招标人承担内陆运输、安装、调试或其他类似服务的话，比如供货与安装合同，还应要求投标人对这些服务另外提出报价。在工程招标时，一般应要求招标人报完成工程的各项单价和一揽子价格，该价格中应包括全部的关税和其他税。招标文件中应说明招标价格是固定不变的，或是采取调整价格。价格的调整方法及调整范围应在招标文件中明确。招标文件中还应列明投标价格的一种或几种货币。

（5）评标的标准和方法。评标时只能采用招标文件中已列明的标准和方法，不得另定。

（6）交货、竣工或提供服务的时间。

（7）投标人应当提供的有关资格和资信证明文件。

（8）投标保证金的数额或其他形式的担保。在招标投标程序中，如果投标人投标后擅自撤回招标，或者投标被接受后由于投标人的过错而不能缔结合同，那么招标人就可能遭受损失(如重新进行招标的费用和招标推迟而造成的损失等)。因此，招标人可以在招标文件中要求投标保证金或形式的担保(如抵押、保证等)，以防止投标人违约，并在投标人违约时得到赔偿。投标保证金可以采用现金、支票、信用证、银行汇票，也可以是银行保函等。投标保证金的金额不宜太高，现实操作中一般不越过投标总价的 2%，以免影响投标人的积极性。中标人确定后，对落标的投标人应及时将其投标保证金退还给他们。

（9）投标文件的编制要求。

（10）提供投标文件的方式、地点和截止时间。

（11）开标、评标的日程安排。

（12）主要合同条款。合同条款应明确将要完成的工程范围、供货的范围、招标人与中标人各自的权利和义务。除一般合同条款之外，合同中还应包括招标项目的特殊合同条款。《招标投标法》第十九条还规定，招标项目需要划分标段、确定工期，并在招标文件中载明。这个规定，主要是指在工程建设项目招标中，招标人不得把作为招标项目组成部分的标段划得过小。标段划分太小，一方面不利于那些经营规模大、技术力量且经验丰富的承包商投标；另一方面会使招标达不到“物有所值”的目的。同时，为了保证工程质量，必须保持合理的工期，工期过短，容易发生偷工减料、粗制滥造，基础设施应具备的条件得不到保证。因此，在需要划分标段和确定工期时，招标人应当合理划分标段、确定工期，并在招标文件中载明。

三、全球采购应用

【行动知识】

(一) 全球采购的含义

全球采购一般是指不包括企业行为的“官方采购”，如联合国、各种国际组织、各国政府等机构和组织，为履行公共职能，使用公共性资金所进行的货物、工程和服务的采购。采购的对象包罗万象，既有产品、设备等各种各样的物品，也有房屋、构筑物、市政及环境改造等工程，还有种种服务。全球采购不再是什么新鲜事物，跨国公司在全球采购元器件和产成品已有数年经验。最近，经济的不景气更是为这一趋势推波助澜。降低成本成为大多数公司 21 世纪以来的首要任务，这使低成本国家的供应商变得非常具有吸引力，中国是这一趋势中的最大受益者。

进入全球采购系统，其条件应该有以下几个方面。

(1) 建立企业自身的全球采购系统。

(2) 成为国外企业的(包括生产企业与流通企业)供应商，进入国外企业的全球采购系统。

(3) 成为跨国公司在中国设立的采购中心的供应商。

(4) 成为联合国采购供应商。

(5) 成为国际采购组织和国际采购经纪人的供应商。

(二) 全球采购的特点

(1) 全球范围内采购。采购范围扩展到全球，不再局限于一个国家一个地区，可以在世界范围内配置资源。因此，充分和善于利用国际市场、国际资源，尤其是在物流随着经济全球化进入到全球物流时代，国内物流是国际物流上的一个环节，要从国际物流角度来处理物流具体活动。

(2) 风险性增大增强。国际采购通常集中批量采购，采购项目和品种集中、采购数量和规模较大，牵涉的资金比较多，而且跨越国境、手续复杂、环节较多，存在许多潜在的风险。

(3) 采购价格相对较低。因为可以在全球配置资源，可以通过比较成本方式，找寻价廉物美产品。

(4) 选择客户的条件严格。因为全球采购，供应商来源广，所处环境复杂。因此，制定严格的标准和条件去挑选和鉴别供应商尤其重要。

(5) 渠道比较稳定。虽然供应商来源广，全球采购线长、面广、环节多，但由于供应链管理的理念兴起，采购商与供应商形成战略合作伙伴关系，因而采购供应渠道相对比较稳定。

【行动实施】

1. 收集数据

第一阶段是收集数据。为了实现采购协作，获得最大的收益，实施采购行为的每个采购办公室都必须收集相关的数据。

为了降低总成本，很多公司要求他们的采购组织同供应商进行谈判，以最大限度地降低成本。

2. 确定产品或服务的价格

第二阶段是确定产品或服务的价格。传统采购活动的重点在于将供应商的不同报价进行详细比较，从而做出选择。如果在单个地理区域的供应商市场中采购，可以采用这种方法；但是如果公司愿意采用全球性采购的方法进行采购，这些传统的方法就不一定是最理想的方法了，收集所得数据进行比较是一个既耗时又耗力的工作。更有效的方法是直接寻找在全球市场上最低的材料价格，而后进行谈判，在谈判前，必须知道它们所期望的某种特定材料的最低支付价格是多少。

3. 制定和执行采购战略

1）制定战略

在确定了期望价格之后，应制定一个实现目标的采购战略。传统采购方式主要以在供应商中重新分配采购规模带来的收益最大化为目标，希望签下一个或少数几个“大宗订单”，然而，以上所述战略提供了一个更严密的分阶段的方法，使每个阶段的利益都最大化。这样供应商就可以利用这一机会，提供初期的数量激励，以强调价格的不同。

（1）消除价格差异。经验表明，根据最小离岸价分析为基础平衡价格将产生一种价格，称为“影子定价法”。而以成本变动分析为基础平衡价格产生的结果，则反映了每个供应商的库存水平或流程的效率。这种灵活运用的两种方法产生目标的做法可以产生最大的收益。

（2）在现有供应商之间重新分配订购规模。如果第一步的价格杠杆作用实现了，就有可能接近和获得在现有供应商之间重新分配订购规模的利益。供应商利用成本变动分析方法提供的规模价格分析将显示出固定成本分摊对采购数量的影响。对于额外增加的数量所降低的成本变动更能说明这一点。成本变动百分比的变化表明了与供应商价格战略相关的数量规模具有敏感性。

（3）在数量减少了的供应商中重新分配订购规模。这一步不是每个采购者都需要进行的。只有那些供应商数量确实发生变化的采购商才需要进行这一步。很显然，如果把一个或更多的供应商排除在考虑范围外，那么剩余的供应商能够分得的订货量就增加了。但这一点必须明确，那就是每个供应商的实际供应能力，减少后的供应商必须能够供应所需的采购数量，确定计划时还应包括缓冲或储备的余地。运用成本变动分析方法进行的敏感性分析，可以用来预测固定成本的分摊影响，然后，可以确定每个供应商的谈判目标。

2）战略监督和谈判

制定了战略之后，就可以开始为实现战略目标而谈判了。采购方在谈判中的组织、内容、程序上都必须谨慎，以便实现最大利益。

（1）组织谈判。在任何全球性的谈判中，都必须非常清楚谁负责谈判的进程，谁是最终合同的最终决策者，被授权做出最终决策的个人也应该选择谈判小组成员，制定谈判内容和程序。在组织谈判阶段应做一些准备工作，例如，分析供应商的地位，考察采购物品，分析采购商的财务状况、生产能力等。

（2）谈判内容结构。谈判内容必须要有一定安排，以便实现组织的利益最大化，使谈判向着有利于己方的方向进行。谈判中考虑到组织目标、时限、候选供应商、合同条款和数量敏感性。

谈判目标必须建立在谈判能力之上，谈判能力主要包括是否能够在现有或新的供应商中重新分配订货数量以及是否可以通过减少供应数量集中采购数量。这些能力将决定谈判的最终内容和采购方在谈判中的地位。

(3) 谈判程序。谈判程序恰当，往往会给采购方带来意想不到的收获，因此，必须加以重视，谈判的决定权，在谈判小组建立后就应当赋予谈判小组的领导和小组成员。小组领导和成员必须认真规划谈判程序，以便在谈判各阶段都安排有足够的反应时间，得到有价值的结果。

【知识拓展】

全球化采购的主要趋势

全球化采购使国际制造商的采购战略发生了显著变化，具体内容表现在 4 个方面。

(1) 集中采购趋势非常明显。许多全球制造商想方设法提高采购批量，以充分发挥其价格谈判的能力。实现这一目标通常有 3 个途径：集中一个公司不同事业部或不同地区的某些特定类型元器件的采购数量；通过一家供应商采购；尽可能使各产品的元器件标准化，以实现标准化器件更高的采购批量。但这一做法受到新产品设计阶段元器件选择的限制。

(2) 整合供应商以获得成本优势。现在，许多全球制造商将供应资源集中起来，只与少数几家供应商打交道。3 年前，Palm 公司 80%的采购支出分散到 150 家供应商，去年已经聚集到 50 家。从这项战略中受益的还有旭电、伟创力等大型 EMS 公司，它们从 OEM 那里获得大笔制造业务，对成本非常敏感。通常，为维持采购成本的优势，大型 EMS 公司对采购条件要求非常苛刻，他们提出的“总成本”模式反映了这一变化。如今，EMS 公司不再根据元器件报价选择供应商，而包括物流和废品率的总供应成本管理成为选择供应商的要素。此外，要求供应商不断改进和发展也是 EMS 提出的新要求。例如，旭电公司对供应商的要求除了低成本之外还包括可靠性、平均故障间隔时间、交货期执行情况、准时送货表现、计划灵活性和降低库存风险等。

(3) 为与供应商互动，全球制造商迅速采用基于 IT 系统的采购流程，如在线询价和在线拍卖变得越来越普遍。在线采购给 OEM 和 EMS 公司带来的主要利益是：由于供应商彼此竞争，OEM/EMS 公司能够快速识别和评估供应商，从而加速采购流程并获得巨大效益。

(4) 在中国设立国际采购中心。随着在中国采购量的大幅增长，国际大型 OEM 公司跨越中间商直接进行采购。对它们中的大多数来说，起初，在中国采购只是为了利用设在中国的工厂支持全球组织的元器件采购。然而，其结果并不令人满意，因为全球组织的要求和本地制造公司的考虑总存在不一致。

上述采购趋势和方法在中国已然出现，那些为全球提供产品的大型中国制造商多少已经遇到这些问题。随着中国作为“全球工厂”地位的巩固，所有中国制造商，不论规模大小都必须快速对这些采购新趋势做出反应。

【应用案例】

西门子移动通信公司实施全球化采购

西门子移动通信公司的供应商浩如烟海，分布在全球的各个角落。全球集约化采购，是西门子进行采购管理、节约采购成本的关键。

1. 采购的方法和特色

在过去很长一段时间里，西门子通信、能源、交通、医疗、照明、自动化与控制等各个产业部门根据各自的需求独立采购。随着西门子公司的逐渐扩大和发展，采购部门发现不同的元部件需求是重叠的：通信产业部门需要订购液晶显示元件，而自动化和控制分部也需要购买相同的元件。各部门各行其是，购买数额有多有少，选择的供应商各不相同，造成同一产品的质量、价格与服务差距悬殊。精明的西门子人很快看到了沉淀在这里的"采购成本"。3年前，西门子设立了一个采购委员会，协调全球的采购需求，把六大产业部门所有公司采购需要汇总起来，这样，西门子可以用一个声音同供应商进行沟通。大订单在手，就可以吸引全球供应商进行角逐，西门子在谈判桌上的声音就可以响亮得多。对供应商来说，这也是一个好事情。以前一个供应商，可能要与西门子6个不同产业部门打交道，现在他们只需要与一个"全球大老板"谈判，只要产品、价格和服务过硬，就可以拿到全球的订单，当然也省下不少时间和精力。西门子的全球采购委员会直接管理全球采购经理，每位采购经理负责特定材料领域的全球性采购，找寻合适的供应商，达到节约成本指标，确保材料的充足供应。西门子移动通信公司采购系统的另一个特色是，在采购部门和研发设计部门之间，有一个"高级采购工程部门"。作为一座架在采购部门和研发部门之间的桥梁，高级采购工程部门的作用是在研发设计的阶段就用采购部门的眼光来看问题，充分考虑到未来采购的需求和生产成本上的限制。西门子的高级采购工程部门(APE)能够起到从设计源头上压缩采购成本的作用。如果设计原型中一个部件的价格是11欧元，而目标价格只有6欧元，那么设计就要做相应的修改：用更少的元部件或用更加集成的元部件。有的时候，高级采购工程部门的任务就是用目标价格倒推成本。

2. 采购的协调：反应灵活与角色定位

有了这些充分集权的中央型采购，还需要反应灵活的地区性采购部门来进行实际操作。由于产业链分布在全球各个国家，西门子移动通信公司在各地区采购部门的角色就很不一样。日本西门子移动通信公司采购部门的角色类似一个协调者。由于掌握着核心技术，日本的供应商如东芝和松下直接参与了西门子手机的早期开发。西门子移动通信公司需要知道哪些需求在技术上是可行的，哪些是不可行的，而东芝和松下等企业也要知道西门子想要得到什么产品，采购部门的主要工作就是与日本供应商的研发中心进行研发技术方面的协调、沟通和同步运作。中国西门子移动通信公司采购部门的角色重心就是利用中国市场的廉价材料，降低生产成本，提高西门子手机的全球竞争力。

3. 供应管理：竞争与评价

西门子除了给供应商持续的成本压力外，还充分利用订单份额来做诱饵，让现有的两三个供应商充分竞争。只有价格最低的供应商，才会得到西门子更大的订单。西门子有时也会故意放一两个新的供应商进场，打破原有的供应商竞争格局。新供应商更好的服务和更低的价格会迫使老供应商降低价格、提高服务，西门子移动通信公司就可发坐收"渔翁"之利。每年年底，西门子移动通信公司内部所有与供应商有过接触的部门还会对供应商的产品价格、物流服务能力和产品质量3方面的总成本进行评分。成本最高的供应商，可能就会失去订单。在竞争面前，供应商自然会对自己的产品质量、产品价格、物流服务等各方面严格审核，以期达到西门子的高标准、严要求。

为了使选择供应商的过程尽可能公平透明，西门子还使用了一套网上竞价系统。现有的供应商必须靠过硬的质量、价格和服务来与其他的供应商进行竞争，以维持自身对西门子的长期供应关系。这套体系的好处是，所有的供应商都知道其他供应商能做什么，这样就能将价格和服务的底线推到循环竞争的极限。在未来的规划中，西门子移动通信公司50%的采购量都会通过这套系统来进行。通过保持这样一种"充分竞争"的环境，西门子移动通信公司能非常有效地管理自己的供应商，节约采购成本。

（资料来源：http：//wenku. baidu. com/view/bd62c3727fd5360cba1adbc2. html）

问题思考：

(1) 西门子移动通信公司全球化采购的主要特点有哪些?

(2) 西门子移动通信公司全球化采购对人们有哪些启示?

[复习题]

(1) 什么是招标采购？它有什么特点？

(2) 电子商务采购的主要特点是什么？

(3) 电子商务采购的基本步骤是什么？

(4) 什么是全球采购？它有什么特点？

(5) 全球采购的基本程序是什么？

[实训巩固]

实训目的

通过训练掌握招标采购方式的基本过程和程序。

实训内容

2011 年 12 月，某职业技术学院从实验、实训设备经费中拨出 120 万元专款用于投建一个物流一体化实训室，要求 2012 年 8 月底必须完工，以便于学生 9 月开学后使用。场地已经选好，初步估计需要服务器 1 台、投影机 1 台、计算机 120 台、空调 2 台、电脑桌 120 个，相关附件若干。

针对以上采购需求，收集、制作相应的招标通告、招标文件。

实训考核

实训评价的方式有教师评价、小组内部成员评价和第三方评分组成员评价 3 种，建议教师评价占 60%权重，小组内部成员评价占 20%的权重，第三方评分组成员评价占 20%的权重，将三者综合起来的得分为该生在该项目的评价分，见表 2-26。

表 2-26 实训工作评价表

考评人		被考评人	
考评地点			
考评内容	招标采购方式的基本过程和程序		
考评标准	具体内容	分值/分	实际得分
	工作态度	20	
	团队合作	20	
	实训任务的完成度	30	
	成果展示与汇报	30	
合计		100	

注：考评满分 100 分，60 分以下为不及格，60～69 分为及格，70～79 分为中，80～89 分为良，90 分以上为优。

第三篇　采购管理

采购职能和企业的其他职能一样，需要对其职能业务实施管理和控制，使其运作与职能战略和企业发展战略方向一致。

本篇的内容包括：供应商的管理与激励、采购质量与成本管理、采购绩效管理三部分。这三部分管理涵盖了采购运作的各个方面，保证了采购作业保质保量地完成。

管理一

供应商管理与激励

GONGYINGSHANG GUANLI YU JILI

【学习目标】

熟悉企业供应商管理的含义、意义和目标；了解供应商的分类；熟悉供应商的关系图谱和供应链环境下供应商的合作伙伴关系；了解单源供应的条件和风险，熟悉降低单源供应风险的方法；掌握供应商绩效考核的指标体系；了解供应商绩效考核的程序；掌握供应商激励的方式、时机、方法。

【管理任务】

供应商作为企业的外部环境的合作成员，是企业外部资源市场的组成部分，供应商资源市场中物资的供应总量、供应价格、竞争态势、技术水平等，是由所有供应商成员共同形成的，会间接或直接地对企业的经营管理和效益造成一定的影响。因此，对供应商的管理是企业获取外部资源的关键。

如果你是学生小李，需要完成如下任务。

1. 任务要求

小李要想学习和领会本管理的知识，需要进行一次供应商绩效考核或到企业调研企业的供应商管理与激励的方式与方法，并写出自己的体会。

2. 任务实施

小李以个人或和同学组成3人小组；制定任务目标及实施路径；选择一个企业对象，进行供应商绩效考核标准的制定、数据收集、绩效核算与激励。最后，写出自己的感想和体会，着重分析供应商绩效的管理与控制。

【管理案例】

强化供应商管理

兖州煤业股份有限公司是国有特大型企业集团兖矿集团有限公司的控股上市公司，主要从事煤炭生产、洗选和加工、煤炭销售以及铁路运输业务，年煤炭生产能力在4000万吨左右，销售收入达180亿元左右。在生产经营活动中，每年消耗的材料、设备和备品备件达15亿元，常年使用的物资品种达4万多个，有上千家供应商为公司供应物资。因此，如何管理好供应商，对企业成本和效益、安全与发展有着重要的影响。

1. 对供应商的评价和认证

对供应商的评价和认证是采购流程中最具战略意义的采购活动之一，对提高采购绩效意义重大。兖州煤业历来重视供应商管理工作，一直实行动态管理、过程优化、优胜劣汰的管理方法，每年进行一次供应商的认证和评价工作，对符合条件的供应商作为合格供方，否则进行淘汰，取消供应资格。对符合条件要求加入的新供应商实行准入制度，根据需要按程序审批。

兖州煤业在对供应商的评价过程中，主要参考6项指标，即供应商资质、产品质量、交付能力、服务水平、管理水平和成本。供应商资质是一个基本和前提，它包括营业执照、税务登记、机构代码、银行资质等情况，这是供应商开展经营活动的必备条件。产品质量是评价供应商产品满足企业功能性需要的能力。它一直是供应商管理的一个关键问题。评价产品质量主要用具体指标来考核，如供应商产品满足公司规格要求的程度、合格率、各种证件资料、退货率、废品率及质量认证体系等。

兖州煤业作为煤炭企业，对产品的安全性能要求较高，凡井下生产所需的产品必须具备“三证一标志”，（“防爆合格证”、“生产许可证”、“产品合格证”和MA标志）才能作为合格产品，凡具有安全隐患的产品禁止进入矿区。

交付能力是指供应商满足需要的程度。供应商交付的及时性和准确性是评价其能力的一个比较权威的标准，它主要包括准时制供货、缩短提前期、提供长期供应保证等，同时还考虑订货批量要求、地理位置、产品生命周期、物流能力、库存能力、生产能力等。煤炭生产使用的设备配件等机电产品都具有较高的技术含量，需要供应商较高的服务。因此，获得什么样的潜在服务是采购活动重点要考虑的问题，也是反映供应商服务水平的重要指标。供应商的服务水平主要体现在响应速度、技术支持与培训、维护和维修水平等方面，主要看供应商24小时电话服务、问题的反馈速度、是否提供产品的使用方法培训、售后技术支持和维修人员的到位时间及维修成本等因素。同时，还要考虑供应商的管理能力，因为管理决定了经营活动并影响供应商未来的竞争力，供应商管理应重点考虑企业规模、信誉、经营策略、管理团队、企业文化、信息化水平及员工素质等。

产品质量、交付能力、服务水平和管理是评价供应商的最基本因素，还有一个关键的因素是成本。供应商能否使公司获得一个理想的采购成本是衡量的关键，尤其是价格竞争十分激烈时，成本就显得特别重要。评价供应商成本主要看交付价格和所有权总成本。交付价格是指产品在质量有保障、其他条件满足的情况下价格最有优势。所有权总成本包括所有的与采购活动相关成本，包括采购价格、订单跟踪、催货、运输、检测、返工、存储、废物处置、保修、服务、停工损失、产品退回等造成的费用。对于煤炭企业使用的成套设备等，有后续成本的采购项目比较适合所有权总成本评估。

2. 与供应商的合作技巧

按照供应商评价的6项指标，兖州煤业股份有限公司在每年进行一次评估的基础上，合理优化，明确分类，便于在采购活动中，因人制宜，区别对待，实现效率和效益的最大化。目前，兖州煤业股份有限公司将所有供应商分为战略性供应商、竞争性供应商(普通供应商)、技术性供应商、待选供应商及淘汰供应商五大类。

战略性供应商有很大一部分是资源型、紧缺型和市场变化较大的企业，其产品质量可靠、信誉好，甚至供不应求，其产品对公司生产经营的制约性很大，采购方没有主动权。因此，和他们建立长期合作伙伴关系是企业生产发展的保障。竞争性和普通供应商数量较大，他们经常是交叉的，其产品多数是社会长线物资，属于买方市场，竞争比较激烈，采购方有比较大的主动权。技术性供应商是指其产品技术含量较高、通用性较差、市场竞争不很充分的供应商。待选供应商是根据生产形势对物料需求的变化，或者新产品、新技术的推广，或者产业政策变化推出的替代或更新产品，或者在现有供应商无法满足供应的情况下，为了保证生产需要，按照一定程序增加的那些符合条件的供应商。淘汰供应商主要是因为其产品质量、服务或其他原因未能满足公司要求，有的甚至为企业造成损失或影响的。

2003 年，煤业公司供应体制改革，实行“三集中、五统一”的物流一体化管理体系，结合 ERP 系统上线，对供应商进行了首次评估认证和系统优化，大力淘汰经营性供应商，一次性淘汰 70%，使原有的 3276 家供应商数量优化为 972 家。这样便于企业合理确定供应商类别及地位，使供应商结构得到优化，为开展供应商动态管理提供基础。

在市场采购活动中，兖州煤业股份有限公司结合不同供应商的特点，坚持因人制宜，区别对待，采取不同的工作措施，开展比价采购“阳光工程”，规范采购行为，对采购计划、渠道、价格、合同、考核等全过程规范程序，落实责任，互相监督，努力降低采购成本，提高经济效益。

(1) 对战略性供应商建立战略联盟，形成供应链关系，实行供应互保，达成保证供应和享受优惠价格的共识，并定期交流沟通，经常走访客户，了解信息，把握市场动态，对需求物资及时做出反应。这样不但做到了货找源头，直达供货，减少了中间环节，而且保证了物料质量。2007 年，公司采购额为 23.3 亿元，其中战略性供应商采购 8 亿多元，占总额的 30%。这类供应商主要集中在钢材、木材、水泥、胶带等大宗材料和主要设备上，如济钢石横钢厂采购 7940 万元，全年 78%的物资实现了从生产厂家直接采购。

(2) 对竞争性供应商采取招标议标，比价采购。对于小批量、多频率使用的物资，利用批量和买方市场的优势，集中批量进行比价和招议标，并严格规范比价和议标程序，按照公开、公平、公正的原则，组织尽可能多的供应商参与竞标，避免暗箱操作，使发布公告、投标、开标、评标和授标的工作程序规范、完整。与此同时，改变了设备、配件分别招标的办法，实行关联搭配，捆绑议标，让相关业务科室合作采购，从而减少招标次数，提高单次订货金额，获得更大的价格空间。近年来，每年通过比价采购节约资金都在 3000 万元左右。

(3) 对普通供应商实行超市采购，二次比价。兖州煤业股份有限公司借鉴商业超市经营模式，在矿井生产一线建设了“物资井口超市”，将阀门、开关、工具等零星使用、多频率使用的小型物资及二三类物资、工矿配件等物资置于其中，让使用单位在超市内自主选择，形成第二次比价。为保证超市规范运作，制定了科学合理的运作流程，细致规定了供应商选择、进货验收、补货、退货等环节的操作规范。目前兖州煤业股份有限公司已开办了 6 处井口物资超市，品种多达 22529 个，年经营额达 20505 万元。

(4) 对技术性供应商实行供需见面，公开竞标。因国家专控、技术专利、单一来源等原因不具备比价条件的，在确保产品质量前提下，实行一批一议、专家评定、现场报价、面对面谈判、当场确定供货商的全过程公开议标方式，增加议标透明度。

（资料来源：http：//www.chinawuliu.com.cn/xsyj/201005/17/142513.shtml）

思考与分析：

供应商管理是采购管理的重要环节，直接影响着企业采购的绩效。兖州煤业股份有限公司所采取的供应商管理就是选择合适的供应商，然后与他们建立合作关系，保证了采购作业的良性运作。

【管理知识】

一、供应商管理

（一）供应商管理概述

1. 供应商管理的含义

供应商指的是那些向买方提供产品或服务并相应收取货币作为报酬的实体，是可以为企业生产提供原材料、设备、工具及其他资源的企业。供应商，可以是生产企业，也可以是流通企业。企业要维持正常生产，就必须要有一批可靠的供应商为企业提供各种各样的物资供应，因此供应商对企业的物资供应起着非常重要的作用。采购管理就是直接和供应商打交道而从供应商那里获得各种物资。因此采购管理的一个重要工作，就是要搞好供应商管理。

所谓供应商管理就是对供应商的了解、选择、开发、使用和控制等综合性管理工作的总称。其中，考察了解是基础，选择、开发、控制是手段，使用是目的。供应商管理的目的，就是要建立起一个稳定可靠的供应商队伍，为企业生产提供可靠的物资供应。

企业在供应链管理环境下与供应商的关系是一种战略性合作关系，提倡一种双赢机制。企业在采购过程中要想有效地实施采购策略，充分发挥供应商的作用就显得非常重要。采购策略的一个重要方面就是要搞好供应商的关系管理，逐步建立起与供应商的合作伙伴关系。

供应商管理的重要性早在 20 世纪 40 年代就受到发达国家的重视，60 多年来随着经济环境的变化，不断地出现新的内容，现在供应商管理已经有了很多优秀的理论和实践成果。供应商管理是供应链管理中一个极其重要的问题。

2. 供应商管理的意义

供应商作为企业的外部环境成员的组成部分，必然间接或直接地对企业造成影响。因为任何供应商，不管是不是已经与企业有直接关系还是没有直接关系，它都是资源市场的组成部分。资源市场中物资的供应总量、供应价格、竞争态势、技术水平等，都是由资源市场的所有成员共同形成的。而企业的采购，都只能从这个资源市场中获取物资，所以采购物资的质量水平、价格水平都必然受到资源市场每个成员的共同影响。

供应商的一个特点，就是它们都是一个与购买者独立的利益主体，而且是一个追求利益最大化为目的的利益主体。按传统的观念，供应商和购买者是利益互相冲突的矛盾对立体，供应商希望从购买者手中多得一点、购买者希望向供应商少付一点，为此常常斤斤计较，甚至在物资商品的质量、数量上做文章，以劣充优、降低质量标准、减少数量，制造假冒伪劣产品坑害购买者。购买者为了防止伪劣质次产品入库，需要花费很多人力、物力加强物资检验，大大增加了物资采购检验的成本。因此供应商和购买者之间，既互相依赖，又互相对立，彼此相处总是一种提心吊胆、精密设防的紧张关系。这种紧张关系，对双方都不利。对购买者来说，物资供应没有可靠的保证，产品质量没有保障，采购成本太高，这些都直接影响企业生产和成本效益。

相反，如果找到了一个好的供应商，不但物资供应稳定可靠，质优价廉，准时供货，而且双方关系融洽、互相支持、共同协调，这样对采购管理，对企业的生产和成本效益都会有很多好处。

为了创造出这样一种供应商关系，有必要注重供应商的管理工作，通过多个方面持续努力，去了解、选择、开发供应商，合理使用和控制供应商，建立起一支可靠的供应商队伍，为企业生产提供稳定可靠的物资供应保障。搞好供应商管理是搞好采购管理所必须具备的基础工作。只有建立起一个好的供应商队伍，各种采购工作才能比较顺利地进行。

3. 供应商管理的目标

1）供应商管理的具体目标

（1）获得符合企业质量和数量要求的产品或服务。

（2）以最低的成本获得产品或服务。

（3）确保供应商提供最优的服务和及时的送货。

(4) 发展和维持良好的供应商关系。

(5) 开发潜在的供应商。

2) 供应商管理的战略

(1) 设计一种能最大限度地降低风险的合理的供应结构。

(2) 采用一种能使采购总成本最小的采购方法。

(3) 与供应商建立一种能促使供应商不断降低成本、提高质量的长期合作关系。

(二) 供应商关系管理

1. 供应商关系的分类

供应商关系分类又称供应商细分。供应商细分是指在供应市场上，采购者依据采购商品的金额、重要性以及供应商对采购方的重视程度和信赖性等因素，将供应商划分成若干个群体。供应商细分是供应商关系管理的先行环节，只有在供应商细分的基础上，采购方才可能根据细分供应商的不同情况施行不同的供应商关系管理策略。

根据不同的方法，可以对供应商进行如下细分。

1) 公开竞价型、网络型、供应链管理型

公开竞价型供应商是指采购方将所采购的物品公开向若干供应商提出采购计划，各个供应商根据自身的情况进行竞价，采购方依据供应商竞价情况，选择满足自己要求的供应商作为该项采购计划的供应商。在供大于求的市场环境下，采购方处于有利地位，采用公开竞标选择供应商，对产品质量和价格有较大的选择余地，是企业降低采购成本的途径之一。

网络型供应商是指采购方长期性地在与供应商的选择与交易中，将在价格、质量、售后服务、综合实力等方面选择出优秀的供应商组成供应商网络，企业某些物品的采购只限于在供应商网络中进行。供应商网络的实质就是采购方的资源市场，采购方可以针对不同的货物组建不同的供应商网络。供应商网络的特点是采购方和供应商之间的交易是一种长期的合作关系，但在这个网络中应采取一定的竞争机制，实施优胜劣汰，以便长期共存，定期评估、筛选，适当淘汰，同时吸收更为优秀的供应商进入。

供应链管理型供应商是指在供应链管理环境下，采购方和供应商之间建立密切的合作伙伴关系，同坐信息共享，实施传递采购方的需求信息，而供应商根据实时的需求信息，将采购方所需要的物料保质、保量、准时地送交采购。

2) 重点供应商和普通供应商

根据采购的 20/80 原则可以将供应商细分为重点供应商和普通供应商，其基本思想是针对不同的采购物品应采取不同的策略，同时采购工作精力分配也应各有侧重，相应地对于不同物品的供应商也应采取不同的策略。根据 20/80 原则，可以将采购物品分为重点采购品(采购金额占 80%，采购数量占 20%的采购物品)和普通采购品(采购金额占 20%，采购数量占 80%的采购物品)。供应商也可以类似地按照 20/80 原则分为重点供应商和普通供应商，即采购金额占 80%和采购数量占 20%的供应商为重点供应商，其余的为普通供应商。对于重点供应商，应投入 80%的时间和精力进行管理与改进。这些供应商提供的物品为企业的战略物品或需集中采购的物品，如汽车厂需要采购的发动机和变速器，电视机厂需要采购的彩色显像管以及一些价值高但供应保障不力的物品。而对于普通供应商则只需要投入 20%的时间和精力。因为这类供应商所提供的物品的运作对企业的成本、质量和生产的影响较小，例如办公用品、维修备件、标准件等物品。

在按 20/80 原则进行供应商细分时，应注意几个问题。

(1) 20/80 原则细分的供应商并不是一成不变的，随着企业生产结构和产品线调整，需要重新进行细分。

(2) 对重点供应商和普通供应商应采取不同的策略。

3) 短期目标型、长期目标型、渗透型、联盟型、纵向集成型

(1) 短期目标型供应商关系是指采购商与供应商之间的关系是交易关系，即一般的买卖关系。双方的交易仅停留在短期的交易合同上，各自所关注的是如何谈判、如何提高自己的谈判技巧使自己不吃亏，而不是如何改善自己的工作，使双方都获利。当交易完成后，双方关系也就终止了。双方只有供销人员有联系。

(2) 长期目标型供应商关系是指采购商与供应商保持长期的关系，双方有可能为了共同利益对改进各自的工作感兴趣，并在此基础上建立起超越买卖关系的合作。长期目标型的特征是建立一种合作伙伴关系，双方工作重点是从长远利益出发，相互配合，不断改进产品质量与服务质量，共同降低成本，提高共同的竞争力。合作的范围遍及公司内部的多个部门。例如，由于是长期合作，采购商对供应商提出新的技术要求，而供应商目前还没有能力，在这种情况下，可以对供应商提供技术资金等方面的支持。

(3) 渗透型供应商关系是在长期目标型基础上发展起来的。其指导思想是把对方公司看成是自己的一部分，因此对对方的关心程度大大提高了。为了能够参与对方活动，有时会在产权关系上采取适当措施，如互相投资、参股等，以保证双方利益的共享与一致性。同时，在组织上也采取相应的措施，保证双方派员加入对方的有关业务活动。这样做的优点是可以更好地了解对方的情况，供应商可以了解自己的产品是如何起作用的，容易发现改进方向，而购方可以知道供应方是如何制造的，也可以提出改进的要求。

(4) 联盟型供应商关系是从供应链角度提出的，其特点是更长的纵向链条上管理成员之间的关系，双方维持关系的难度提高了，要求也更高了。由于成员增加，往往需要一个处于供应链上核心地位的企业出面协调成员之间的关系，这个企业称为供应链核心企业。

(5) 纵向集成型供应商关系是最复杂的关系类型，即把供应链上的成员整合起来，像一个企业一样，但各成员是完全独立的企业，决策权属于自己。在这种关系中，要求每个企业在充分了解供应链的目标、要求，以及充分掌握信息的条件下，能自觉做出有利于供应链整体利益的决策。有关这方面的知识，更多的是停留在学术上的讨论，而实践中的案例很少。

4) 商业型、重点商业型、优先型、伙伴型

根据供应商分类模块法可以将供应商分为商业型、重点商业型、优先型、伙伴型 4 种。供应商分类的模块法是依据供应商对本单位的重要性和本单位对供应的重要性进行矩阵分析，并据此对供应商进行分类的一种方法。这种方法可以由矩阵图表示，如图 3.1 所示。

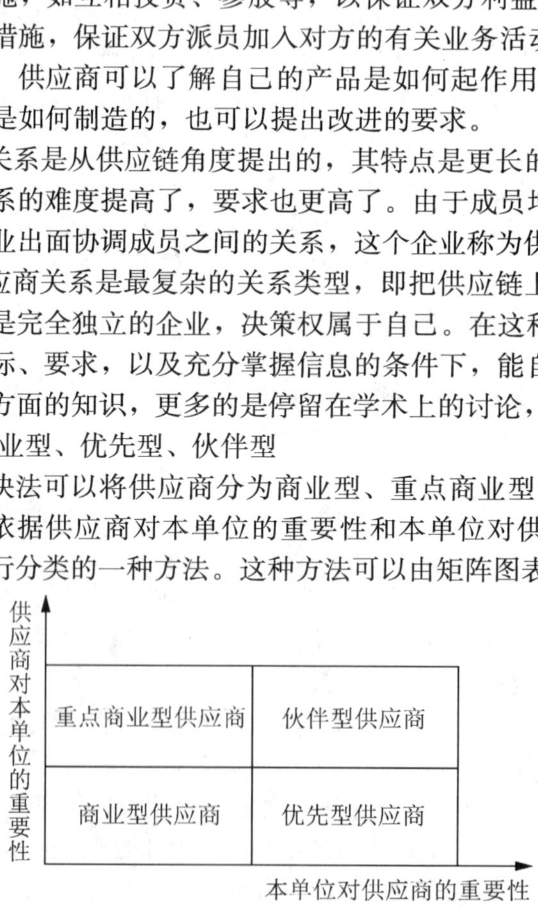

图 3.1　本单位与供应商重要性关系矩阵图

在供应商分类的模块中，如果供应商认为本单位的采购业务对于他们来说非常重要，供应商自身又有很强的产品开发能力等，同时该采购业务对本公司也很重要，那么这些采购业务对应的供应商就是“伙伴型”；如果供应商认为本单位的采购业务对于他们来说非常重要，但该项业务对于本单位却并不是十分重要，这样的供应关系无疑有利于本单位，是本单位的“优先型”；如果供应商认为本单位的采购业务对它们来说无关紧要，但该采购业务对本单位却是十分重要的，这样的供应商就是需要注意改进提高的“重点商业型”；对于那些对于供应商和本单位来说均不是很重要的采购业务，相应的供应商可以很方便地选择更换，那么这些采购业务对应的供应商就是普通的“商业型”。表 3-1 概括了不同供应商关系的特征及具体发展要求。

表 3-1　不同供应商关系的特征及具体发展要求

供应商类型	商业型供应商	优先型供应商	伙伴型供应商	
			供应伙伴	设计伙伴
关系特征	运作联系	运作联系	战术考虑	战略考虑
时间跨度	1 年以下	1 年左右	1～3 年	1～5 年
质量	按顾客要求并选择	按顾客要求，顾客与供应商共同控制质量	供应商保证，顾客审核	供应商保证，供应商早期介入设计及产品质量标准制定，顾客审核
供应	订单订货	年度协议＋交货订单	顾客定期向供应商提供物料需求计划	电子数据交换系统传递共享数据
合约	按订单变化	年度协议	年度协议（1 年），质量协议	设计合同、质量协议等
成本价格	市场价格	价格＋折扣	价格＋降价目标	公开价格成本构成，不断改进，降低成本

5）供应商关系谱

供应商关系谱是将供应商分为不可接受的供应商、可接受的潜在供应商以及 5 级不同层次的已配套的供应商，见表 3-2。

表 3-2　供应商关系谱

	层次	类型	特征	适合范围
供应商关系	5	自我发展型的伙伴供应商	优化协作	态度与表现好的供应商
	4	共担风险的供应商	强化合作	
	3	运作相互联系的供应商	公开、信赖	
	2	需持续接触的供应商	竞争游戏	表现好的供应商
	1	已认可的供应商	现货买进关系	方便、合理的供应商
		可接受的供应商		潜在的供应商
		不可接受的供应商		不合适

第一个层次的供应商为“触手可及”的关系，因采购价值低，它们对本单位显得并不很重要，因而无须与供应商或供应市场靠得太紧密，只要供应商能提供合理的交易即可。处理这类供应商的关系可采取现货买进方式。

第二个层次的供应商要求企业对供应市场要有一定的把握，如了解价格发展趋势等，采购的主要着力点是对供应市场保持持续接触，在市场竞争中买到价格最低的商品。

第三个层次的供应关系必须做到双方运作相互联系，其特征是公开、互相信赖。一旦这类供应商选定，双方就以坦诚的态度在合作过程中改进供应、降低成本。通常这类供应商提供的零部件对本单位来说属于战略品，但供应商并不是唯一的，本单位有替代的供应商可选择。这类供应商可以考虑长期合作。

第四个层次的供应商关系是一种共担风险的长期合作关系，其重要的特征是双方都力求强化合作，通过合同等方式将长期关系固定下来。

第五个层次是互相配合形成的自我发展型供应商关系。这种关系意味着双方有着共同的目标，必须协同作战，其特征是为了长期的合作，双方要不断地优化协作，最具代表性的活动就是供应商主动参与到本单位的产品开发业务中来，而本单位也依赖供应商在其产品领域内的优势来提高自己产品开发的竞争力。

6）按供应商的规模和经营品种分类

按供应商的规模和经营品种进行供应商细分的方法也可用矩阵图来表示，如图 3.2 所示。

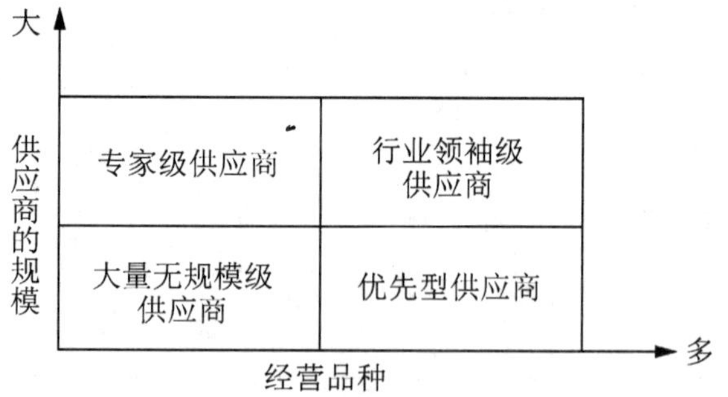

图 3.2　供应商的规模和经营品种矩阵图

在这种分类方法中，专家级供应商是指那些生产规模大、经验丰富、技术成熟，但经营品种相对少的供应商，这类供应商的目标是通过竞争来占领市场。低量无规模级供应商是指那些经营规模小、经营品种少的供应商。这类供应商生产经营比较灵活，但增长潜力有限，其目标仅是定位于本地市场。行业领袖级供应商是指那些生产规模大、经营品种也多的供应商，这类供应商财务状况比较好，其目标为立足本地市场，并且积极拓展国际市场。量小品种多的供应商虽然生产规模小，但是其经营品种较多，这类供应商的财务状况一般不是很好，但是它有潜力，可培养。

2. 供应链管理环境下供应商关系

1）建立供应链战略合作伙伴关系

在过去的 10 多年里，企业面临的竞争环境发生了巨大的变化，许多企业都应用 JIT 方法进行管理，这种方法要求企业加快对用户需求变化的反应速度，同时加强与合作伙伴的合作。全球竞争中，先进制造技术的发展要求企业将自身业务与合作伙伴业务集成在一起，缩短相互之间的距离，站在整个供应链的观点考虑增值，所以许多成功的企业都开始与合作伙伴建立联盟的战略合作伙伴关系。

供应链环境下合作伙伴关系可以定义为供应商与制造商之间，在一定时期内的共享信息、共担风险、共同获利的协议关系。这种关系的形成主要原因是为了降低供应链总成本、降低库存水平、增强信息共享、改善相互之间的交流、保持战略伙伴之间操作的一贯性、产生更大的竞争优势，以实现供应链节点企业的财务状况、质量、产量、交货期、用户满意度以及业绩的改善和提高。这必然要求战略合作伙伴关系加强合作和信任。

因此，制造商与供应商的合作伙伴关系应着眼于以下几个方面。

(1) 让供应商了解企业的生产程序和生产能力，使供应商能够清楚地知道企业需要产品或原材料的期限、质量、数量。

(2) 向供应商提供自己的经营计划、经营策略及其相应的措施，使供应商明确企业的希望，以使自己能随时达到企业要求的目标。

(3) 企业与供应商要明确双方的责任，并各自向对方负责，使双方明确共同的利益所在，并为此而团结一致，以达到双赢的目的。

供应链环境下合作伙伴关系发展的主要特征就是从以产品、物流为核心，转向以集成、合作为核心。在这种思想指导下，供应商和制造商把他们的相互的需求和技术集成在一起，以实现为制造商提供最有用产品的共同目标。因此，供应商与制造商的交换不仅是物质上的交换，还包括一系列可见和不可见的服务(R&B、设计、信息、物流等)。

供应商要具备创新和良好的设计能力，以保证交货的可靠性和时间的准确性。制造商要提供的活动和服务包括：控制供应市场、管理和控制供应网络、提供培训和技术支持、为供应商提供财务服务等。

2) 建立供应链合作伙伴关系需要注意的问题

建立供应链合作伙伴关系，供应商和制造商之间必须注意以下几个问题。

(1) 相互信任。信任通常意味着合作，而低水平的信任则意味着只顾为自身利益进行的明争暗斗。供应链合作伙伴关系的建立可以避免供应链管理中的冲突，降低合作伙伴之间的交易成本。在供应链节点各个企业的组织结构、文化背景等方面都存在着较大差异的情况下，信任关系的建立，可以大大降低伙伴之间的协调工作量，从而有利于形成稳定的供应链合作关系，使供应链管理总成本最小。

为了实现相互信任，供应商和制造商之间要经常沟通、相互了解、求同存异。

(2) 信息共享。在合作过程中，如果伙伴之间始终保持信息共享，那么相互之间的信任程度也会提高，合作效果更加明显。为此，供应链合作伙伴之间必须借助 Internet/EDI 技术，构建供应链管理信息系统，使各伙伴之间能共享信息。制造商必须让供应商了解制造企业的生产程序和生产能力，使供应商能够清楚地知道企业需要产品或原材料的期限、质量和数量；制造商还应向供应商提供自己的经营计划、经营策略及相应的措施，使供应商明确其希望，以使自己能随时达到制造商的要求。

另外，各合作伙伴之间必须相互沟通所获取的最新的市场信息，了解顾客的需求变化，以调整各自的生产和经营计划，达到双赢或多赢的效果。

(3) 权责明确。供应链伙伴之间不能为了自身利益而不负责任，牺牲他人利益。企业在合作过程中不要希望将所有利益收归自己，同时将责任、风险、成本等转嫁给合作企业。各合作伙伴应该明确各自的责任，并向其余各方负责。

(4) 解决合作伙伴关系之间问题的方法和态度。在竞争激烈的市场环境中，供应链的运转不可能一帆风顺。因此，企业应高度重视供应链管理，保持灵活、务实、忍耐、宽容的态度，及时协调、解决可能发生的各种问题，以促进供应链整体目标的实现。

3. 单源供应商的风险防范

1）单源供应的适用条件

单源采购是一种没有竞争的采购方式。采购实体在适当的条件下向单一的供应商、承包商或服务提供者征求建议或报价来采购货物、工程或服务。由于单源采购只同唯一的供应商、承包商或服务提供者签订合同，所以就竞争态势而言，采购方处于不利的地位，有可能增加采购成本，并且在谈判过程中容易滋生腐败现象，各企业都对这种采购方法的使用规定了严格的条件。一般而言，这种方法的采用都是出于紧急采购的时效性或者只能从唯一的供应或承包商取得货物、工程或服务的客观性。

2）单源供应的优劣分析

（1）单源供应的优势。独家供应的优势主要体现在以下两个方面：节省时间和精力，有助于与供应商发展伙伴关系；双方在产品开发、质量控制、计划交货、降低成本等方面共同改进。

（2）独家供应的风险。独家供应会造成供需双方的相互依赖，会产生如下风险：供应商有了可靠的顾客，会失去其竞争的原动力及应变、革新动力；供应商有可能远离市场，不能完全掌握市场的真正需求；企业本身不容易更换供应商。

3）控制单源供应商控货的风险

许多企业对于某些重要的原材料过于依赖同一家供应商，很容易导致供应商影响采购价格，对采购方施加压力，供应商垄断供货，采购方进退两难。下面是一些常见的防止供应商控货的方法，采购方可以根据自己所处的环境选择恰当的方法进行反控制。

（1）避免使用单源供应。独家供应一般有两种情况：①供货商不止一家，但仅向其中一家采购；②该产品的供应商仅此一家，别无分号。对于前一种情况，只要“化整为零”，变成多家供应，造成卖方的竞争，对方自然不会轻易抬高价格；而对后一种情况，则要尽快开发新来源，寻找新的供应商或新的替代产品。

（2）注意业务经营的总成本。单源供应商在采购价格上不肯让步时，采购方可以说服供应商在其他非价格条件上做出让步，总成本中的每个要素都可能使采购方节约成本。例如，要求供应商免费送货、延长保修期、放松付款条件等。

（3）充分掌握信息。更好地掌握信息，增强相互依赖。要清楚地了解供应商客户构成，培养供应商对采购方的依赖，在相互依赖增强的同时，对方的控制能力必定减弱，采购方提出降价要求时，供应商才会让步。

（4）协商长期合同。长期需要某种产品时，可以考虑订立长期合同。一定要保证持续供应和价格的控制，采取措施预先确定产品的需求量及需求增加的时机。

二、供应商激励

（一）供应商绩效管理

1. 供应商的绩效考核指标体系

供应商的绩效考核是指对已经获得采购方认可的现有供应商的实际工作表现的考核。考核的主要目的是了解供应商的表现、促进供应商改进，为供应商供应绩效评价提供依据。不同性质的企业对供应商的考核对象要求也不尽相同，以生产企业采购原材料的过程为例，考核的对象至少应该包括伙伴型供应商、优先型供应商和重点供应商，考核通常每月进行一次，并及时将考核结果通知被考核供应商。

在对供应商进行考核的过程中，生产企业通常会首先考核供应商的交货质量及交货表现，其次关注供应商的技术支持与服务、供应商参与本公司的产品开发等表现。

1）供应商产品质量绩效考核指标

质量指标是供应商绩效考核最基本的指标，包括来料批次合格率、来料抽检缺陷率、来料在线报废率、供应商来料免检率等。计算公式如下。

$$\text{来料批次合格率}=\frac{\text{合格来料批次}}{\text{来料总批次}}\times 100\%$$

$$\text{来料抽检缺陷率}=\frac{\text{抽检缺陷总数}}{\text{抽检样品总数}}\times 100\%$$

$$\text{来料在线报废率}=\frac{\text{来料总报废数（含生产在线数）}}{\text{来料总数}}\times 100\%$$

$$\text{来料免检率}=\frac{\text{来料免检的种数}}{\text{该供应商供应的产品总种类数}}\times 100\%$$

2）供应商供货绩效考核指标

供应指标又称企划指标，是与供应商的交货表现及其企划管理水平相关的因素，主要有准时交货率、交货周期、订单变化接受率等。

准时交货率计算公式如下。

$$\text{准时交货率}=\frac{\text{按时按量交货的实际批次}}{\text{订单确认的交货总批次}}\times 100\%$$

交货周期是指自订单开出之日到收货之时的时间长度，通常以天为单位。

订单变化接受率是衡量供应商对订单变化灵活性反应的一个指标，指在双方确认的交货周期中，供应商可接受的订单增加或减少的比率。计算公式如下。

$$\text{订单变化接受率}=\frac{\text{订单增加或减少的交货数量}}{\text{订单原定交货数量}}\times 100\%$$

3）供应商经济绩效考核指标

经济指标与采购价格和成本相关，质量及供应指标一般每月考核一次，而经济指标则相对稳定，多数企业是每季度考核一次，且经济指标是定性考核，常用经济指标如下。

（1）价格水平。通常与市场行情比较，或根据供应商的实际成本结构及利润率进行判断，如考核供应商报价是否及时，报价单是否客观、具体、透明等。

（2）降低成本的态度及行动。考核供应商是否真诚地配合公司的促销活动或主动地开展降低成本活动，是否定期与本公司共同检查价格。

（3）分享降价成果。考核供应商能否将降低成本的好处与本公司共享。

（4）付款。考核供应商是否积极配合本公司提出的付款条件要求与办法，开出的付款发票是否准确、及时，是否符合有关财税要求。

4）供应商技术支持与服务配合绩效考核指标

支持、配合与服务方面的表现考核也是定性指标，每季度考核一次，相关的指标有反应与沟通、合作态度、参与本公司的改进与开发项目、售后服务等。

(1) 反应表现。考核供应商对订单、交货、质量投诉等反应是否及时，答复是否完整，对退货、换货处理是否及时。

(2) 沟通手段。考核供应商是否有相对固定的人员负责与本公司沟通，沟通渠道是否畅通。

(3) 合作态度。考核供应商是否将本公司看成是重要客户，供应商的内部沟通协作是否顺畅。

(4) 共同改进。考核供应商是否积极参与或主动参与本公司的质量、供应、成本等改进活动。

(5) 售后服务。考核供应商是否主动征询本公司的意见或主动告知预防问题出现的方法。

(6) 参与开发。考核供应商是否积极参与本公司的产品或业务开发的过程。

(7) 其他支持。考核供应商是否在参观、访问、报价与送样、文件归档等方面顺利配合。

5) 供应商绩效考核结果的处理

(1) 鼓励优秀及合格供应商。按照企业的考核标准，对于达到优秀的供应商应予以激励，对于合格的供应商及时反馈考核结果，并帮助其优化供应过程。

(2) 警告不合格供应商。对于考核不合格的供应商应及时进行警告，并指导其改进供应过程，若改进效果不明显则应选择新的供应商替代。

(3) 开除整改后仍不合格的供应商。对于考核不合格的供应商，在限期整改后仍达不到合格供应商的基本要求的，应予以开除，决不手软。

2. 供应商绩效考核的程序

1) 供应商绩效考核的准备

首先，要制定供应商的绩效考核办法，确定供应商绩效考核的指标体系，作为量化考核的依据；其次，要与选定供应商进行充分沟通，使其了解考核标准，并对本公司参与考核的部门及人员做好培训工作。

2) 供应商绩效考核人员的确定

(1) 采购部主管。由于采购主管对供应商的供应绩效最为熟悉，所以采购主管参与考核有利于全面、真实地反映供应商的供应绩效。

(2) 工程、质量或生产部门相关人员。若采购项目的品质及数量对企业的最终产出影响很大时，可由工程、质量及生产部门的相关人员来参与考核。

(3) 外界的专家或管理顾问。为避免企业对供应商的绩效考核持有主观性，可以特别聘请外界的采购专家或管理顾问，针对供应商已有的表现，做出客观的分析与建议。

3) 供应商考核及供应商问题分析与奖惩办法

首先，考核人员按照考核标准要求，收集供应商供货的信息资料；其次，根据供应商绩效考核项目实施考核。

对于考核过程中各供应商所出现的问题，应及时反馈给相关供应商，并协助其改进；对于考核结果优秀的供应商应及时予以奖励，供应商的奖惩通常成为促使其持续改进供应绩效的动力。

(二) 供应商激励概述

1. 建立供应商激励标准

激励标准是对供应商实施激励的依据，制定对供应商的激励标准需要考虑如下因素。

（1）本企业采购物资的种类、数量、采购频率、采购政策、货款的结算政策等。

（2）供应商的供货能力、可以提供的物资种类、数量。

（3）供应商所属行业进入壁垒。

（4）供应商的需求，重点是现阶段供应商最迫切的需求。

（5）竞争对手的采购政策、采购规模。

（6）是否有替代品。

考虑上述因素的主要目的是针对不同的供应商，为其提供量身定做的激励方案，以达到良好的激励效果，为企业采购工作创造更加有利的条件。

2. 激励的方式

按照实施激励的手段不同，可以把激励分为两大类：正激励和负激励。所谓正激励，就是根据供应商的业绩评价结果，为供应商提供的奖励性激励，目的是使供应商受到这样的激励后，能够“百尺竿头，更进一步”，精益求精。而负激励则是为那些业绩评价较差的供应商提供的惩罚性的激励，目的是通过这种激励措施，使供应商能够“痛定思痛”，不断改进自己的能力，达到采购方的要求，或者将该供应商清除出去。

（1）常见的正激励有以下 7 种表现形式。

① 延长合作期限：把公司与供应商的合作期限延长，可以增强供应商业务的稳定性，降低其经营风险。

② 增加合作份额：提高供应物资的数量，可以增加供应商的营业额，提高其获利能力。

③ 增加物资类别：把合作的物资种类增加，可以使供应商一次送货的成本降低。

④ 供应商级别提升：能够增强供应商的美誉度和市场影响力，增加其市场机会。

⑤ 书面表扬：能够增强供应商的美誉度和市场影响力。

⑥ 颁发证书或锦旗：为供应商颁发的优秀合作证书或者锦旗，有助于提升其美誉度。

⑦ 现金或实物奖励。

（2）常见的负激励也有 7 种表现形式。

① 缩短合作期限：单方面强行缩短合作期限。

② 减少合作份额：减少送货数量。

③ 减少物资种类。

④ 业务扣款：在其货款总额中扣除部分或全部款项的处罚性行为。

⑤ 降低供应商级别。

⑥ 法律诉讼：依照法定程序对供应商提起诉讼，要求法律解决争议或提出赔偿。

⑦ 淘汰：终止与供应商的合作。

3. 激励方式的选择

在供应商业绩评价的基础上，按照得分多少对供应商进行分级。对于同类供应商，按照供应商数量的多少，可以选择正数排名第一名至第三名的给予正激励，排名倒数第一名至倒数第三名的给予负激励(一般被激励的供应商不超过同类供应商总数的 30%)。各种激励方式适用于不同的供应商。

在正激励中，不同的激励方式适用的供应商有以下几种。

（1）延长合作期限：适用于合作期限较短的供应商。

（2）增加合作份额：适用于具备更大数量的物资供应能力的、急于扩大营业额的供应商。

(3) 增加物资类别：适用于能够提供更多物资种类，且物资质量符合公司标准、增加物资类别有助于降低其成本的供应商。

(4) 提升供应商级别：适用于尚未达到战略合作伙伴级别的供应商(供应商级别的提升要逐步进行，不可越级提升)。

(5) 书面表扬：可以是对供应商个人的表扬，也可以是对供应商单位的表扬；可以是直接将书面表扬发至供应商单位/公司，也可以向当地媒体提出，向社会公开表扬。

(6) 颁发证书或锦旗：适用于对荣誉较为看重的供应商，可每年进行一次，证书或锦旗最好由公司专程送达。

(7) 现金或实物奖励：适用于对公司做出重大贡献或特殊贡献的供应商，一般由公司副总经理以上的领导提出。

由于负激励是一种惩罚性激励手段，一般用于业绩不佳的供应商。实施负激励的目标在于提高供应商的积极性，改进合作效果，维护公司利益不受损失。

4. 激励时机的确定

对供应商的激励一般在对供应商业绩进行一次或多次评价之后，以评价结论为实施依据。激励时机一般为以下几种。

(1) 市场上同类供应商的竞争较为激烈，而现有供应商的业绩不见提升时。

(2) 现有供应商之间缺乏竞争，物资供应相对稳定时。

(3) 现有供应商缺乏危机感时。

(4) 供应商对公司利益缺乏高度关注时。

(5) 供应商业绩明显有很大提高，对公司效益增长贡献显著时。

(6) 供应商的行为出现对公司利益损害时。

(7) 按照协议或合同规定，公司利益将受到影响时。

(8) 出现经济纠纷时。

(9) 需要提升供应商级别时。

(10) 其他需要对供应商实施激励时。

特别需要注意的是，在对供应商实施负激励之前，要查看该供应商是否有款项尚未结清，是否存在法律上的风险，是否会对公司的生产经营造成重大影响，是否会对大部分供应商产生负面影响，以避免因激励而给公司带来麻烦。

5. 激励的实施

激励由公司的供应商管理部门根据业绩评价结果提出，由部门经理审核，报分管副总经理批准(涉及法律程序和现金及实物奖罚、证书和锦旗的激励须报请公司总经理审批)后实施。

1) 逐渐建立起一种稳定可靠的关系

企业应当和供应商签订一个较长时间的业务合同关系，例如 1～3 年。时间不宜太短，太短了让供应商不完全放心，从而总是要留一手，不可能全心全意为搞好企业的物资供应工作而倾注全力。只有合同时期长，供应商才会感到放心，才会倾注全力与企业合作，搞好物资供应工作。特别是当业务量大时，供应商会把本企业看做是它生存发展的依靠和希望。这就会更加激励它努力与企业合作，企业发展它也得到发展，企业垮台它也跟着垮台，形成一种休戚与共的关系。但是合同时间也不能太长。这一方面是因为将来可能发生变化，例如市场变化导致产量变化，甚至产品变化、组织机构变化等；另一方面，也是为了防止供应商产生一劳永逸、铁饭碗的思想而放松对业务的竞争进取精神。为了促使供应商加强竞争进取，就要使供应商有危机感。所以合同时间一般以一年比较合适，并说明如果第二年继续合适，可以再续签；第二年不合适，则合同终止。这样签合同，就是既要让供应商感到放心，可以有一段较长时间的稳定工作；又要让供应商感到有危机感，不要放松竞争进取精神，才能保住明年的工作。

2）有意识地引入竞争机制

有意识地在供应商之间引入竞争机制，促使供应商之间在产品质量、服务质量和价格水平方面不断优化。例如，在几个供应量比较大的品种中，每个品种可以实行 A、B 分类制或 ABC 分类制。所谓 AB 制，就是 1 个品种设两个供应商，一个为 A，是主供应商，承担 50%～80%的供应量；另一个为 B，是副供应商，承担 20%～50%的供应量。在运行过程中，对供应商的运作过程进行结构评分，1 个季度或半年评比 1 次。如果主供应商的月平均分数比副供应商的月平均分数低 10%以上，就可以把主供应商降级成副供应商，同时把副供应商升级成主供应商。与上面说的是同样的原因，主张变换的时间间隔不要太短，最少一个季度以上。太短了不利于稳定，也不利于一旦偶然出错的供应商有机会纠正错误。A、B、C 分类制则实行 3 个类别的制度。原理与 A、B 制一样，同样也是一种激励和控制的方式。

3）与供应商建立相互信任的关系

疑人不用，用人不疑。当供应商经考核转为正式供应商之后，一个重要的措施就是应当将验货、收货逐渐转为免检收货。免检，这是对供应商的最高荣誉，也可以显示出企业对供应商的高度信任。免检，当然不是不负责任地随意给出，应当稳妥地进行。既要积极地推进免检考核的进程，又要确保产品质量。一般免检考核时间要经历 3 个月左右，在免检考核期间内，起初总要进行严格的全检或抽检。如果全检或抽检的结果，不合格品率很小，则可以降低抽检的频次，直到不合格率几乎降到零。这时，要组织供应商有关方面的人员，稳定生产工艺和管理条件，保持住零不合格率。如果真能保持住零不合格率一段时间，就可以实行免检了。当然，免检期间，也不是绝对地免检，还要不时地随机抽检一下，以防供应商的质量滑坡，影响本企业的产品质量。抽检的结果如果满意，则继续免检。一旦发现了问题，就要增大抽检频次，进一步加大抽检的强度，甚至取消免检。通过这种方式，也可以激励和控制供应商。

此外，建立信任关系，还包括很多方面。例如，不定期地召开由企业负责人参加的碰头会，交换意见，研究问题，协调工作，甚至开展一些互助合作。特别对涉及企业之间的一些共同的业务、利益等有关问题，一定要开诚布公，把问题谈透、谈清楚。要搞好这些方面的工作，需要树立起一个指导思想，就是“双赢”。一定要尽可能让供应商有利可图。不要只顾自己，不顾供应商的利益，只有这样，双方才能真正建立起比较协调可靠的信任关系。这种关系实际上就是一种供应链关系。

4）建立相应的监督控制措施

在建立起信任关系的基础上，也要建立起比较得力的、相应的监督控制措施。特别是一旦供应商在合作过程中出现了什么问题或者一些可能发生问题的苗头之后，一定要建立起相应的监督控制措施。根据不同的实际情况，可以分别采用以下一些措施。

(1) 对一些非常重要的供应商，或是当问题比较严重时，可以向供应商单位派常驻代表。常驻代表的作用，就是沟通信息、技术指导、监督检查等。常驻代表应当深入到生产线各个工序、各个管理环节，帮助发现问题，提出改进措施，切实保证把有关问题彻底解决。对于那些不太重要的供应商或者问题不那么严重的单位，则视情况分别采用定期或不定期到工厂进行监督检查，或者设监督点对关键工序或特殊工序进行监督检查，或者要求供应商自己报告生产条件情况、提供工序管制上的检验记录，让大家进行分析评议等办法实行监督控制。

(2) 加强成品检验和进货检验，做好检验记录，退还不合格品，甚至要求赔款或处以罚款，督促供应商改进。

(3) 组织本企业管理技术人员对供应商进行辅导，提出产品技术规范要求，使其提高产品质量水平或企业服务水平。

5) 供应商的激励模式

供应商供应绩效的持续改进有赖于采购企业所制定的激励机制。除了通常所用的价格激励、订单激励、淘汰激励、投资激励、信息激励以外，还有以下几种激励模式可供参考。

(1) 商誉激励。商誉是一种无形资产，它由企业自身在公众和其他企业中的评价所决定。而且人们越来越重视这种无形资产。在激烈的竞争环境下，供应商收到的订单量及其收入的多少主要取决于其过去的运营质量及合作水平。一个企业的商誉越高，其获得订单的可能性也就越大。

采购企业可以在供应商的订单完成率和准时交货率等方面对供应商进行商誉的激励。如供应商能在规定的时间内100%完成订单，采购企业可支付比例较高的货款，甚至全额付款，以此来激励供应商。供应商的准时交货对于采购企业来说，既能降低库存费用，又能保证生产，因此，如果供应商能够按照要求准时交货，则可以给该供应商较多的订单，甚至以较高的货物单价促使其逐渐往准时生产方式(Just In Time，JIT)方面发展。

(2) 长期合作的激励。通过建立长期的合作伙伴关系，供应商可以节省许多由于更换伙伴所发生的费用，以及减少由于对另一个伙伴的重新了解所产生的风险，供应商一般总能从长期的合作中得到持续稳定的利润。因此，让战略性供应商确信可以成为长期的合作伙伴，能够促进这种关系的形成及维系。

(3) 为供应商提供更多的技术培训机会及技术支持。采购企业可以向供应商提供一些学习、培训、交流的机会，体现出重视供应商的个体成长和事业发展。供应商除了希望在订单中获取收益外，还希望能够实现企业的长期发展及更高层的社会价值。因此，如果能够不断地为供应商提供提高自身技能的学习机会，加强供应商的核心能力，同时充分了解供应商的需求和发展意愿，为其提供富有挑战性的发展机会，就一定能够促使供应商不断改进供应绩效。

【应用案例】

沃尔玛全球采购

沃尔玛公司是全世界零售业销售收入位居第一的巨头企业，素以精确掌握市场、快速传递商品和最好的满足客户需求著称，是著名的“全球500强”排行的冠军。

早在20世纪80年代末，就有人质疑巨无霸的沃尔玛是否能够继续增长。但是，接下来的10年，沃尔玛每年都实现两位数的营业额增长，年均增长的绝对数在250亿美元以上。2004年，沃尔玛全球销售达到2852亿美元。其中在中国的销售额达76.4亿元，中国已成为沃尔玛全球的重要采购基地之一。到2005年，沃尔玛已经连续4次登上《财富》世界500强的冠军宝座，而全球采购正是沃尔玛成功的必要条件之一。在2002年2月1日之前，沃尔玛并没有自己从海外直接采购商品，所有海外商品都由代理商代为采购。沃尔玛要求刚刚加盟的沃尔玛全球副总裁兼全球采购办公室总裁崔仁辅利用半年时间准备好并支撑起 2000 亿美元营业额的全球采购业务，同时在全世界成立 20 多个负责采购的分公司，使全世界采购小组同步作业，而且使全球采购业务在一年之后增长了 20%，超过了整个沃尔玛营业额 12%的增长率。崔仁辅深知国际贸易规划的变化对全球采购业务的重大影响，也观察到世界制造业和全球采购的总体变化趋势，于是结合沃尔玛零售业务的特点，在自办全球采购的组织上采用以地理布局为主的形式。

他的全球采购网络首先由大中华及北亚区、东南亚及印度次大陆区、美洲区、欧洲中东及非洲区 4 个区域所组成。其次在每个区域内按照不同国家设立国别分公司，其下再设立卫星分公司。国别分公司是具体采购操作的中坚单位，拥有工厂认证、质量检验、商品采集、运输以及人事、行政管理等关系采购业务的全面功能。卫星分公司则根据商品采集量的多少来决定拥有其中哪一项或几项功能。

沃尔玛把全球采购总部从香港搬至广东，并以深圳为基地，再向世界延伸 20 个采购据点。采购网络负责为沃尔玛的连锁店采购在质量、包装、价格等方面均具有竞争力的优质产品并全面负责沃尔玛超过 2000 亿美元的全球采购任务。需要注意的是在这个全球采购中心里不发生实际的购买行为，它所做的主要工作是在全球范围内为沃尔玛公司搜寻新的产品与合适的供应商，然后把搜寻到的商品和供应商们集合起来，召集分布在全球各个区域的买家过来挑选采买，达成交易。

沃尔玛的采购严格采用全面压价方式并与供应商结成战略伙伴关系，排斥了大量的中间商，同时也尽可能最大程度地从供应商身上获取最大利润，这从一定程度上损害了供应商的利益，从而造成零售业供应商的两大不幸：一是作为沃尔玛的供应商；二是不被沃尔玛选中的供应商。

(一) 沃尔玛发展全球采购网络的组织

1. 沃尔玛的全球采购

在沃尔玛，全球采购是指某个国家的沃尔玛店铺通过全球采购网络从其他国家的供应商进口商品，而从该国供应商进货则由该国沃尔玛公司的采购部门负责采购。

1) 全球采购网络的地理布局

沃尔玛结合零售业务的特点以及世界制造业和全球采购的总体变化趋势，在全球采购网络的组织上采取以地理布局为主的形式。四大区域中，大中华及北亚区的采购量最大，占全部采购量的 70%多，其中中国分公司又是采购量第一的国别分公司，因此，沃尔玛全球采购网络的总部就设在中国的深圳。

2) 全球采购总部

全球采购总部是沃尔玛全球采购网络的核心，也是沃尔玛的全球采购最高机构。在这个全球采购总部里，除了 4 个直接领导采购业务的区域副总裁向总裁汇报以外，总裁还领导着支持性和参谋性的总部职能部门。

沃尔玛在深圳设立全球采购总部，沃尔玛不仅能在这里采购到质量、包装、价格等方面均具有竞争力的优质产品，更重要的是，深圳顺畅、便捷的物流系统及发达的海陆空立体运输网络，特别是华南地区连接世界市场的枢纽港地位，为沃尔玛的全球采购赢得更多的时间，带来更多的便捷。

2. 沃尔玛全球采购网络的职责

沃尔玛的全球采购网络相当于一个“内部服务公司”，为沃尔玛在各个零售市场上的店铺买家服务。

1) 商品采集和物流

全球采购网络要尽可能地在全球搜索到最好的供应商和最适当的商品——沃尔玛的全球采购网络实际上担当了商品采集和物流的工作，对店铺买家来说，他们只有一个供应商。

2) 向买家推荐新商品

对于新产品，沃尔玛没有现成的供应商，它通过全球采购网络的业务人员参加展会、介绍等途径找到新的供应商和产品。店铺买家会到全球采购网络推荐的供应商那里和他们直接谈判以及购买。

3) 帮助其他国家的沃尔玛采集货品

沃尔玛的全球采购为全世界各个国家的沃尔玛店铺采集货物，而不同国家之间的贸易政策往往不一样，这些差别随时都需要加以跟踪，并在采购政策上做出相应的调整。

4) 调查、比较厂商和产品

沃尔玛的全球采购中心同时还对供应商的注册资金、生产能力等进行查证，对产品的价格和质量进行比较。对满意的厂商和产品，他们就会安排买家来直接和供应商进行谈判。

（二）沃尔玛的全球采购流程

采购是一个比较复杂的过程，为了提高采购活动的科学性、合理性和有效性，就必须建立和完善系统的采购流程，从而保证采购活动的顺畅进行。下面从宏观和微观方面说明沃尔玛的采购流程。

1. 宏观方面

全球采购办公室是沃尔玛进行全球采购的负责组织，但是这个全球采购办公室并没有采购任何东西。在沃尔玛的全球采购流程中，其作用就是在沃尔玛的全球店铺买家和全球供应商之间架起买卖之间的桥梁。因此，沃尔玛的全球采购活动都必须以其采购的政策、网络为基础，并严格遵循其采购程序。在全世界商品质量相对稳定的情况下，只有紧密有序的采购程序才能保证沃尔玛采购足够量的货物。

2. 微观方面

沃尔玛的商品采购是为了保证销售需要，通过等价交换取得商品资源的一系列活动过程，包括搜索信息、确定计划、选择供应商、谈判等。

1）筛选供应商

沃尔玛在采购中对供应商有严格的要求，不仅在提供商品的规格、质量等方面，还对供应商工厂内部的管理有严格要求。

2）收集产品信息及报价单

通过电子确认系统(EDI)，向全世界 4000 多家供应商发送采购订单及收集产品信息和报价单，并向全球 2000 多家商场供货。

3）决定采购的货品

沃尔玛有一个专门的采办会负责采购。经过简单的分类后，该小组会用 E-mail 的方式和沃尔玛全球主要店面的买手们沟通，这个过程比较长。在世界各大区买手来到中国前(一般一年 2～3 次)，采办会的员工会准备好样品，样品上标明价格和规格，但决不会出现厂家的名字，由买手决定货品的购买。

4）与供应商谈判

决定了购买的产品后，买方和采办人员对被看上的产品进行价格方面的内部讨论，定下大致的采购数量和价格，再由采办人员同厂家进行细节和价格的谈判。谈判采取地点统一化和内容标准化的措施。

5）审核并给予答复

沃尔玛要求供应商集齐所有的产品文献，包括产品目录、价格清单等，选择好样品提交。并会在审核后的 90 天内给予答复。

6）跟踪检查

在谈判结束后，沃尔玛会随时检查供应商的状况，如果供应商达不到沃尔玛的要求，则根据合同，沃尔玛有理由解除双方的合作。

（三）沃尔玛全球采购政策

沃尔玛的全球采购中心总部中有一个部门专门负责检测国际贸易领域和全球供应商的新变化对其全球采购的影响，并据以指定和调整公司的全球采购政策。沃尔玛的采购政策大致可以分为以下三方面。

1. 永远不要买得太多

沃尔玛提出，减少单品的采购数量，能够方便管理，更主要的是可以节省营运成本。沃尔玛的通信卫星、GPS 以及高效的物流系统使得它可以以最快的速度更新其库存，真正做到零库存管理，也使“永远不要买得太多”的策略得到有力的保证。

2. 价廉物美

“沃尔玛采购的第一个要求是价廉物美”。在沃尔玛看来，供应商都应该弄清楚自己的产品跟其他同类产品有什么区别，以及自己的产品中究竟哪个是最好的。供应商最好尽可能生产出一种商品专门提供给沃尔玛。沃尔玛最希望以会员价给顾客提供尽可能多的在其他地方买不到的产品。

3. 突出商品采购的重点

沃尔玛一直积极地在全球寻找最畅销的、新颖有创意的、令人动心并能创造“价值”的商品。造成一种令人高兴、动心的购物效果，从而吸引更多的顾客。

沃尔玛的商品采购的价格决策和品项政策密不可分，它以全面压价的方式从供应商那里争取利润以实现天天低价；沃尔玛还跟供应商建立起直接的伙伴关系以排斥中间商，直接向制造商定货，消除中间商的佣金，在保证商品质量的同时实现利润最大化。

(四) 沃尔玛全球供应商的选择

优秀的供应商是零售企业的重要资源，它对零售企业的成长具有重大影响。对沃尔玛来说，选择了合适的供应商，才有可能采购到合格的商品，因此，在全球采购战略中，沃尔玛挑选供应商的条件和标准都是一样的。

1. 供应商选择条件

沃尔玛对全球供应商的选择条件是非常严格的，要成为它的供应商，必须满足以下九大条件：

(1) 所提供的商品必须质量优良，符合国家以及各地方政府的各项标准和要求。

(2) 所提供的商品价格必须是市场最低价。

(3) 文化认同：尊重个人、服务客户、追求完美、城市增值。

(4) 首次洽谈或新品必须带样品。

(5) 有销售记录的增值税发票复印件。

(6) 能够满足大批订单的需求。在接到沃尔玛订单后，如有供应短缺的问题，应立即通知。连续 3 次不能满足沃尔玛订单将取消与该供应商的合作关系。

(7) 供应商应提供以下的折扣。①年度佣金：商品销售总额的 1.5%；②仓库佣金：商品销售总额的 15%～30%；③新店赞助费：新店开张时首单商品免费赞助；④新品进场费：新品进场首单免费。

(8) 供应商不得向采购人员提供任何形式的馈赠，如有发现，将做严肃处理。

(9) 沃尔玛鼓励供应商采取电子化手段与其联系。

沃尔玛在确定资源需求方面看重的是供应商提供的商品的质量以及价格，必须符合高品质的要求，又要求最低价格，以此来实现其天天低价。

(资料来源：http：//www.cflp.org.cn/xsyj/201110/08/169144.shtml)

问题思考：

案例中只显示沃尔玛的全球采购供应商的选择，请分析沃尔玛的供应商激励是怎么做的?

[复习题]

(1) 分析企业供应商管理的含义、意义和目标。

(2) 阐述供应商的分类方法。

(3) 阐述供应商的关系图谱的应用。

(4) 试论述在供应链环境下供应商的合作伙伴关系建立的作用。

(5) 阐述采取单源供应的风险控制。

(6) 阐述供应商绩效考核的指标体系的应用。

(7) 论述供应商激励的方式、时机和方法。

[实训巩固]

实训目的

通过训练掌握供应商管理与激励要点。

实训内容

以 8 人小组为单位，选择一个企业，提出对该企业的某类物料的供应商所采取的管理思路和激励方法，并阐明原因，写出分析报告。

实训考核

实训评价的方式有教师评价、小组内部成员评价和第三方评分组成员评价3种，建议教师评价占60%的权重，小组内部成员评价占20%的权重，第三方评分组成员评价占20%的权重，将三者综合起来的得分为该生在该项目的评价分，见表3-3。

表3-3　实训工作评价表

考　评　人		被考评人	
考评地点			
考评内容	物料的采购分类与采购方式确定		
考评标准	具体内容	分值/分	实际得分
	工作态度	20	
	团队合作	20	
	实训任务的完成度	30	
	成果展示与汇报	30	
合　计		100	

注：考评满分100分，60分以下为不及格，60～69分为及格，70～79分为中，80～89分为良，90分以上为优。

管理二

采购质量与成本管理

CAIGOU ZHILIANG YU CHENGBEN GUANLI

【学习目标】

掌握采购商品质量管理方法，掌握商品检验及验收的方法，掌握采购成本的构成及降低方法，掌握采购回扣控制措施。会对采购商品进行质量管理，能进行采购商品的检验；会根据企业采购成本资料，提出降低成本方法；利用控制采购回扣办法提出控制采购回扣的合理化建议。

【管理任务】

采购是企业顺利经营的重要保障，采购原材料、半成品质量的好坏决定着企业最终产品的质量，而商业企业采购商品的质量则直接影响企业的销售；此外采购成本的高低也会影响到生产成本和销售成本。总之，采购作为企业经营的起点，在很大程度上影响着企业的后续经营，因此，在采购过程中对质量进行严格把关，尽量控制成本，对采购人员进行监控就变得尤为重要。

如果你是学生小李，需要完成如下任务。

1. 任务要求

小李要想学习和领会本管理的知识，需要进行一次企业调研，考查企业在采购过程中对质量、成本控制的途径和方法。

2. 任务实施

小李以个人或和同学组成3人小组；明确目标，制订详尽的调研计划，到企业进行调研；然后写出自己的感想和体会，着重分析企业采购过程中质量管理和成本控制的方法。

【管理案例】

长安汽车公司的采购成本优化管理案例

从汽车企业成本发生的类型来看，主要有采购成本、加工成本和管理成本等。供应商的采购成本根据所从事行业的不同，分别占到总成本的55%～70%，主机厂采购成本所占比例更是高达70%，如果能有效降低采购成本，就抓住了成本优化的关键。长安汽车股份有限公司决定以增强供应链竞争力的采购成本优化管理为突破口，全面实施成本优化战略。

1. 优化管理方案

采用以市场为导向的目标成本法，建立新车型配套件采购价格管理新模式。汽车行业通常采用成本加成法来制定配套件的采购价格和整车销售价格，即在完全成本的基础上加一个利润额，构成所制定的价格。按照这种方法制定的价格很可能得不到市场接受，也不容易满足新车型开发进度要求。因此，长安股份公司决定用目标成本法取代成本加成法。

确定单车材料总成本。首先通过市场调研确定既能被市场接受，又符合公司战略意图的新车型单车目标销售价格，然后由成本管理人员计算出该产品必须承受的制造成本、期间费用以及可以接受的目标利润，在上述指标基本确定以后，就可以计算出新车型单车材料总成本。

制定零部件技术系数。零部件价格系数是指单一零部件占整车材料成本的比重。技术系数是在基准车型零部件价格系数的基础上，经产品开发部门根据结构、材料、工艺等技术因素的变化，综合评估每个零部件的变化程度，将原价格系数给予适度修正后确定的该零部件占新车型整车材料成本的比重。

采用招、议标相结合，价、量相结合的方法制定"已定点未定价"和改型配套件的采购价格，建立价、量、点三合一的改型车配套件采购价格管理新模式。"已定点未定价"的零部件属于遗留问题。改型配套件的定价任务也很重，虽然公司现在生产的车型只有一个平台，但衍生车型品种却有数百个，它是新品定价的重要组成部分。

该公司针对配套零件供货状态及质量状况的复杂性，将招标和议标相结合。对配套供应商生产能力不均衡、"假两家、真独家"或产品质量状况不稳定的情况，采用以财务部主导，相关部门参与的议标方式确定价格。议标方式的引入，使得整个"改进方法"能够处理各种复杂情况。对生产能力均衡，产品质量状况稳定，没有特殊保护需要的零部件采用招标的方式制定价格。

对需要议标的零部件，财务部先制定目标价格，然后由供应商报价，公开开标后按供应商报价高低排出第一标和第二标顺序，依次和财务部谈价。经过这一轮谈判，如果供应商接受目标价格，就达到了议标的目的，如果都不接受目标价格，直接转为招标。

对需要招标的零部件，确定以"价量结合"的方式来制定配套零部件采购价格。对供应商投标价格最低的，长安公司从订货数量上给予支持，鼓励供应商依靠自身综合实力从规模中找效益。

若一个配套零件有两家供应商供货，一般按7：3执行第一标和第二标供货比例。有3家配套供应商的，按6：3：1的供货比例执行。对一个配套零件存在既有国外引进又有国内供应商供货的情况，首先明确引进数量比例，剩余部分再由国内供应商通过招、议标方式投出的价格确定订货比例分配方案。

利用成本函数原理，建立价量曲线指导成熟车型配套件降价运作管理新模式。单位产品成本会随产量的增加而逐步降低，主要在于固定成本摊薄。如果能准确建立零部件的成本——产量模型，便可以根据整车产量的变化，准确测算零部件的成本下降幅度。

按零部件的加工工艺分类，成立了以财务和技术为核心的机加、冲焊、电器、橡塑、总装杂件和发动机共6个调研小组，抽调了财务、技术和配套处等部门40多位业务骨干人员参加。

调研小组按零部件价值排序，分别从成本构成、加工工艺和技术含量3个方面分层逐步筛选，结合产品重要性和降价潜力性分析，选择了100个零部件进行调研，其价值覆盖了采购总价值的70%，保证了样本量足够大。

以公司的采购总金额和供应商的成本费用数据作为基准，将所有采购零部件分为汽车、发动机两大系列，每个系列再细分为机加、冲焊、电器、橡塑、总装杂件五大行业，分别建立起分行业的成本——产量数学模型，计算出当采购金额在各种不同增幅情况下固定成本的下降幅度，就可以绘制出各个行业的价量曲线，用以指导与供应商的谈判与合作。

2. 实施效果

通过实施采购成本优化管理，长安汽车股份有限公司的供应链成本结构得以优化，和供应商的关系得以紧密，供应链的综合竞争能力显著增强。新车型开发比基准车型单车采购成本下降 22%，至今已为公司节约采购成本 5000 万元。运用目标成本法制定零部件价格，客观上也促使供应商积极采取措施，不断挖潜降低成本，供应商在成本下降中获利 30%。通过这样持续的努力，促使主机厂和供应商都成为行业的成本领先者。

（资料来源：http：//www. purise. com）

思考与分析：

采购成本往往占企业总成本一半以上，成功降低采购成本是企业增加利润的重要途径。长安公司以市场为出发点，用目标成本法计算企业可承受的成本，再将总成本分解到各零部件上，以此为基础，采用招标、议标相结合的方式选择供应商，最终取得了很好的成效。归根结底，长安汽车成功的原因在于尊重市场、科学分析、战术灵活、追求与供应商实现共赢。

【管理知识】

一、采购质量管理

（一）采购商品质量的特性

1. 商品质量的概念

关于商品质量的定义可分为广义和狭义两种：狭义的商品质量是特定使用目的所要求的商品各种特性的总和，即商品的自然属性的综合；广义的商品质量是商品能适合一定用途要求，满足社会一定需要的各种属性的综合，即商品的符合性和社会适用性相结合。适用性是从用户出发的，但是适用性过度，质量就无法控制。符合性是从厂家出发的，但符合性不能不适应商品的革新和市场变化的需求。因此，将适用性与符合性两者结合起来看待质量问题才是比较科学的。

2. 商品的质量特性

商品的质量特性是指满足人们某种需要所具备的客观要求、属性和特征的总和，能够反映消费者对商品的明确或潜在的要求。例如，方便、舒适、安全、卫生等用语言表达的意思，但如果不能把它们转化为技术经济语言或衡量尺度，就无法实现对商品质量的有效管理和监督。因此，必须把质量用可定量的具体质量特性值体现出来。一般来说，表示每种商品的质量，常常要用很多质量特性来表示。每种质量特性对商品质量都有一定的贡献，但其重要程度却不尽相同，因此随用途不同也会发生变化。同时，产品的类别不同，具有的质量特性也不同，大致可归纳为以下几个方面。

1）性能

性能指产品能适应用户使用目的所具有的技术特性，它综合反映了顾客和社会对产品所规定的功能，如载货汽车的载重量、速度、功率，金属切削刀具的硬度、强度、切削效率等。它一般包括使用性能和外观性能。

2）可信性

可信性是一个集合性术语，是与时间有关的质量特性，反映产品的可用程度，具体表现为可用性、可靠性、维修性和维修保障性。

3）安全性

安全性反映产品在储存、流通和使用过程中不发生由于产品质量而导致的人员伤亡、财产损失和环境污染的能力。它是一个最具刚性的指标，一般要严格加以保证。

4）适应性

适应性反映产品适应外界环境变化的能力。

5）经济性

经济性反映产品合理的寿命周期费用。

6）时间性

时间性反映在规定时间内满足顾客财产对产品交货期和数量要求的能力，以及满足顾客要求随时间变化的能力。

7）可追溯性

追溯考虑产品的历史、应用情况或所处场所情况，一般涉及原材料和零部件的来源、加工历史、产品交付后的分布和场所。

质量特性要有过程来保证，即在设计、研发、采购、生产制造、销售服务等全过程中实现并得到保证。过程中的各种活动的质量决定质量特性，从而决定产品质量，为此在采购中必须明确这些质量特性，并保证这些质量特性满足使用要求。

（二）采购商品质量管理的方法

1. 质量管理常用的统计控制方法

统计质量控制就是依据数理统计的原理，对产品质量进行控制。统计质量控制的简要过程为：运用数理统计方法，把收集到的大量质量信息、数据和有关材料进行整理和定量分析，发现问题，采取对策，及时处置，从而达到控制质量，预防不合格品出现，提高质量的目的。上述过程的实现，一是靠大量调查；二是靠占有足够的信息和数据；三是及时做出质量判断。因此，全面质量管理的过程，也可以视为对数据进行收集、整理、分析、判断、处理（采取措施）和改进质量的过程。

数据统计是反映数据(商品质量数据)在某一时刻或某一小段时间内静止状态的方法，一般用直方图、排列图、因果图、调查表、管理图和散布图与回归分析直线来反映。

1）直方图

此方法将收集到的大小不均、杂乱无章的计量值数据进行整理，找出数据的分布中心及散布规律，以判断质量是否稳定，预测不合格率，提出改进质量的具体措施。

2）排列图

影响产品质量的原因错综复杂，排列图是找出影响产品质量主要原因的一种有效的统计方法。它的应用面较广，如后勤工作、节约问题、安全问题等均可利用该方法来找出。此外，它还可以用来检验改进措施是否有效果。

3）因果图

因果图又称树枝图、鱼刺图、特性要素图等。商品质量管理过程中对故障品(或缺陷品)，应实地考察或亲自过目。为了寻找产生某一质量问题的原因，须进行现实的有价值的因果推想。当推想所需的资料数量较少时，可从列有推想所需的资料的清单上得到。当推想所需的资料数量较大且复杂性增大时，则须对推想清单进行有序整理。通过识别可能的主要变量，将清单压缩整理，或以表格形式分类排列。

4）调查表

调查表也是数据整理和原因分析的一种工具。为了了解质量状况，需要收集许多数据，并将可能出现的原因及其分类预先列成“调查表”，检查时在相应的分类中进行统计及做简单原因分析，为以后决策提供依据。

根据使用目的不同，可使用不同的调查表，常见的调查表有缺陷位置调查表、不合格项目调查表、不合格原因调查表、商品布局调查表等。

5）管理图

管理图是研究数据随时间变化的统计规律的动态方法，通过管理界限进行质量分析和控制。

管理图可分为计量值管理图与计数值管理图两种。前者用于管理计量指标的产品，如长度、重量、时间、强度、成本、得率等连续量，常用的有 X—R 管理图、I—S 管理图、S—R 管理图等。后者用于管理计数指标的产品，如不合格品数、不合格品率、缺陷数、单位缺陷数等离散量。常用的有 Pn 管理图、P 管理图、C 管理图、u 管理图等。

6）散布图与回归分析直线

前面的方法是对一个变量进行分析的统计方法，对于两个变量之间的相互关系，则可用散布图、回归直线进行统计处理。

散布图，是用来表示一组成对的数据之间是否有相关性的一种图表。这种成对的数据或许是“特性—要因”、“特性—特性”、“要因—要因”的关系。制作散布图的目的是为辨认一个品质特征和一个可能原因因素之间的联系。

回归分析(Regression Analysis)是确定两种或两种以上变数间相互依赖的定量关系的一种统计分析方法。回归分析的应用包括展望与预测，通过分析确定影响某一结果的各种变量以及各种最佳操作条件。

2. 模糊数学综合评判法

很多时候，人们不仅要从多种因素考虑，且一般只能用模糊语言描述，如显示器的舒适性，人员的政治立场坚定，某建设方案的社会影响等。

评价者从诸因素出发，参照有关信息，根据其判断对复杂问题分别做出“大、中、小”；“高、中、低”；“优、良、可、劣”；“好、较好、一般、较差、差”等程度性的模糊评价。多因素评价较困难，因为要同时综合考虑的因素很多，而各因素重要程度又不同，使问题变得很复杂。如用经典数学方法来解决综合评价问题，就显得很困难。而模糊数学则为解决模糊综合评价问题提供了理论依据，从而找到了一种简便而有效的评价与决策方法。可通过模糊数学提供的方法进行运算，得出定量的综合评价结果，从而为正确决策提供依据。

模糊综合评价的 4 个要素如下。

1）评价因素集 F

即评价指标体系。一般有 $F=\{f_i\}$，$i=1, 2, \cdots n$。

2）评定(语)集 E

即评价等级的模糊尺度集合，如好、较好、一般、较差，可写为

$$E=\{e_j\},\ j=1,\ 2,\ \cdots m$$

3）因素权重集(权重向量)W_F

即评价项目或指标的权重或权系数向量。

4）单因素评价隶属度向量，形成隶属度矩阵

对因素集内诸要素的评定是一种模糊映射 f：$F\rightarrow E$。

单因素评价就是相对于评价因素 f_i分别作出 e_i评价的隶属度。

$$R_i=(r_{i1},\ r_{i2},\ \cdots,\ r_{im}),\ i=1,\ 2,\ \cdots,\ n,\ \sum r_{ij}=1$$

因此，整个因素集内诸因素的隶属度向量组成隶属度矩阵，即模糊矩阵。

$$R=\begin{matrix} r_{11} & r_{12} & \cdots & r_{1n} \\ r_{21} & r_{22} & \cdots & r_{2n} \\ & \vdots & & \\ r_{m1} & r_{m2} & \cdots & r_{mn} \end{matrix}$$

这样，对一个评价问题，(F、E、R)就构成了一个模糊评价模型。根据模糊集理论的综合评定概念，若已知因素内诸因素的隶属度向量 R，以及因素集的权重向量 W_F，则综合评定结果(综合评价向量)为

$$S=W_F\times R$$

(三) 商品检验的概念与种类

1. 商品检验的概念

检验是对产品或服务的一种或多种特征进行测量、检查、试验、度量，并将这些特性与规定的要求进行全面比较以确定其符合的活动。商品检验就是根据商品标准和合同条款规定的质量指标，确定商品质量高低和商品等级的工作。

商品检验的主体是商品的供货方、购货方或者第三方。

商品检验的对象是商品的各种特性，如商品的质量、规格、重量、数量以及包装等方面。

商品检验的依据是合同、标准或国际、国家有关法律、法规、惯例等对商品的要求。

商品检验的目的是在一定条件下，借助科学的手段和方法，对商品进行检验后，做出合格与否或通过验收与否的判定；或为维护买卖双方合法权益，避免或解决各种风险损失和责任划分的争议，便利商品交接结算而出具各种有关证书。

商品的质量检验是商品检验的中心内容，狭义的商品检验是指商品的质量检验。

2. 商品检验的种类

(1) 根据检验对象的流向，商品检验可分为内销商品检验和进出口商品检验两种形式。

① 内销商品检验。内销商品检验是指国内的商品经营者、用户及相关部门的商品质量管理机构与检验机构或国家技术监督局及其所属的商品质量监督管理机构与其认可的商品质量监督检验机构，依据国家法律、法规、有关技术标准或合同对内销商品所进行的检验活动。

② 进出口商品检验。进出口商品检验是由商检机构(即国家商检局在省、自治区、直辖市以及进出口商品的口岸、集散地设立的商检局及其分支机构)和国家商检局、商检机构指定的检验机构依照有关法律、法规、合同规定、技术标准、国际贸易惯例与公约等，对进出口商品进行的法定检验、鉴定检验和监督管理检验。

(2) 根据检验目的不同，商品检验可分为生产检验(第一方检验)、验收检验(第二方检验)和第三方检验 3 种形式。

① 生产检验(第一方检验)是商品生产者为维护企业信誉，达到保证质量的目的，而对原材料、半成品和成品商品进行的检验活动，检验合格的商品应有“检验合格”标志。

② 验收检验(第二方检验)是商品的买方(如商业、外贸部门和工业)为了维护自身及其顾客的利益，保证其所购商品满足合同或标准要求所进行的检验活动。在实践中，商业或外贸企业还常常派出“驻厂员”对商品质量形成的全过程进行监控，及时发现问题，及时要求生产方解决。

③ 第三方检验是指处于买卖利益之外的第三方，以公正、权威的非当事人身份根据有关法律、合同或标准所进行的商品检验。其目的在于维护各方合法权益和国家权益，协调矛盾，促使商品交换活动的正常进行。第三方检验由于具有公正性、权威性，其检验结果被国内外所公认，具有法律效力。

(3) 根据检验有无破坏性，商品检验可分为破坏性检验和非破坏性检验两种形式。

① 破坏性检验是指为取得必要的质量信息，经测定、试验后的商品遭受破坏的检验。

② 非破坏性检验是指经测定、试验后的商品仍能使用的检验，也称无损检验。

(4) 根据检验商品相对数量差异，商品检验可划分为全数检验和抽样检验两种形式。

① 全数检验是对被检商品逐个(件)地进行的检验，又称百分之百检验。它可以提供较多的商品质量信息，给人以心理安全感，适用于批量小、质量特性少且质量不稳定、较贵重、非破坏性的商品检验，但应避免由于检验工作单调、检验人员疲劳所导致的漏检或错检现象。

② 抽样检验是按照事先已确定的抽样方案，从被检商品中随机抽取少量样品，组成样本，再对样品逐一测试，并将结果与标准或合同技术要求进行比较，最后由样本质量状况统计推断被检商品整体质量合格与否的检验。它检验的商品数量相对较少，节约检验费用，有利于及时交货，但提供的商品质量信息少，有可能误判，因此不适用于质量差异程度大的商品。若能避免抽样时可能犯的错误，其可靠性甚至优于全数检验。抽样检验适用于批量较大、价值较低、质量特性多且质量较稳定或具有破坏性的商品检验。

(四) 采购商品的检验方式

根据国家有关规定，国家商检总局及所属各地商检局的主要任务是：对进出口商品实行品质管制，管理进出口商品的检验工作，办理与对外贸易有关的各项公证鉴定(包括法定检验、监督管理和公证鉴定)工作。品质管制范围内的商品，即法定检验的商品，不经检验既不能进口，也不能出口。

1. 法定检验

法定检验是根据国家法律、法规，对指定的重要进出口商品执行强制性检验，非经检验合格不准出口或进口，以维护国家的信誉和利益。我国商检法规定，对重要进出口商品实施强制性的法定检验。商检部门根据合同或标准的规定进行检验，签发检验证书，作为海关放行的凭证。

2. 公证检验

公证检验与法定检验性质不同，不是强制性检验，而是凭对外贸易关系人(进口商、出口商、承运部门、仓储部门、保险公司等)的申请办理的。其工作范围和内容十分广泛，包括运用各种技术手段和经验，检验、鉴定各种进出口商品的品质、数量、重量、包装、积载、残损、载损、海损等实际情况，以及商品的运载工具、装卸等事实状态和其他有关业务是否符合合同、标准和国际条约的规定以及国际惯例的要求，进而做出检验、鉴定结果与结论，提供有关数据，签发检验、鉴定证书或其他有关证明，以及有关对外贸易的其他鉴定工作。

3. 监督管理

监督管理的实质是国家商检机构对进出口商品检验工作实施统一管理，并对各地区、各部门的一切进口商品的质量检验进行监督管理和组织检验。商检机构或国家商检局、商检机构指定或认可的检验机构对生产企业申请使用认证标志或申请获得必要的进口安全质量许可、出口质量许可或卫生注册登记的进出口商品所实施的检验。只有检验合格，才可获准使用认证标志或者取得进口、销售、使用或出口资格。

（五）商品质量检验

1. 商品质量检验的步骤

商品检验大多无须或不能逐件或逐个(全检)检验，除一些价值昂贵的商品，如钻石、艺术品、古董等，现代商品一般按标准要求及选定的抽样方案，抽取规定的样本，再按合同或标准要求进行检验，最后以样本的质量情况推断整批商品的质量情况。商品质量检验工作程序通常为“定标—抽样—检查—分析—比较—处理”。

1）定标

定标是指检验前应根据合同或标准明确技术要求，掌握检验手段和方法以及商品合格判定原则，制订商品检验计划，并确定检验批。

检验批是指一次检验的所有商品构成的整体。正确确定检验批对于简化检验结果的工作，确切反映商品的质量有着重要的意义。

确定检验批必须遵循如下准则。

(1) 同一检验批的商品必须是同品种、同规格、同花色、同进货批次。

(2) 对标有质量等级的商品，必须是同一质量等级。

2）抽样

商品抽样就是在检验整批商品质量时，按合同或标准规定的抽样方案(全数检验不存在抽样问题)，根据科学的概率理论适用的随机抽取方法，从中抽取一定数量的具有代表性的样品，作为评定该批商品质量依据的工作。

3）检查

检查是在规定的环境条件下，用规定的试验设备和试验方法检测样品的质量特性。

4）分析

对检验所得数据的处理是商品检验过程中的一项重要工作。一般对于非直观数据，均规定用算术平均值或其他特定数据计算值表示。

5）比较与处理

比较是通过检查数据分析结果同技术要求比较，衡量其结果是否符合质量要求，进而由合格判定原则判定商品是否合格，并做出是否接收的结论。处理是对检验结果出具检验报告，反馈质量信息，并分别对不合格品及不合格批做出处理。

2. 商品质量检验方法

商品质量检验的方法很多，一般有感官检验、理化检验和实用性检验 3 种方法。这些检验方法在实际工作中，常常按照商品的不同质量特性进行选择和相互配合使用。

1）感官检验法

感官检验法是在一定的条件下，运用人的感觉器官对商品的感官质量特性做出判断的评价和检验方法。它简便易行、快速灵活、成本低，特别适用于目前还不能用其他检验方法检验的商品某些质量指标和不具备组织其他检验方法的情况。其涉及的商品很多，如食品、药品、纺织品、化妆品、家用电器和化工商品等。但也存在不足，它受检验人员的生理、健康状况、技能、工作经验及客观环境等因素的影响，检验效果带有一定的主观性，难以用确切的数据表示其结果。

2）理化检验法

理化检验法是在一定的环境条件下，利用各种仪器设备和化学试剂来测定和分析商品质量的方法。它主要用于应用商品内在质量的分析，如商品成分、结构、物理性质、化学性质、安全性、生物学性质、微生物检验、机械性能、卫生性以及对环境的污染和破坏性等。它比感官检验客观、准确，技术性强，能用具体数据定量说明商品的检验结果。但对检验设备和条件要求严格，对检验人员的素质要求较高。

3）实用性检验法

实用性检验法是通过模拟实际使用或消费者实际使用等手段来检验商品质量的方法。

二、采购成本管理

（一）采购成本分析

采购成本是指企业在生产经营过程中，因采购活动而发生的相关费用，即在采购过程中的购买、包装、运输、装卸、存储等环节所支出的人力、物力、财力等货币形态的总和。

1. 采购成本构成

采购成本不仅包括采购物料的价格，而且包括采购活动的成本费用(包括取得物料的费用、采购业务费用等)、因采购而带来的库存持有成本以及因采购不及时而带来的缺货成本。

1）物料成本

物料成本是指由于购买材料而发生的货币支出成本。物料成本总额取决于采购数量、单价和运输成本，它的计算公式为

物料成本＝单价×数量＋运输费＋相关手续费＋税金等

在物料的成本中，最需要考虑的是物料的价格。可以说，物资采购控制的核心是采购价格的控制，降低采购成本的关键也是控制采购价格。

2）订购成本

订购成本是指向供应商发出采购订单的成本费用。具体来说，订购成本是指企业为了实现一次采购而进行的各种活动的费用，如办公费、差旅费、邮资和电话费等支出。订购成本中有一部分与订购次数无关，如常设采购机构的基本开支等，称为订购的固定成本；另一部分与订购的次数有关，如差旅费、邮资等，称为订购的变动成本。

3）持有成本

持有成本是指为保持商品库存而发生的成本，它可以分为固定成本和变动成本。固定成本与存货数量的多少无关，如仓储折旧、仓库员工的固定月工资；变动成本与持有数量的多少有关，如物料资金的应计利息、物料的破损和变质损失、物料的保险费用等。

4）缺货成本

缺货成本是指由于物料供应中断而造成的损失，包括停工待料损失、延迟发货损失和丧失销售机会损失(还应包括商誉损失)。如果损失客户，还可能为企业造成间接或长期损失，具体如下。

(1) 保险库存及其成本。许多企业都会考虑保持一定数量的保险存货作为缓冲，以防在需求或提前期方面的不确定性。保险存货太多意味着多余的库存，而保险存货不足则意味着断料、缺货等。企业保持保险存货是为了在需求率不规则、需求预测不确定、供应商意外供货中断的情况下，确保供应。缺料成本就是由于供应中断而造成的损失，包括原材料供应中断造成的停工损失、产成品库存缺货造成的延迟发货损失和丧失销售机会的损失。

(2) 延期交货及其成本。延期交货会导致生产无法正常进行，造成产能、工时损失，影响生产交货期。若为确保生产，必须从其他渠道重新采购，就会产生额外费用。

(3) 失销成本。尽管一些客户允许延期交货，但是仍有一些客户会转向其他企业。也就是说，每个企业都有竞争者，当一个企业缺货时，客户就会从其他企业订货，在这种情况下，缺货就会导致失销和直接利润损失。

(4) 失去客户的成本。由于缺货失去客户，客户永远转向另一家企业，企业也就失去了未来一系列收入，这种缺货造成的损失很难估计，需要用科学管理的技术以及市场营销研究方法来分析和计算。除了利润损失，还有由于缺货造成的商誉损失。商誉在采购成本控制中常被忽略，但它对未来销售及客户经营活动非常重要。

2. 影响采购成本的主要因素

影响采购成本的因素很多，概括起来可以归纳为企业内部因素、外部因素和意外因素3个方面。

1）内部因素

(1) 跨部门协作和沟通。采购业务涉及计划、设计、质保和销售等部门。由于需求预测不准，生产计划变化频繁，紧急采购多，采购成本高；由于设计部门未进行价值工程分析或推进标准化，过多考虑设计完美，导致物料差异大，无法形成采购批量，采购成本高；由于质量部门对质量标准过于苛刻，导致采购成本增加等。

(2) 采购批量和采购批次。根据市场供需原理，物料的采购单价与采购数量成反比，即采购的数量越大，采购的价格就越低。企业间联合采购，可合并同类物料的采购数量，通过统一采购使采购价格大幅度降低，使各企业的采购费用相应降低。因此，采购批量和采购批次是影响采购成本的主要因素。

(3) 交货期、供货地点与付款期。供应商的交货期、供货地点、付款期等因素直接影响到企业库存的大小及采购成本高低。

(4) 价格成本分析和谈判能力。采购价格分析、供应商成本构成分析，是确定采购价格和取得同供应商谈判主动权的基础。企业在实施采购谈判时，必须分析所处市场的现行态势，有针对性地选取有效的谈判议价手法，分析采取不同的议价方式，以达到降低采购价格的目的。

2）外部因素

（1）市场供需状况。影响采购成本最直接的因素就是市场供需情况。在资源紧缺、供不应求时，供应商就会涨价；反之，则降价。

（2）供应商生产技术、质量水平。一般供应商的生产技术先进、产品品质优秀，产品销售价格就高。因此，采购人员应根据需求部门对质量、技术功能及交货期的要求，合理选择供应商，达到良好的性价比。

（3）采购企业与供应商的合作关系。在全球经济一体化的大背景下，供求双方建立长期双赢的合作伙伴关系，通过双方共同努力，降低供应链成本，来实现降低采购成本的目的。

（4）供货商的销售策略。供应商报价与供应商的销售策略直接相关，如供应商为开拓市场获得订单，一般开始价格比较低，在占领市场后会提高价格。

（5）供应商成本。一般在新产品开发和投入阶段，采购数量少，供应商成本高；进入成长期后，随着采购量增加，技术成熟，供应商成本降低，供应商价格就会降低。

3）意外因素

自然灾害、战争等因素也会导致采购价格大幅度上涨。

3. 降低采购成本的方法

1）集中采购法

集中采购法是指将各部门或各个分公司的需求集中起来，由采购部门统一对外谈判、签约的采购方式。由于集中采购数量大，谈判议价能力强，采购成本就低。

2）价值分析法

价值分析法是通过价值分析降低采购成本的途径，主要是将产品设计简化以便于使用替代性材料或制造程序；选择提供较优惠付款条件的供应商；采购二手设备而非全新设备；运用不同的议价技巧；选择费用较低的货运承揽业者，或考虑改变运输模式(如将空运改为水运)，同样可以降低成本。

3）作业成本法

作业成本法是将间接成本依照在某一产品上实际花费的时间正确地进行配置，将间接成本平均分摊的做法。运用到采购管理中，即将采购间接成本按不同的材料、不同的使用部门等进行分配，从而科学地评价每种材料、各个部门实际分摊的间接采购费用。它可以让管理层更清楚地了解间接采购成本分配的状况。

4）目标成本法

目标成本法是指企业在新产品开发设计过程中，为了实现目标利润而达到的成本目标值，即产品生命周期成本下的最大允许值。它的核心工作是制定目标成本，并且通过各种方法不断改进产品设计与工序设计，以最终使得产品的设计成本小于或等于其目标成本。目标成本法是一种全过程、全方位、全人员的成本管理方法。

5）成本结构分析法

成本结构分析法对供应商成本结构进行分析，可以使企业在谈判过程中取得合理的价格。控制、降低采购成本的一个基本手段是要求供应商提供尽可能详细的报价单，即供应商提供的产品按固定费用及变动费用逐项展开计算，并核算其准确性。

6）谈判法

在采购管理中一项至关重要的工作就是对供应商的成本结构及其业绩进行分析，并在此基础上进行谈判。谈判是降低采购成本的重要途径之一，但最新研究表明，通过谈判降低采购成本的幅度是有限的，企业还要配合集中采购法、目标成本法、供应商成本结构分析等方法的运用，综合考虑如何降低采购成本。

（二）采购成本控制

采购成本控制是采购管理的重中之重，控制采购成本对企业经济效益的影响越来越大，而对采购成本的控制应该具体化、程序化、规范化。采购成本控制方法具体如下。

1. ABC 分析法

1）ABC 分析法原理

ABC 分析法的原理是按巴雷托曲线所示意的主次关系进行分类管理，广泛应用于工业、商业、物资、人口及社会学等领域，以及物资管理、质量管理、价值分析、成本管理、资金管理、生产管理等许多方面。它的特点是既能集中精力抓住重点问题进行管理，又能兼顾一般问题，从而做到用最少的人力、物力、财力实现最好的经济效益。

2）ABC 分析法的步骤

（1）收集数据。按分析对象和分析内容，收集有关数据。例如，打算分析产品成本，则应收集产品成本因素、产品成本构成等方面的数据；打算分析针对某一系统搞价值工程，则应收集系统中各局部功能、各局部成本等数据。

（2）处理数据。对收集来的数据资料进行整理，按要求计算和汇总。

（3）制 ABC 分析表。ABC 分析表栏目构成如下：第一栏物品名称；第二栏品目数累计，即每一种物品皆为一个品目数，品目数累计实际就是序号；第三栏品目数累计百分数，即累计品目数对总品目数的百分比；第四栏物品单价；第五栏平均库存；第六栏是第四栏单价乘以第五栏平均库存，为各种物品平均资金占用额；第七栏为平均资金占用额累计；第八栏平均资金占用额累计百分数；第九栏为分类结果。制表按下述步骤进行：将第 2 步已求算出的平均资金占用额，以大排队方式，由高至低填入表中第六栏。以此栏为准，将相当物品名称填入第一栏、物品单价填入第四栏、平均库存填入第五栏、在第二栏中按 1、2、3、4……编号，则为品目累计。此后，计算品目数累计百分数、填入第三栏；计算平均资金占用额累计，填入第七栏；计算平均资金占用额累计百分数，填入第八栏。

（4）根据 ABC 分析表确定分类。按 ABC 分析表，观察第三栏累计品目百分数和第八栏平均资金占用额累计百分数，将累计品目百分数为 5％～15％而平均资金占用额累计百分数为 60％～80％左右的前几个物品，确定为 A 类；将累计品目百分数为 20％～30％，而平均资金占用额累计百分数也为 20％～30％的物品，确定为 B 类；其余为 C 类，C 类情况正和 A 类相反，其累计品目百分数为 60％～80％，而平均资金占用额累计百分数仅为 5％～15％。

（5）绘 ABC 分析图。以累计品目百分数为横坐标，以累计资金占用额百分数为纵坐标，按 ABC 分析表第三栏和第八栏所提供的数据，在坐标图上取点，并连接各点曲线，则绘成 ABC 曲线。按 ABC 分析曲线对应的数据，按 ABC 分析表确定 A、B、C 三个类别的方法，在图上标明 A、B、C 三类，则制成 ABC 分析图。

在采购决策时，必须考虑不同物料的资金占用量大小。物料的年资金占用量就是将每个品种库存物料的年度需求量与该物料单位成本的乘积。A 类物料是年度资金占用量最高的库存，这些品种只占库存总数的 15％，但资金占用却占到总额的 70％～80％；B 类物料是年度资金占用量中等的库存，这些品种占全部库存的 30％，资金占用占总额的 15％～25％；C 类物料是年度资金占用量最低的库存，这些品种占库存总数的比重为 55％，占资金占用总额的比重为 5％。

3) ABC 分类控制法方式

(1) 对 A 类存货的供应商建立战略合作伙伴关系。

(2) 对 A 类存货的现场控制应更严格，实施动态盘点。

(3) 对 A 类存货实施 JIT 采购。

(4) 预测 A 类存货应比预测其他类存货更为仔细精心。

(5) 对 C 类存货适当加大进货批量，减少进货次数。

(6) 对 B 类存货给予一般控制。

2. 采购早期参与产品开发

采购部门早期参与产品开发是采购部门对内协调需求，缩短采购周期和降低采购成本的重要任务之一。采购部门参与产品开发过程可以达到以下目的。

(1) 可以尽早了解新产品开发对物料的需求，并相应地做出反应，这样可以大大缩短采购周期。

(2) 技术部门可以利用采购经理相关领域的行业知识和对资源可得程度的了解，有利于新产品开发的可行性和经济性。

(3) 有利于供应商的优化。采购部门越早得到需求信息，就越有利于开发供应商。

(4) 减少原有串行工作中部门间反复的协调。采购部门参与产品开发过程，可以加深对物料需求的理解，包括物料特性、质量、包装及物流运输等要求。

(5) 增进技术与采购部门的交流协作。采购部门了解产品开发进度，可以制订合理的采购计划，实现采购与项目设施同步化，有利于降低成本，减少资金占用。

(6) 采购流程与项目开发流程同步化。

3. 价值分析与价值工程

1) 价值分析与价值工程的概念

价值分析(Value Analysis，VA)与价值工程(Value Engineering，VE)是指以分析产品或服务的机能为主，切实达成产品或服务所需求的机能与最低总成本的组合的活动。其目的是为了提升产品或服务的价值，同时达到降低成本，获得社会信赖，提供满足顾客需求的价廉物美的产品或服务。

2) VA/VE 方法要解决和回答与采购成本降低相关的问题

(1) 它是否具有贡献价值？

(2) 它的成本是否与其用途相符？

(3) 基本的与次要的功能是否可以分离出来？

(4) 一段时间后功能性需求是否会改变？

(5) 需要其所有的特性吗？

(6) 是否有更好的可以满足其预期使用目的的物料？

(7) 这种物料能否被淘汰？

(8) 如果不是使用标准物料，是否可以使用标准物料？

(9) 这种物料性能是否超出所需要求？

(10) 在存货中是否有相似的物料可以使用？

(11) 物料的重量能减轻吗？

(12) 是否有新技术或新设计能够改变物料的功能？

(13) 公差精密度的要求是否过高?

(14) 是否有不必要的加工过程?

(15) 是否要求得过于完美?

(16) 你能自己更便宜地制造这种物料吗?

(17) 即使现在你能生产这种物料，但是你能以更低的价格采购到此物料吗?

(18) 运输时这种物料能适当分类吗?

(19) 包装费用是否能削减?

(20) 你是否能建议供应商削减成本?

4. 推进产品标准化

由于不同设计人员凭借过去经验，习惯采用自己熟悉的材料或零部件，导致物料规格、型号特别多，无法形成采购批量，不利于降低采购成本，所以推进产品设计标准化的意义在于以下几点。

(1) 整合需求，形成批量。

(2) 物料通用性强，有利于降低库存。

(3) 有利于 BOM 简化，操作效率提高。

(4) 有利于物流操作效率提高。

5. 从为库存采购到为订单采购转变

(1) 与供应商建立战略合作伙伴关系，签订供应商框架协议大大简化交易手续和成本。

(2) 在同步化供应链计划的协调下，制造计划、采购计划和供应计划能够同步进行，缩短响应时间，实现了供应链的同步化运作。

(3) 采购物资直接进入制造部门，减少采购部门的无增值的活动，实现供应链精细化运作。

(4) 实现面向过程的作业管理模式的转变，从根本上使供货质量和服务水平得到保证。

6. 从一般买卖关系到战略合作伙伴关系转变

(1) 正确理解双赢的含义和意义。

(2) 分析在供应链上的不增值的业务。

(3) 提升供应商以客户为中心的经营理念。

(4) 逐步实现免检和“零库存”。

(5) 推进实施标准工位器具和配送上线服务。

7. 促进供应商改变供货方式

不同供货方式，反映了供应商供货服务水平，也直接影响到采购企业的采购与物流成本，应根据物料需求特点和供应商的实际情况，要求供应商持续改进供货方式。目前供应商供货方式及其适用情况见表 3-4。

表 3-4 供应商供货方式及其适用情况表

供应方式	适用情况	对需方利益影响	对供方利益影响
定时定量供货	远距供货	库存风险大	批量大、成本低
适时供货(JIT)	近距供货	库存低、适应性强	运输成本高

续表

供应方式	适用情况	对需方利益影响	对供方利益影响
寄售库存(VMI)	远距供货	资金占用少、占用仓库空间大	降低运输成本，合作关系紧密
直送工位	体大、笨重、易碎物料	资金占用小、占用仓库空间少、质量风险大	运输成本高、质量要求高
系统供货	相关性强的物料	采购业务效率高、便于供应商管理	降低运输成本、增加销售收入
采用标准集装器具供货	定型、常用、量大的物料	便于计数、减少重复劳动、提高效率	降低包装成本、提高服务水平
免检供货	质量优秀的供应商	缩短供货周期	产品质量、检测要求高

三、采购人员管理

(一) 采购人员管理的必要性

采购人员是采购活动的执行者，也是关系到采购活动能否顺利进行的关键。企业要依靠采购人员顺利地完成采购工作，就要提高采购人员的素质，避免和消除在采购活动中存在的假公济私、贪污腐败、损害企业利益等行为。一些供应商给采购人员以一定回扣，从而获得采购订单，而其供应的产品往往是高价或质量差，给企业带来了经济损失。

1979 年，威廉·路迪勒思与罗吉·布梭兹在“采购的道德问题”的调查报告中指出，受访者认为设计道德问题的采购行为，依其重要性划分，次序分别如下。

(1) 接收供应商的礼物，像促销赠品及回扣等(83%)。

(2) 提高竞争者的报价给供应商，并允许其重新报价(77%)。

(3) 对供应商夸大问题的严重性，以获取较好的价格或特权(68%)。

(4) 对某个高层主管所偏好、介绍或建议的供应商给予特别礼遇(65%)。

(5) 对某个绩效良好的供应商给予特别礼遇(65%)。

(6) 因对某位推销员的特别喜爱而影响供应商的选择(63%)。

(7) 接受旅游、餐饮及其他免费的招待(58%)。

(8) 向供应商咨询有关竞争者的消息(42%)。

(9) 欲对已经进行制造的物料取消订单，并规避注销费(40%)。

(10) 对通过其他部门介绍的供应商给予礼遇(35%)。

(11) 为了获得更低的价格或其他好处，告诉供应商会用第二个来源(34%)。

(12) 劝诱新的供应商来报价，只是为了杀价的目的(23%)。

(13) 运用公司买方优势去获得更好的价格或从供应商得到好处(22%)。

由以上的调查报告显示，有一半以上的受访者认为接收礼品、对供应商差别待遇，乃至免费的招待等，都是采购人员违反道德的行为，应极力避免。

(二) 采购回扣产生的原因

采购中的回扣问题一直是一个不容易杜绝的现象。回扣有两方面的定义：①指卖方企业非法支付给买方企业或买方企业员工的贿赂金；②指买方企业向卖方企业或卖方企业员工支付回扣以期取得卖方企业员工的欺诈性合作，借以提高利润，而这一切是以买方企业的损失为代价的。采购回扣产生的原因主要有以下几种。

1. 非法争取业务

一些企业利用回扣，先于竞争对手获得有关买方企业计划和战略方案信息，以及买方企业估价小组所使用的未公开的投标估价准则；偷看竞争对手的密封投标，向竞争对手提供误导性信息从中破坏，使其不具备资格；笼络买方企业有影响的要员否决其他竞争对手，或者使标的设计要求只有支付了回扣的卖方才能达到，以此来达到自己企业的目的。

2. 非法提高利润率

提高利润率是卖方企业支付回扣的目的所在。卖方企业通过支付回扣给买方企业有关的员工，使其同意不正当的价格变动；买通买方企业的检验和质量控制部门，使低于标准的或不符合规格要求的商品得以使用，并设法避开企业其他职能部门对质量和价格的抱怨。

（三）采购回扣资金的支付方式

1. 现金贿赂

现金贿赂即按照卖方企业的意思使用现金进行贿赂，如支付虚构的业务费。卖方企业在支付给对方的支票上，只注明是一笔应支付给受贿人或一家并不存在的公司或串谋者的款项，并同时将其作为销售费用、咨询费用等列支，因而可以在某种程度上掩盖这种支付行为。

2. 非现金贿赂

非现金贿赂可以作为公司一项正常开支予以掩盖，如公司为其工作人员购买或租用汽车时，可以为那些曾经对公司有“帮助”的买方企业员工赠送若干飞机票、旅行账单；其中最易掩盖贿赂的就是卖方企业提供的产品或劳务，如修建住宅、增加员工福利设施等。

（四）控制采购回扣的措施

1. 完善绩效管理

好的绩效考核可以达到这样的效果：采购人员主观上必须为公司的利益着想，客观上必须为公司的利益服务，没有为个人谋利的空间。

在考核中，可以交替运用两套指标体系，即业务指标体系和个人素质指标体系。这些指标都是硬的，很难加以伪饰，所以这种评价有时显得很残酷，那些只会搞人际关系而没有业绩的采购人员这时就会原形毕露，评估的结果当然就不会如其所愿。

在评估完成之后，把员工划分成若干个等级，或给以晋升、奖励，或维持现状，或给以警告或辞退。可以说，这半年一次的绩效考核与员工的切身利益是紧密联系在一起的。

在绩效评估结束之后，安排的是职业规划设计。职业规划设计包含下一个半年的主要业务指标和为完成这些指标所需要的行动计划。

2. 采购制度建设

控制采购人员拿回扣的现象主要应从建立一套严格的完善的管理监控奖惩机制入手，使得采购人员拿回扣更加困难，更加容易被发现，受到的惩罚更大，从而大大增加采购人员拿回扣的风险成本。当采购人员发现拿回扣的风险代价大于拿回扣可获得的经济利益时，其一般就不会去做这种得不偿失的事了。

为了规范跨国采购行为，适应在不同文化背景下开展业务，那些最好的跨国公司编写了诸如《对外业务开展手册》、《全球采购人员手册》等制度和政策说明，每个不同国家的采购人员人手一份。这些手册并不是单纯地宣告公司对于腐败行为的处理规定，还具体地运用案例和情境告诉采购人员该做什么不该做什么。比如，有些跨国公司规定，只有存在回请机会的前提下，才可以出席供应商的宴会；在出差的发票上必须注明费用发生的时间、地点等。另外跨国加强监督建设的方法也是值得借鉴和思考的。

规模较小的公司由总经理本人定期抽查采购价格，与来自其他非供货商的价格相比较，从中可分析出是否存在问题。规模较大的公司则建立正式的监察系统，对一些大宗物资或价值较大物资的采购进行监视。

3. 让回扣合法化

一方面，要不要回扣这个问题不能做机械的规定。有些情况下是可以要的，比如你买别人的茶杯，人家定的价格是一元钱一个，中间有一角钱的回扣，卖十个就回扣一元钱，如果你不要回扣，他仍然按一元钱一个与你结算，那就便宜了他了。如果把回扣一概视为非法，严格禁止，反而会刺激一些采购人员拿回扣的欲望，因为人家时刻都在诱导他。另一方面，不加限制的允许拿回扣，必然会给企业带来巨大的损失，该压的价格不压，采购的成本就会涨高。有关专家认为开放采购、提高采购人员的工资、加强监督系统建设、轮换采购人员也可以最大限度地杜绝采购中的回扣问题。

4. 开放采购渠道

公司要定期招标，做到货比三家，择优择廉选购。在招标中，有的供应商未能中标，可由监察部门定期与其联系或请来座谈，责成供应部门定期向供应商发出公开信，要求供应商对产品的质量、价格经常与公司联系、通气，以此打破供应渠道的封闭性，了解对方的供货质量和价格情况，再与已中标的供应商的产品的质量和价格进行综合比较，以确定招标结果是否合理。

5. 提高采购人员的工资

许多企业认为采购工作比推销工作容易得多，因而往往会派一些资质平平的人从事采购工作，显然其工资待遇也会比较低。殊不知采购工作对降低公司运营成本的作用十分重要。因而，应选派最优秀的人才承担采购任务，并从利益分配上对其予以激励。提高采购人员的工资待遇可以使得采购工作的吸引力增加，进而增进采购人员对企业的忠诚度，同时高工资待遇也使得采购回扣对其的诱惑大大减小。

在制定内部分配方案时，可适当向采购人员倾斜或基本工资，或岗位工资，或奖金，可适当提高一个幅度，以便使其体会到公司的关心和照顾，安守本分地为公司工作。

6. 轮换采购人员

一般来说，公司每年都要进行一次机构调整，可借机构调整之机，对采购员进行调整，避免“轻车熟路”，“老朋友好办事”的现象出现。常言道“常在河边走，哪能不湿鞋”，对于企业的敏感性岗位应当经常进行轮换才能避免出现大的问题。经常对采购人员进行轮换，有以下几点好处。

(1) 推销员知道采购人员要经常轮换从而无法建立长期的关系将使得他大大减少付出回扣的积极性。

（2）采购员经常轮换使得他不容易与供应商建立密切的关系。

（3）对采购员进行轮换的同时必然要对他的前一段工作情况进行总结考核，也使得采购员拿回扣风险更大。

【应用案例】

格兰仕企业的采购成本降低策略

不论是松下、通用汽车等老牌企业，还是戴尔、惠普等新兴企业，都建立了强大的采购部门和完善精密的采购制度。采购部门不仅是一个购入原材料的部门，同时是企业的利润中心之一。在收入不变的情况下，降低成本就意味着增加利润。所以完全有理由认为采购部门也是利润中心。

原材料成本占格兰仕总成本的 60%～70%，因此采购成本是格兰仕最重要的成本，也是每年降低成本的重点部门。格兰仕降低采购成本有如下妙招。

1. 向供应商要利润

采购人员与对方谈判时最有效的一种武器是了解供应方的合理成本水平。为了培养采购人员的这种能力，格兰仕物资供应部把市场上各种同类产品都找来，分析最低多少成本能做出这个产品。对手电筒的分析给了大家最深的印象，最低 2.5 元可以做出市场上卖 10 元左右的手电筒。

无独有偶，与沃尔玛打交道的供货商，大多对沃尔玛又爱又恨。爱的是商品进了沃尔玛一定很好销售，恨的是沃尔玛对供货商的成本极为清楚，他们的利润率被压在一个较低的水平上。

2. 不断开发供应商，营造竞争局面

供货商的开发和管理应该是动态的，较理想的状态是采用鲶鱼效应。格兰仕就是不断开发新的、更有威胁的供应商，让它像鲶鱼激活沙丁鱼一样，在供货商之间营造彼此竞争的氛围。

3. 与供货商共赢

与供货商合作谋取共赢是有远见的企业坚持不懈的工作。如果只顾自己的利益，将被供货商抛弃。格兰仕注重诚信，在付款条件方面坚决遵守 45 天付款期的规定，到期自动付款，不会像业内其他一些企业那样，找出各种借口拖欠，然后等着供应商来“做工作”。因为这些因素，很多供应商都愿意与格兰仕合作。

佛山方普公司从 1993 年开始就给格兰仕供货，公司工作人员的体会是，“格兰仕供货压力很大，每年都要降，自己必须主动降低才能跟上他们的要求”。但是他们非常开心，因为给格兰仕供货不用搞“公关”，“这一点我最不擅长，而他们(格兰仕采购业务人员)最不愿意供应商跟他们搞关系”。格兰仕的物资供应部门与供应商一直对降低零部件成本的方案进行探讨，积极帮助供应商降低成本。格兰仕非常重视与供应商达成长期合作的共识，朝着更高品质、更低成本的目标共同努力。

4. 招标比价技巧

格兰仕规定：所有采购都要通过招标进行，3000 元以上的采购必须由 3 家以上的企业竞标，5000 元以上的采购必须由 5 家以上的企业竞标，招标比价之后，采购人员可以初步定价，但采购员没有最终决定权，还得经过公司内的专家审计。

审计专家建有日常采购成本的数据库，数据库中包括众多厂商的同类产品的市场价、成本构成等数据。审计专家认为采购员的报价合理，签字后采购才有效，即使是总经理也要服从专家的意见。

5. 管好采购人员

采购人员拿回扣等腐败现象，在格兰仕没有生存的空间。格兰仕的经理会在双方合作开始前就直接拜访对方高层，向供应商的高层表明“阳光交易”的决心。由于高层已经沟通了这种理念，供应商就不会再动这种心思。如果对方私下里搞这种活动的话，格兰仕可能会终止与该供应商的合作。

格兰仕对采购人员的素质要求是：让对方充分地感到你的诚意；对非常有把握的事情不要承诺；少说多听，以静制动；多问多听对方陈述和要求，然后再寻求突破。

格兰仕在员工教育方面也特别强调真诚和诚信，并辅以制度上的严格要求。由于格兰仕是一个有长远发展前途的企业，包括采购业务人员在内的员工在企业里也容易有长远的计划，通常不会希望因为做“拿回扣”之类的短期行为而失去了在企业长期的发展机会。

（资料来源：http：//www. mailaili. com）

问题思考：

分析格兰仕公司降低采购成本的策略。

[复习题]

(1) 采购商品质量管理方法有哪几种？

(2) 验货人员对待验收商品进行哪几个方面的核对与检查？

(3) 采购商品检验的步骤有哪些？

(4) 影响采购成本的主要因素有哪些？

(5) 降低采购成本的方法有哪些？

(6) 如何解决采购人员拿回扣问题？

[实训巩固]

实训目的

通过训练掌握采购成本分析的方法。

实训内容

采购员 Smith 需要采购 10 个特殊的电子模块。这种电子模块曾经采购两次。历史记录显示：第一次采购时以每件 1500 美元的价格采购了 5 件，第二次采购时以每件 1350 美元的价格又采购了 5 件。Smith 要求供应商对本次采购报价，供应商给出了下面的价格明细(表 3-5)。

表 3-5 价格明细表

直接人工成本 18 小时/单位（＄14.50/小时）	＄261
间接制造费用(占直接人工的 100%)	＄261
原材料成本（详细清单见表 3-6）	＄385
管理费用（占售出的商品成本的 10%）	＄90
利润	＄100
单价	＄1097

供应商指出对 5 件模块的原始估算中采用了 90%的学习曲线。采用 90%的学习曲线是因为对劳动力研究表明，这个改进比率在整个生产过程中是可以实现的。生产第一批 5 件所用的实际时间是 20 小时用于工程技术和规划，以及 96 小时用于生产。这个时间与初始估算的时间是一致的。当采购方要求供应商提供生产第二批 5 件产品所需求的时间时，供应商告诉采购方这项信息暂时还没有，因为第二批产品还在生产过程中。

直接人工的工资水平是：技术和规划人员的平均工资为＄20/小时，熟练的车间职工的平均工资是＄11/小时，非熟练的车间职员的平均工资是＄8.54/小时，并且据估计工资将以 10%的速度增长。物料清单(BOM)见表 3-6。

表 3-6　物料清单

数量	材料说明	单位价格/$
10	电阻器	12
1	集成电路	15
5	电容器	20
5	二极管	110
1	变压器	150
1	包装	40
杂项	各种小项目	3
	10%左右的废品率	35
合计		385

间接费率、分摊和管理费用由供应商的会计部门每半年修改一次。这种修改是以最近的经验为依据的。废品率是依据所有产品的经验而得出的。工程和规划结果已经分摊到第一次采购。即使需要技术和规划，那么也只是需要很少的一部分。采购方的人事部门指出，工资增长率6%是比较合理的。采购记录表明，变压器供应商在以如下的价格报价(表3-7)。

表 3-7　供应商报价表

数量	单位价格/$
1～5	200
6～10	150
11～25	120

供应商的价格合适吗？如果不合适，你将采取什么策略谈判？

实训考核

实训评价的方式有教师评价、小组内部成员评价和第三方评分组成员评价3种，建议教师评价占60%的权重，小组内部成员评价占20%的权重，第三方评分组成员评价占20%的权重，将三者综合起来的得分为该生在该项目的评价分，见表3-8。

表 3-8　实训工作评价表

考　评　人		被考评人	
考评地点			
考评内容	定量需求预测		
考评标准	具体内容	分值/分	实际得分
	工作态度	20	
	团队合作	20	
	实训任务的完成度	30	
	成果展示与汇报	30	
合　计		100	

注：考评满分100分，60分以下为不及格，60～69分为及格，70～79分为中，80～89分为良，90分以上为优。

管理三 采购绩效管理

CAIGOU JIXIAO GUANLI

【学习目标】

掌握采购绩效及采购绩效评价的概念；了解采购绩效评价的指标、标准；了解采购绩效评价的方式；熟悉采购绩效评价的目的及影响因素；了解参与采购评价的人员构成；熟悉标杆管理的相关内容。

【管理任务】

采购作为企业生产经营的一个重要环节，它的绩效对企业整体目标的实现有着重要的影响。通过采购绩效评价，可以对采购工作进行全面系统的总结、对比，从而判定采购状况所处的整体水平。通过自我评估、内审、管理评审等方式，依据事先制定的审核评估标准，对实际情况进行检查，对照同行或者最佳水平找出薄弱环节并进行改进。

如果你是学生小李，需要完成如下任务。

1. 任务要求

小李要想学习和领会本管理的知识，需要进行一次具体采购业务的绩效评估，或到企业调研，深入了解该企业在采购绩效评价中的做法、经验，找出问题所在并提出解决问题的合理化建议。

2. 任务实施

小李和同学4～6人组成一个模拟企业采购部门，一人担任采购部经理，由采购部经理指导，讨论本公司采购绩效评估方案的制定，制定任务目标及实施路径，进行自主采购或到企业进行调研，思考正确实施采购绩效评估工作的方法，制定采购绩效评估指标和标准，并注意采购绩效评估中存在的问题与陷阱，思考如何改进采购绩效，然后写出自己的感想和体会，着重分析采购绩效评估的方式与步骤。

【管理案例】

采购绩效评价面临的问题

效率和效果是管理有效性的两个方面，从采购绩效的管理模型来看，对于采购的评价也可以从效率和效果的两个方面展开。有效的管理既要强调效率，也要讲究效果。只求效率而不求效果，企业管理只能碌碌无为；只求效果而不讲效率，企业管理可能得不偿失。因此，对于企业管理而言，效率和效果都很重要，忽视任何一方都可能导致管理工作的失败。从企业存在的目的来看，效果是第一位的。正如管理学大师彼得·哈德鲁克说的那样："效果和效率"的比较，更重要的是做正确的事(改进效果)，而不是把事做正确(提高效率)。在采购业务绩效评估中，通过对某些指标数据和相关方面的研究，可以了解到采购活动是否朝着正确的方向发展，这不仅可以对本公司的采购活动更加了解，也可以通过全方位的对比掌握竞争对手的采购活动和各自公司的相对位置。对于采购效果的评价是基于成果出发的，考察的是采购达到目标的情况；对于采购效率的改进是基于因素的分类思想的，关注的是取得现状成果的原因和如何改进。

虽然所有企业和部门都需要差异性的评估体系来指导和评价绩效，但是，各企业开展考核工作还会存在一定的障碍，例如，康城公司是一家从事礼品销售的贸易公司，公司上下有 150 多人。大家忙忙碌碌一年下来，到了年底，领导提出要对员工的绩效进行一番评估。于是人力资源部门的同事费尽力气设计出了评估的表格，评估表中主要包括了对员工工作业绩和工作态度的评估。但是在主管人员填写评估表格时，却遇到了困难，因为表格中的很多内容，他们感到无法填写。在员工的工作业绩方面，由于事先没有将员工的工作业绩的目标清晰地确定下来，因此在对业绩进行评估时，很难判断做到什么程度是"基本达到本职位的要求"，做到什么程度算是"超出本职位的工作要求"，只能凭借主管人员的主观感觉了。销售人员尚有一定的销售额标准，其他部门的人员如采购部门人员的业绩基本上就没有什么客观标准可言了，对工作态度方面的评估就更加困难了，由于平常没有注意收集和记录下员工的一些工作表现，到了年底的时候，主管人员的印象就只有最近一两个月的一点记忆，前面 10 个月的工作表现的印象已经十分模糊了，那么对工作态度的评估就更是全凭主观印象了。可想而知，这样填写的评估表，基本上难以提供有帮助的信息，更不用说如何运用它来做一些重要的管理决策了。造成这种现象可能的原因如下：首先，基础工作不足，在绩效管理时，单方面强调对绩效的评估，没有充分重视评估前期的准备工作，也就是从绩效目标的设定，绩效指标的设计，到工作过程中对绩效信息的收集等整个过程，这就会导致绩效评估中冲突和矛盾的产生，例如，对绩效指标的理解偏差等。所以，评估前的工作对于绩效评价来说是至关重要的，绩效指标的设定希望不同评估中的群体能够对评估的目标和标准达成共识，避免冲突。其次，在绩效管理中，没有充分考虑指标使用者的不同需求。在绩效考核中，考核者和被考核者有着不同的心理期望，例如，考核者希望绩效评价在操作中简便易行，并能起到客观评估并提升员工绩效的作用；而被考核者则希望得到一些建设性的反馈。最后，在绩效管理中缺乏系统良好的绩效标准及指标设定方法，没有从战略目标的分解和工作的分析中得出绩效衡量的指标，或对评估标准的设定主观性程度过高。

在开发复杂的绩效衡量和考核系统方面，采购部门一直落后于其他部门，但考核工作还是必需的。随着采购部重要性的提高及执行人员对此方面关注的加强，情况正在改变。下面以政府采购为例，谈谈其要将考核评价作用落到实处，必须面对的一些问题。

(1) 基础工作不足。绩效考核工作的理念主要来源于公司管理。从管理系统运行设计学的角度来说，运行设计主要分为 3 个阶段：工作设计、保障设计、改进设计。目前，我国政府采购的基础性工作还存在较多问题，这成为阻碍考核效果发挥的一个重要障碍。

(2) 考核内容片面。从许多省市的考核工作中发现，内容片面的问题比较突出。对任何机构的考核，不但要包括经济指标，还要包括社会指标。目前，考核内容普遍缺少社会指标。

(3) 法律法规缺位。虽然《集中采购机构监督考核管理办法》对考核内容、考核方法、考核要求、责任追究等做了详细规定，但各地集中采购机构操作薄弱环节各不相同，集中采购规模大小有别，一个规定不能解决全部问题。

(4) 滥用考核权。再好的考核评价体系也需要由人来执行，这要求考核小组成员具有高尚的职业道德和公平公正的精神操守。在具体考核工作实践中，不排除存在某些政府采购监管部门人员滥用权力、掺和个人主观情感好恶的现象，其直接后果是导致被考核者沉默不语。

(5) 监管方力量不足。目前，我国政府采购监管管理部门人员配备普遍不足，某些地方甚至省一级政府采购监管管理部门的人员编制也只有三五个人，这样的人力资源别说是开展考核工作，即便是日常监管都力不从心。

(6) 考核主体不全。考核小组的人员主要是政府采购监督管理部门的工作人员、纪检监察部门人员，导致考核主体力量薄弱。究其原因，集中采购机构属于事业单位，对他们的考核不但要检查业务的开展情况，也要考核廉政工作情况。

(7) 结果无关痛痒。西南某市集中采购机构的主管单位是机关事务管理局，政府采购监管部门对他们进行考核后定级为优秀。虽然“成绩”很优秀，但由于集中采购的主管并不是财政部门，考核的结果也只能展示“优秀”而已，对于提薪提职等并无实质性的作用。

(8) 面子关难过。目前，各地的考核程序无外乎先组成考核小组，让集中采购机构根据发放的表格进行自评，然后考核小组听取集中采购机构的汇报，随后对被考核机构进行打分。由于考核部门平时来往繁多，工作人员相互之间比较熟悉，碍于面子和人情，致使检查工作可能蜻蜓点水，不能深入。除了以上的问题外，还有考核的水平不高，权责不对等问题。

（资料来源：武欣编．绩效管理实务手册［M］．北京：机械工业出版社，2005.）

分析与评价：

在采购绩效评估的过程中，往往由于实施过程中的“雷声大，雨点小”，各部门的考核者又乐于充当好好先生，应付了事，公司员工缺少参与的积极性，考核过程烦琐，推行过程得不到高层的足够支持，考核过程和结果难以保证使员工心怀不满等原因使考核的过程难以推进，然而，所有企业和部门都需要差异性的评估体系来指导和评价绩效，所以在实施采购绩效评价的过程中要提高管理理念，严格执行现代企业管理制度，建立行之有效的人力资源管理体系，完善考核激励措施，使采购绩效评估发挥其应有的作用。

【管理知识】

一、采购绩效评估

采购作为企业物料资源的总入口，是企业生产经营的起点和重要环节，对企业效益有重大的影响，企业应一直注重通过采购绩效评估对采购部门和采购人员实行严格的管理。同时，采购绩效评估逐渐也成为企业管理中的一项重要职能。

(一) 采购绩效和采购绩效评价的概念

采购绩效主要是用来衡量采购部门目标的达成情况及采购部门的工作表现。商品采购工作在一系列的作业程序完成之后，是否达到了预期的目标，企业对采购的商品是否满意，是需要经过考核评估之后才能下结论的。商品采购绩效评估就是建立一套科学的评估指标体系，用来全面反映和检查采购部门工作实际、工作效率和工作效益。

对商品采购绩效的评估可以分为对整个采购部门的评估和对采购人员个人的评估。对采购部门绩效的评估可以由企业高层管理者来进行，也可以由外部客户来进行；而对采购人员的评估常由采购部门的负责人来操作。对商品采购绩效的评估是围绕采购的基本功能进行的，采购的基本功能可以从两方面进行描述：①把所需商品及时买回来，保证销售或生产的持续进行；②开发更优秀的供应源，降低采购成本，实现最佳采购。

（二）采购绩效评价的目的

采购部门作为企业的一个重要部门，其工作绩效的好坏对整个企业的生产、决策、规划等都有着极其重要的影响。因此，采购工作绩效的考核既服务于采购部门，也服务于整个企业。然而，目前许多企业与机构仍然把采购人员看成行政人员，对他们的工作绩效还是以“工作品质”、“工作能力”、“工作知识”、“工作量”、“合作”等一般性的项目来考核，使采购人员的专业功能与成果未受到应有的尊重与公正的评价。实际上，若能对采购工作做好绩效评价，通常可以达到下列的目的。

1. 确保采购目标的实现

不同企业或部门的采购目标往往各不相同，各有侧重，例如，政府机构的采购侧重“防弊”，采购作业以“如期”、“如质”、“如量”为目标；企业采购则注重“兴利”，即采购工作除了维持正常产销外，非常注重成本的降低。特别在企业采购中，各个企业要针对自己的主要采购目标对涉及时间期限、质量规格、物流服务、组织效率等方面的指标加以评估，从而促进目标的实现。

2. 提供改进绩效的依据

绩效评价制度，可以提供客观的标准来衡量采购目标是否达成，也可以确定采购部门目前的工作表现如何。建立起一套完善的绩效评价机制，采购部门人员将更清楚地了解自己的工作状态和工作效率，有利于及时发现和总结采购过程中的问题，从而兴利除弊。

3. 促进工作的顺利展开

完善采购绩效评价机制有利于下一步工作的展开。有了工作经验的不断累积和总结，在今后制订采购工作计划时更加有的放矢，及时防止突然事件发生。如果以此为基础进一步形成一套及时纠正错误、改进工作流程的机制，那么，整个采购部门的工作将形成良性循环。

4. 增加采购业务的透明度

采购绩效评价信息的共享有利于采购部门与设计、仓储、销售、售后等其他部门的沟通和合作。另外定期的采购计划和执行评估，如果作为销售、售后等部门的一份宣传资料，可以让客户清楚地看到企业如何对原材料、商品等采购严格把关，还可以让客户提供一些建设性意见，在今后的采购工作中不断改进，而改进的过程又可以反映在评估结果中让客户监督、核实。

5. 协助采购人员的甄选与训练

采购工作绩效评估显然能够清楚地反映采购部门和采购人员的工作表现，一方面，可以将采购部门的缺陷彰显出来，企业可以拟定改进计划，安排专业的人员进行专业的教育培训。另一方面，有助于发现企业是否缺少某种特殊的专业人才，并成为人事考核的参考资料，企业可以及时甄选或对外招募。

6. 促进部门之间的沟通

采购绩效评价能有效促进部门之间的沟通。采购部门的绩效受其他部门能否配合的影响很大，故采购部门的职责是否明确，表单、流程是否简单、合理，付款条件及交货方式是否符合公司管理制度，各部门的目标是否一致等，均可通过绩效评估来判定，并可以改善部门之间的合作关系，增进企业整体的运作效率。例如，通过分析那些需要特别检查的发货单，使付款程序得到合理的安排，从而增强采购部门与管理部门之间的协调。采购部门是直接与供应商接触的部门，对其工作绩效的评估显然要涉及与供应商合作的具体情况，从而有助于评价某个供应商作为合作伙伴的可靠性等。

7. 有利于提高采购人员的士气

采购绩效评价能够作为评价部门和采购人员工作状况的参考，产生良好的激励效果。良好的采购绩效评估制度，可以形成正面的激励效果，合理设计的评价内容和方法可以用于满足企业的激励机制的设置，有效地用于拟定个人考核目标、员工发展计划及奖惩办法。

总之，采购绩效的评价有利于采购部门及时发现问题、改进工作，从而降低采购过程中产生的成本费用，减少采购货物废品的数量，进一步提高采购部门的绩效，提高采购部在公司中的地位。

（三）影响采购绩效评价的因素

企业之所以采取绩效评价是基于企业越来越强调对过程的监控，即通过对行动过程中各项指标的观察与评估，保证战略目标的实现。

影响采购绩效评价的一个重要因素是企业管理人员如何看待采购业务的重要性及其在企业中所处的地位。企业管理人员对采购业务的不同期望会对所采用的评价方法和技术产生重要的影响。

对工业企业的一项调查结果表明，不同企业在采购绩效的评价方面是不同的。导致这种状况的直接原因是各公司在管理风格、组织程度、委托采购上分配的职责不同，而不是由企业的具体特征(如工业类型、生产经营类型等)造成的。

影响采购绩效评估的主要观点和因素有以下几个方面。

1. 业务管理活动

根据这种观点，评价采购业务的绩效主要取决于与现行采购业务有关的一些参数，如订货量、订货间隔期、积压数量、采购供应率、现行市价等。

2. 商业活动

这种观点把采购业务看做一项商业活动，管理人员主要关注采购所能实现的潜在节约额。采购部门的主要目的是降低价格以减少成本的支出，采购时要关注供应商的竞争性报价，以便保持一个满意的价位。用以评价采购工作绩效的主要参数是采购中的总体节约量(通常用每一产品组和每一客户表示)、市价的高低、差异报告、通货膨胀报告等。

3. 物流因素

管理人员也清楚追求低价格有一定的缺点，它可能导致次优化决策，太关注价格有时会因小失大。降低产品的价格通常会使供应商觉得产品的质量可能会降低，并会降低供应的可信度，因此管理人员要向供应商介绍产品质量改进目标，尽量确保到货时间并提高供应商的供货可信度。提升供应商供货质量和物流服务水平，应成为采购管理人员采购绩效评价的重要因素。

4. 战略性活动

这种观点认为，采购业务对于决定公司的核心业务及提高公司的竞争力将产生积极的作用。在这种情况下，管理人员评价采购绩效主要考虑以下几个方面，即基本供应量的变化数量(通常是减少量)、新的潜在(国际)供应商(订有合同的)数量，以及已实现的节约额等。表 3-9 概括了几种管理层对待采购的态度及相应的采购绩效评估依据。

表 3-9　管理层对采购及相应的绩效评估依据的几种看法

管理层观点	采购业务的等级地位	绩效评估依据
采购被看做一种管理业务	在组织中的地位较低	订单数量、订单累计额、供应到货时间管理、授权、程序等
把采购看做一种商业活动	向管理人员报告	节约额、降价程度、通货膨胀报告、差异报告
把采购看做综合物流的一部分	采购与其他材料相关的业务构成统一的整体	节约额、成本节约额、货物供应可靠程度、废品率、供应到货时间的缩短量
把采购看做一项战略性经营职能	采购者进入高级管理层	应有成本分析、早期介入的供应商数量、自制或购买决策、供应额的减少量

(四) 采购绩效评价的指标

“不能测量，就无法控制；不能控制，就无法管理。”这句商业名言指出了绩效测量在企业管理中的重要地位。假如企业所取得的成果无法用一定的方法或指标进行测量，那么对企业内部而言，管理者就无法知道成果的数量、质量及其对企业的贡献，管理工作也就失去了基础和依据；对企业外部而言，企业间的业绩和成就的比较就失去了标准和意义，企业绩效的改善和提高就无从谈起了。绩效测量是开展绩效管理的重要组成部分，而绩效测量的基础和依据是绩效指标。因此企业绩效指标的建立是十分必要的。对于企业绩效管理的分支——采购绩效的管理也是同样的道理。

系统性的采购绩效指标的选择应考虑以下几个原则。

(1) 可靠性。这是要求考评所基于的数据应来源于健全、可靠和稳定的信息源。最佳的信息源是来自每日定期更新的业务处理过程提供的高质量数据。

(2) 价值性。所选择的指标对反映采购的实际成果，对采购员、管理者及其他人员必须是有价值和有意义的。指标是为衡量和考评绩效服务的，考评的最终目的是了解目标的达成情况并找到可以改进和完善的地方。因此，不能因为某个指标容易得到就选择它，否则可能会导致人们为了避免受责备而故意歪曲绩效标准，使采购绩效管理失去实际意义，得到的是测量的东西而不是绩效的结果了。

(3) 针对性。测量指标应当关注核心业务或运作性问题，一个有针对性的指标只测量所计划测量的东西，而且指向明确。

(4) 平衡性。绩效指标应能反映运作的各个方面，而不只是反映让企业“看上去很好”的那一部分。

(5) 能够变化和改进。指标并不是一成不变的，采购绩效指标把采购部门和其他部门以及整个公司的整体目标联系在一起了。因此，采购绩效并不是一成不变的，采购绩效的建立并不意味着一劳永逸，企业必须注意内外环境的变化，不断完善和修改这些指标，使其能更好地为绩效反馈服务。

(6) 对目标进行管理。考评的目的并不只是达到目标，更是要在规定的时间内改善成果。

虽然采购绩效指标存在一些基本的原则和要求，但却没有一套普遍适用于每个企业的采购绩效指标。企业的规模、类型、性质不同，采购在企业中的地位、作用与影响也不同。企业可根据自身的实际情况，选择本企业的采购绩效指标。一般来讲，对采购绩效可以用采购的数量、质量、价格、时间和效率几个指标来评价。

1. 数量指标

当采购人员为争取数量折扣，以达到降低价格的目的时，可能导致库存过多，甚至发生呆料、废料的情况。数量绩效就是用来评估这方面的工作效果，具体指标包括以下几个方面。

1）储存费用指标

存储费用是指存货利息与保管费用之和。企业应当经常将现有存货利息及保管费用与正常存货水准利息水平及保管费用之间的差额进行考核。

2）呆料、废料处理损失指标

呆料、废料处理损失指标是指处理呆料、废料的收入与其取得成本的差额。存货积压利息及保管费用越大，呆料、废料的损失越高，显示采购人员的数量绩效越差。不过，此项数量绩效有时受到公司营业状况、物料管理绩效、生产技术变更或投机采购的影响，并不一定全归咎于采购人员。

2. 质量指标

质量指标主要衡量供应商所提供的产品的质量情况及供应商的整体质量水平，包括产品质量水平和供应商质量体系。

1）产品质量水平(来料质量水平)

采购的质量绩效验收记录以及生产记录的判断，可用进料验收合格率与生产使用合格率来表示。前者是指供应商交货时，为企业所接受的采购项目数量或百分比；后者是交货后，在生产过程中发现质量不合格的项目数量或百分比。

$$进料验收合格率=\frac{合格(或拒收)数量}{检验数量}\times 100\%$$

$$生产使用合格率=\frac{可用(或拒收)数量}{使用数量}\times 100\%$$

若进料质量管制采用抽样检验的方式，则生产质量管制发现质量不良的比率，将比进料质量管制采用全数检验方式的比率高。拒收或拒用率越高，显示采购质量绩效越差，因为未能找到理想的供应商。

2）供应商质量体系

供应商质量体系包括通过国际质量体系认证的供应商比例、实行质量免检的货物比例、货物免检的供应商的比例、免检货物的价值比例、实施 SPC 的比例、SPC 控制的货物数比例等，还包括根据本企业的产品要求进行专项质量改进的供应商数目及比例、参与本企业专项质量改进的供应商数目及比例等。

3. 价格指标

价格指标是企业最重视及最常见的衡量标准。透过价格指标，可以衡量采购人员议价能力及供需双方势力的消长情形。采购价差的指标通常有以下 4 种。

1）实际价格与标准成本的差额

实际价格与标准成本的差额是指企业采购商品的实际价格与企业事先确定的商品采购标准成本的差额，它反映企业在采购商品过程中实际采购成本与采购标准成本的超出或节约额。

2）实际价格与过去移动平均价格的差额

实际价格与过去移动平均价格的差额是指企业采购商品的实际价格与已经发生的商品采

购移动平均价格的差额，它反映企业在采购过程中实际采购成本与过去采购成本的超出或节约额。

3）实际使用时的价格与采购时的价格之间的差额

使用时的价格与采购时的价格之间的差额是指企业在使用材料时的价格与采购时的价格的差额。它反映企业采购材料物资时是否考虑市场价格的走势，如果企业预测未来市场的价格走势是上涨的，企业应该在前期多储存材料物资；如果企业预测未来市场的价格走势是下跌的，企业则不应该多储存材料物资。

4）当期与基期的比较

将当期采购价格与基期采购价格的比率与当期物价指数与基期物价指数的比率相互比较，该指标是动态指标，主要反映企业材料物资价格的变化趋势。

4. 时间指标

时间指标用于衡量采购人员处理订单的效率，并对供应商的交货时间进行控制。延迟交货固然可能造成缺货现象，但是提早交货也可能导致买方负担不必要的存货成本和提前付款的利息费用。具体指标包括以下几种。

1）紧急采购费用指标

紧急运输方式(如空运)的费用是指因紧急情况采用紧急运输方式的费用。将紧急采购费用与普通运输方式费用的差额进行考核。

2）停工待料损失指标

指由于停工而造成的损失。事实上，除了以上所显示的两项直接费用或损失外，尚有许多间接的损失。例如，经常停工待料造成的顾客订单流失、员工离职，以及恢复正常作业的机器必须做的各项调整(包括温度、压力等)；紧急采购会使得价格偏高、品质欠佳，也会为赶进度而产生的额外费用，这些费用和损失，通常都未估算在此项绩效指标内。

5. 采购效率指标

采购效率指标涉及采购组织与管理，是与采购能力相关的指标。

1）年采购金额

年采购金额是企业一个年度商品或物资的采购总金额，包括生产性原材料与零部件采购总额、非生产采购总额(包括设备、备件、生产辅料、软件、服务等)、原材料采购总额占总成本的比例等。

2）年采购金额占销售收入的百分比

年采购金额占销售收入的百分比是指企业在一个年度里面商品或物资采购总额占年销售收入的比例，它反映企业采购资金的合理性。

3）订购单的件数

订购单的件数是指企业在一定时期内采购商品的数量，主要是按 ABC 管理法，对 A 类商品的数量进行反映。

4）采购部门人员

主要包括采购部门人数、采购人员年龄、工作年数、受教育程度、培训计划与实施情况、人才流失率等。

5）采购部门的费用

采购部门的费用是指一定时期采购部门的经费支出，它反映采购部门的经济效益指标。

6）新供应商开发个数

新供应商开发个数是指企业在一定时期内采购部门与新的供应商合作的数量，它反映企业采购部门工作的效率。

7）采购计划完成率

采购计划完成率是指一定时期内企业商品实际采购额与计划采购额的比率，它反映企业采购部门采购计划的完成情况。

8）错误采购次数

错误采购次数是指一定时期内企业采购部门因工作失职等原因造成错误采购的数量，它反映企业采购部门工作质量的好坏。

9）订单处理的时间

订单的处理时间是指企业在处理采购订单的过程中所需要的平均时间，它反映企业采购部门的工作效率。

（五）采购绩效评价的标准

各项指标的评价可以用过去的指标作对照，也可以行业平均水平为尺度，或选择一个目标企业的指标作为评价的基础。具体来说，常见的评价标准有以下几种。

1. 历史绩效

选择公司过去的绩效作为评价当前绩效的标准，这是可行、有效的做法。尤其适合于那些处于起步和发展阶段的企业，但使用这种标准要求采购业务没有战略性变化，采购部门组织结构稳定，人员及其职责也没有重大变动。

2. 行业平均绩效

如果同行业中的其他公司在采购组织、职责及人员等方面与本企业相似，则可与其绩效进行比较，以辨别彼此在采购工作成就上的优劣。同时这些企业往往是本企业的竞争对手，可以形成竞争的同时也形成相互的促进和激励。

3. 预定标准缓效

还有一些企业，由于种种原因，过去的绩效难以获得准确数据或采购业务发生了较大的变化，可以使用标准绩效作为衡量基础。标准绩效的设定一般要注意以下 3 个方面。

1）固定的标准

标准绩效的指标设立后不能轻易变动，至少在一段时期内，尤其是一个采购项目期内不能轻易变动。

2）有挑战性的标准

标准绩效不能是一套平均水平上的指标，而要有一定的难度，要经过采购部门人员的努力才能完成。这样的标准才能激励工作热情，促进采购目标的实现。

3）可实现的标准

可实现的标准是指在现有内外环境和条件下经过努力确实应该可以达到的水平。如果标准设定过高，一方面会增大采购部门和人员的压力；另一方面其激励效果也会降低。因此，通常依据当前的绩效加以衡量设定。

4. 标杆绩效

标杆绩效的核心是比较和以提高为目的的学习，通过以外部绩效高的公司为标准，比较和分析这些标准及其实践经验来改善自己的工作过程，使自己慢慢接近甚至超过标准。

（六）参与采购绩效评价的人员

参与采购绩效评价的人员不仅包括采购部门的人员，还应包括财务部门、生产部门、供应商甚至专家顾问。

1. 采购部门主管

采购部门的主管是整个采购工作的直接部署者和执行者，他对所有采购工作任务和环节的情况都非常了解，包括人员的分配、员工的工作状态、各项工作的执行过程及出现的问题等，且所有工作任务的指派或工作绩效的优劣，均在其直接督导之下，因而，采购主管是最有资格负责采购工作绩效评估的人。由采购主管负责评价，可注意到采购人员的各种表现，并兼收监督与训练的效果。

2. 财务部门

采购金额占企业支出的比例非常高，如大型设备的采购、主要原材料的长期采购、项目采购等。采购成本的节约，对于企业利润的贡献相当大，尤其是在经济不景气时，对资金周转的影响更大。财务部门对资金的流入流出会进行全盘掌控，因而能够从资金周转方面对采购部门的工作绩效进行评价。

3. 生产主管部门或工程指挥部门

对于设备采购、原材料和零配件采购及项目采购等，采购货物的质量、数量、时间对企业生产的顺利进行、最终产品的品质等都有影响，因而生产主管部门或工程指挥部门也要参与采购工作绩效的评估。

4. 供应商

供应商是采购过程中与企业采购部门合作最多、最频繁的一方，对于采购部门的运作方式、工作状态自然有较为真实、详细的了解。因而，有些企业通过正式或非正式渠道，向供应商探询其对于采购部门或人员的意见，间接地评价采购绩效。

5. 专家顾问

为了避免企业各部门之间的本位主义或门户之见，同时为了让评估更为客观、权威，可以聘请相关的采购专家或者管理顾问，针对全盘的采购制度、组织、人员及工作绩效，作客观的分析与建议。

（七）采购绩效评价的方式和方法

1. 采购绩效的评价方式

采购绩效的评价方式可分为定期评价和不定期评价。

1）定期评价

定期评价主要是和公司年度人事考核同步进行的对采购人员工作情况的评估，一般而言，以工作人员的工作表现作为考核内容，包括工作态度、合作精神、工作、学习能力、忠诚度、积极性等，但对采购人员的激励及工作绩效的提升，并无太大作用。若能以目标管理的方式，即从各种工作绩效指标当中，选择当年重要性比较高的项目作为目标，年终按实际达成程度加以考核，则必能提升个人或部门的采购绩效。在采购人员自我评估的基础上，采购部门在月末或年末定期对各项采购任务的完成情况进行统计汇总，完成整个部门的阶段性绩效评估。由于使用这种方法人们会刻意追求考核目标的提高而忽略其他方面，因此对目标选择全面性的要求比较高。

2）不定期评价

不定期评价是跟踪特定的采购项目，由执行人根据具体情况的变化而随时进行的评估。一项采购任务完成以后，采购人员本身就要对该采购任务的完成情况有一个总结和评估。同时不定期的绩效评估以特定项目方式进行，例如，公司要求某项产品的采购成本降低8%，当设定的期限一到，即评估实际的成果是否高于或低于8%，并就此成果给予采购人员适当的奖惩。因此，此种评估方式对采购人员的士气有相当大的提升作用。这种评估方式特别适用于新产品开发计划、资本支出预算、成本降低专项方案等。

2. 采购绩效的评价方法

采购绩效的评价方法直接影响评价计划的成效和评价结果正确与否，常用的评价方法有3种。

1）排序法

在直接排序法中，主管按绩效表现从好到坏的顺序依次给员工排序，这种绩效表现既可以是时间绩效，也可以是某项特定工作的绩效。

2）两两对比法

两两对比法是指在某一绩效标准把每个员工都与其他员工相比较来判断谁更好，记录每名员工和其他任何成员比较时被认为更好的次数，根据测试次数的高低给员工排序。

3）等级考核法

等级考核法是绩效考核中常用的一种方法。根据采购工作分析，将被考核者的岗位工作内容划分为相互独立的几个模块，在每个模块中用明确的语言描述完成该模块工作所需要达到的工作标准。同时，将标准分为“优”、“良”、“中等”、“合格”、“不合格”5个等级的选项，考核人根据被考核者的实际工作表现，对每个模块的完成情况进行评估，总成绩便为被考核者的绩效考核成绩。

二、采购绩效改进

(一) 改进采购绩效的途径

随着大部分产品进入微利时代及经济发展的全球化，国内外企业将在同样的游戏规则下展开优胜劣汰的竞争。在这种大背景下，采购部门所承担的责任越来越重，迫使采购人员想方设法提高采购绩效。同时，具有丰富经营知识和经验的专家，也应深入经营现场和采购人员密切配合，运用科学的方法，采用一定的指标体系，对商品采购绩效做出定量评价或确有论证的定性分析，以便企业对商品采购活动进行改进。下面具体介绍几种改进采购绩效的途径。

1. 营造良好的工作氛围

如果采购组织内部存在激烈的矛盾，采购人员与供应商之间互相不信任，缺乏合作诚意，采购人员首先感觉是“如履薄冰，处处小心行事”，本来全部精力应投在工作上，但实际上确实分散了注意力。因此，任何采购组织，包括供应商的融洽、和谐、流畅的工作气氛是搞好各项工作的基础。采购人员要经常把自己的业绩与同行高水平相比，特别是有过跨国采购经验的高级职员，他们的经验是值得学习和借鉴的。

采购组织的管理职能部门，应定期将采购人员的业绩进行评估和排名，再配以相应的奖励制度，使采购工作不断改善。

2. 强化内部管理

管理的根本是管人，一个企业最宝贵的资产是它的雇员，而不是价值上亿元的先进设备或雄伟气派的厂房，再先进的设备若没有合格的人员去操作不过是一堆废铜烂铁，人们时常看到这样的一句话：科技以人为本，这句话的根本在于企业实际动作中如何操作，而不是喊喊口号这么简单。与其他部门相比较，采购部门对人员的依赖性更大，采购工作的大部分内容是与人交往。

从管理角度去提升商品采购绩效主要有以下几个方面。

(1) 在企业内建立合格的采购队伍(团队)，提供必要的资源。

(2) 选聘合格人员担任采购人员，并给予必要的培训。

(3) 给采购部门及采购人员设立有挑战性，但又切实可行的工作目标。

(4) 对表现突出的采购人员给予物质及精神上的奖励。

3. 广泛应用科学技术

传统通信技术，如电话、传真、信函等虽已被使用了几十年甚至上百年，但在今天仍发挥着重要作用。科学技术的发展为这些古老的通信手段增添了新的生命力，新技术如电子邮件、电子数据交换、电子商务采购等则令采购作业方式紧随时代步伐。

1) 电话

电话是除了面对面交谈之外的最直接最迅捷的沟通方式，电话在使用100多年后的今天起码有两个新增项功能令它再创辉煌。

(1) 语音信箱。受话者在事后可从语音信箱中提取出对方的留言而不致错过或延误需处理的事情，并且可以省去电话直接沟道中的寒暄或客套话，即使是在手机日益普及的今天仍有它的生命力。

(2) 基于Internet或专线的可视电话的出现更是将古老的电话提升为前沿科技，它可将大洋彼岸变成天涯咫尺，几乎与面对面沟通无异。

2) 信函

特快专递的出现给日常的采购工作带来了不少的方便，如向供应商索要的少量样品、需要将汇给供应商的盖有受控中心章的工程图纸或技术文件都可通过特快专递获得或汇到对方的手里。

3) 建立企业内部网及使用互联网

互联网为采购人员展示了一个巨大的虚实结合的市场，合理利用它会有效提升采购绩效，电子商务采购虽然还有很多方面有待完善，在短期还不能取代传统采购方式的地位，但是它必将成为一种主要的采购方式。

4) 推行MRP系统

推行MRP系统(物料需求计划)对提高整个企业的管理水平有至关重要的作用，谁也不相信一个连MRP系统都没有的企业是一个现代的企业。MRP系统中的数据不仅全面而且实时性强，许多采购人员所需的数据，如采购历史数据(以往的采购数量、价格、向哪家供应商采购等）、每种物料的合格供应商数、供应商的基本情况（地址、联系方式）、采购时间、采购申请单、收货状态、库存量、查询供应商货款的支付状况等均可从 MRP 系统中查询到，这些数据对采购人员（特别是新进企业的采购人员）十分重要，没有这些数据就无法做出适宜有效的采购决策，甚至无法开展工作。MRP 系统的推行与采购有很大关系的另一方面是供应商的货款支付，在没有 MRP 系统的企业的采购人员要花很多时间在“该不该付款及按不按时付款”上及与财务人员的沟通上，有了 MRP 系统就大不一样，什么时候付款、可不可以付款这些问题 MRP 系统会自动提示财务人员，采购人员也可从系统中查到某供应商的某笔款项有没有支付，也可免去月底对账工作，从而把采购人员从付款这项本属于部门的工作中解放出来。MRP 系统的使用对规范采购作业、提供采购绩效有不可代替的作用。

5）使用条形码与供应商进行电子数据交换

不难发现，越来越多的产品包装上使用了条形码，这一串排列整齐的小线条包含了物料名称、物料编号、价格、制造商等信息，工作人员只需用读码器扫描一下便可得到这些信息并自动输入到计算机中，对于采购来说，条形码在收货时特别有用，不仅迅速快捷而且避免了手工输入容易出错的特点。

与供应商之间建立电子数据交换，可极大地缩小采供双方的时空距离，从而更容易将企业内部的优秀管理延伸到供应商，把供应商作为企业的一个部门来管理。

4. 加强与供应商的合作

供应商的表现与采供双方之间基于一种什么关系有很大的联系。一般来说，与企业建立了长期合作伙伴关系的供应商能有较好的表现，如果该种降价计划是合理的话，供应商就能较好地配合企业的降价计划。

与供应商联手实现降低商品采购成本的途径如下。

1）与供应商共同制订可行的成本降低计划

如果供应商的利润已达到一个非常合理的水平，要求供应商降低售价的前提是供应商自己的成本能降低，企业欲达到降价目的就必须与供应商共同制订一个成本降低计划，并且与供应商一起去寻找可行的途径。如与供应商一道开发更便宜的原材料、互相交流对方的生产设备及工艺、同意供应商采用便宜的包装材料等。

2）与供应商签订长期的采购协议

长期的采购协议会大大激发供应商的合作欲望，任何一个企业都知道一个长期的客户是何等的重要，除非这个企业准备关门大吉。如果采购方不能给予供应商具体的需求预测而又要求供应商购买原材料进行储备或要求供应商生产较大数量的库存等着出货时，一旦采购方的这些产品停产，采购方应与供应商共同承担这些库存原材料或零部件带来的损失。

3）供应商参与到产品设计中去

由于供应商对企业要购买的物料可能有数年甚至几十年的经验，如果供应商能更早地参与到产品设计中去就有可能提出一些合理的建议，如简化产品结构、使用更便宜的原材料等。

5. 开发新的供应商

为了降低采购总成本，许多采购人员把很多精力放到了开发优秀的新供应商上，许多大企业的采购部成立了供应商开发小组，甚至有的企业把它作为一个独立的部门来运作。一般要求新供应商的地理位置在采购方所在地附近，这样有助于解决开发过程中的问题。如果一个企业因历史原因致使大部分或主要供应商在海外，那么它的供应商开发工作其实就是本地化，本地化不仅可大大缩短交货期，而且采购单价一般可降低20%～40%。对大部分物料而言，国内廉价的制造成本已使得国外制造企业在价格上无法和国内企业进行竞争。

（二）采购过程方面的改进途径

从采购过程来看，采购部门应定期将采购人员的业绩、供应商的业绩进行测量，并进行排名，再配以相应的奖罚制度，从而有利于采购绩效的不断改进。

1. 改善质量

采购物料质量的好坏一般用“质量合格率”衡量。

$$质量合格率=\frac{不合格数量}{总来科数量}\times 100\%$$

改善质量可以采取以下方法。

(1) 依据“质量合格率”数值的大小对供应商进行排名，并找出几名最差的供应商，要求在规定时间内进行改善，否则给以降级处分。

(2) 对有希望的供应商，帮助其进行质量改进，派出相关技术人员、工艺技术人员、质量管理人员及采购人员等组成的小组，现场研究制作工艺，和供应商一起制定改善方案。

(3) 帮助供应商推行ISO 9000质量管理体系的实施。

2. 降低成本

采购物料的成本高低一般用“价格差额比率”来衡量。

$$价格差额比率=\frac{合同价格-行业平均水平}{行业平均水平}\times 100\%$$

降低成本一般可采用以下几种方法。

(1) 按照“价格差额比率法”数值对供应商进行排名，对几名排名最差供应商的合同价格合理性地进行分析研究，找出原因所在，并令其在规定时间内进行改进。

(2) 对表现较好并且无欺诈行为的供应商，通过帮助其改善加工工艺、包装运输方式等途径来降低物料成本。对于有欺诈行为的供应商，要进行罚款、警告、降级、除名等处分措施。

(3) 对于确实无法进行成本改进的物料，重新调查该物料的供应群体，认证新的供应商群体。

3. 供应商选择

“及时供应率”是用来衡量供应商供应好坏的最主要标准之一。

$$及时供应率=\frac{生产物料及时供应量}{生产物料总需求量}\times 100\%$$

为了保证供应商及时供应物料，可采取以下改进方法。

(1) 依据及时供应数值大小对供应商进行排名，排出几名最差的供应商，分析原因所在，对由于供应商原因而造成物料供应不及时的，责令供应商限期改善。

(2) 对由于计划原因造成物料供应不及时的，应和计划部一起商讨对策，如在需求时间上做优化调整，通过需求分析或预测等手段进行改进。

(3) 对于市场行情较好的物料，其稳定性要求较高，应提前一段时间向供应商做预测提醒，以便供应商安排适量的库存。

(4) 如有可能，对于地址较近的供应商应优先选取，以方便进行供应协调。

4. 采购柔性

企业采购的柔性可以体现在供应商的供应能力，采购柔性通常用下式进行计算。

$$采购柔性=\left(1-\frac{生产高峰供应及时性-生产低峰供应及时性}{平时供应及时性}\right)\times 100\%$$

可通过采取以下措施增强采购柔性。

(1) 向一家供应商下的订单量不大于供应商群体订单容量的60%(推荐数量)。

(2) 拓宽物料供应商，重点物料保证3家以上供应商供应，尽可能避免独家供应商。

(3) 加强对供应商的调查研究，认证适量的新供应商作为备用。

5. 提高采购工作效率

通过以下改进方法可以提高采购工作效率。

(1) 调查行业平均水平和最高水平，分析研究，寻找差距。

(2) 大多采购工作效率数值正常度与采购流程设置的合理性有关，流程简单实用，采购工作效率就会提高，因而应改善采购流程。

6. 衡量实力

针对具体物料供应商设计“实力问卷调查表”，根据以下8个方面，通过打分方式获得供应商的实力量化数值。

(1) 技术水平。

(2) 管理水平。

(3) 设备厂房环境配置。

(4) 样件质量。

(5) 二次开发能力。

(6) 指标稳定性。

(7) 合作意识。

(8) 沟通能力。

7. 评价服务

针对具体物料供应商设计“服务问卷调查表”，根据以下8个方面，通过打分方式获得供应商的服务指标量化数值。

(1) 物料维修配合。

(2) 物料更换配合。

(3) 设计方案更改配合主动性。

(4) 合理化建议数量。

(5) 上门服务程度。

(6) 公正性竞争表现。

(7) 使用培训表现。

(8) 服务意识。

8. 人员流动比率

采购人员的流动量要与企业的业务需求相匹配，否则会影响企业采购工作的完成。

(1) 采购人员流动比率取值范围是7%～15%，总体保持平衡，并与业务需求相匹配。

(2) 若流动比率小于7%，则可能因为违反“流水不腐”的自然原则，而发生严重的采购问题，进而影响采购质量、成本、供应及时性等。

(3) 若流动比率大于15%，可能导致采购工作的连续性不佳，从而导致工作人员采购操作熟练程度不够等问题。

9. 供应商流动率

供应商的流动率会影响企业采购业务的正常开展，供应商的流动比率按以下公式计算。

$$供应商流动比率=\frac{年流入供应流入-年流出供应流出}{总供应商数}\times100\%$$

供应商流动比率取值范围有待研究，总体上应保持采购业务的正常开展。

(1) 供应商流动比率常值小于20%，理想数值为“零”。

(2) 和设计工艺人员一起研究，通过改变元器件参数或加工工艺方法，提高物料的标准化程度，使物料能找到更多的供应商。

(3) 对垄断技术的供应商尽量不采用，仅非常必要时才发展独家供应商。

(4) 独家供应商比率在某种程度上也反映企业产品技术的层次，新专利、新技术组件独家供应的程度较高。反之，一般技术的物料不会产生独家供应商。

10. 订单周期

采购订单周期是在采购人员与供应商制定采购合同时所确定的物料从下单到完成入库的时间差额。

(1) 各类物料采购周期不尽相同，应针对不断变化的实际情况，实地考察供应商工厂现场，工艺方法，兼顾包装运输环境等方面，制定较为切实可行的订单周期。

(2) 订单周期作为采购谈判条件之一，要在采购合同中反映出来。

11. 紧急订单完成率

采购紧急订单的完成率是指紧急订单及时完成数与紧急订单数之比。

$$紧急订单完成率=\frac{紧急订单及时完成数}{紧争订单数}\times100\%$$

通过以下方法可以提高紧急订单完成率。

(1) 具有先进设备，如数控机床等设备的供应商将能提供高效的紧急订单完成率。

(2) 备货是一种快捷反应方式，对于市场上的急单可以及时满足。

12. 库存周转率

库存周转率是当期库存物料的金额与当期销售成本之比。

$$库存周转率=\frac{当其库存物料金额}{当期销售成本}\times100\%$$

通过以下方法可以提高库存周转率。

(1) 根据市场预测计划和采购市场的供应行情，及时进行采购资料抢占以支持市场的销售计划，减少呆料。

(2) 掌握产品的生命周期，对需求不大的老产品，制订采购计划时要小心谨慎。

(三) 标杆管理

对于那些意识到采购管理重要性的企业，尝试更为科学、系统的采购管理方法，并对整个采购活动甚至是整个供应链进行规范和改进，采购工作的绩效往往能够得到更为明显的提高。这里将重点介绍提高采购绩效的一种非常重要的方法：标杆管理方法。

标杆管理又称基准化管理。它的核心是比较和以提高为目的的学习，通过以外部绩效高的公司为标准，比较和分析这些标准及其实践经验来改善自己的工作过程，使自己慢慢接近甚至超过标准。将标杆管理作为进行采购工作绩效评估的工具，通过资料收集、分析比较、跟踪学习、机制改造等一系列过程，将企业的实际情况与基准化企业的指标进行量化的比较，分析这些基准化企业达到最优绩效的途径和原因，明确本企业在行业中所处的地位，并在此基础上改进自己的采购策略，从而有效地促进采购绩效的提高，实现企业的战略优化，提高竞争力。

1. 标杆管理的类型

依照作为标杆对象的不同可以将标杆管理分为以下几类。

(1) 内部基准化。这是在企业内部进行的较为简单的一种管理方式，它主要适用于某部门绩效高于其他部门的组织。一般是将某个绩效较高的部门作为基准，分析其业务流程、工作方式的优越性，进而推进其他部门的绩效提高。由于获取信息较容易，而且部门之间使用统一的会计原则和绩效考评标准，因而这种方法比较容易实施。

(2) 竞争对手基准化。这种基准化是与提供同样产品或服务的竞争对手进行。这种方式的优点是：竞争对手往往和本公司有着类似的过程，提供相似的产品，在相似的市场竞争，受相同的外部因素影响。但是，这一方式也存在着一些问题，如在数据信息的机密与敏感性上常常会产生很多问题，使得期望的使用伙伴可能会感到自己受到了威胁。因此，想要获得竞争者的消息是比较难的。

(3) 广泛基准化。这是基准化的最普遍形式。它是以某个行业的领先者或有着类似成长过程的优秀企业为基准，比较分析与其管理模式、决策制定等方面的差距。此种方式下选定的企业不一定是同行的企业，没有竞争压力，可以避免第二种类型的基准化存在的潜在问题。但运用这种标杆管理方法并不简单，因为需要在非竞争对手中挑选出具有类似过程的企业，特别对领导者而言，没有敏锐的洞察力是很难完成的。

(4) 流程基准化。这是以最佳的工作流程为基准的标杆管理方式，如选择某些优秀企业科学的采购流程作为基准，将本企业的相应指标与其进行对比分析，找出并弥补差距。

(5) 战略基准化。战略基准化是对不同公司的战略进行基准化，如分析产品、市场、总体战略、投资水平等，以其为参考，从而制定自己公司的相关战略。

2. 标杆管理的特点

(1) 系统性。它不是简单的抄袭，而是识别最佳实践并吸收消化的过程，致力于长期的绩效改善。

(2) 执行性。绩效提高目标的制定是一个方面，其实施过程才是关键。

(3) 价值化。基准化管理的最终目标是要创造价值。

(4) 指标化。如何设计、应用指标是标杆管理的关键所在。

(5) 持续性。标杆管理不是静止的，随着新的标准出现，绩效管理的过程也应动态变化。

(6) 变革性。就其本质而言，标杆管理是一场在制度、流程与运作模式上的变革。

3. 实施标杆管理的过程

虽然基准化的类型很多，具体步骤、描述方式等存在一些不同之处，但基本的步骤还是相似的。

(1) 选择采用标杆管理的领域。在采购中，几乎所有能被评估的活动都可以使用标杆法，例如，未完成交货量、退货率、生产中断次数及未支付价格指数等。

(2) 选择基准点。这个步骤解决的问题是应该以谁为标杆。标杆的对象可以是多种多样的，以企业内部某绩效高的部门为标杆。有一个显而易见的方法可以确定最佳做法，就是向供应商打听谁是他们良好的合作伙伴，也可以对那些成功的组织进行分析，考察它们的采购动作方式。一些工业观察家或专业机构也可以提供正确的建议。

(3) 如何获得信息。大部分有用的信息都可以从公共信息领域获得。管理杂志和贸易出版物也出版了大量有关信息。此外，一些成功的经历或行业协会也会乐意与他人分享信息。如果竞争对手对标杆法感兴趣则更好，信息交流对双方都有好处。

(4) 如何分析数据。标杆法并不是为了信息本身而关注信息的。因此不仅要收集所需要的信息，还要充分地对信息进行分析比较。通常，统计数据、比率及其他一些“硬”信息要比看法或奇闻之类的信息更具有价值。

(5) 如何利用信息。一般来说，如果发现有人在某个活动领域中的表现优于自己，就应该着手去赶上或超过他们。制定出自己的绩效标准，并设计出适当的方法来达到这些标准。当然，这样做也意味着需要使用大量的资源，这也就要求高层管理者积极支持标杆法。不能把标杆法仅仅作为另一种重要的采购管理方法来运用。如果不把标杆法作为组织的一项政策，标杆法就不会发挥它应有的作用。

如今，竞争性标杆法也正在成为另外一种应用越来越广泛的评价方法。这个方法的基本做法是：相关的某个公司及其他一些公司，一起把数据递交给一个中立的第三方组织，由这个中立的组织制作一张绩效等级排名表，但是，表中不列出相关组织的名称。这种方法在电子工业中得到了广泛的应用。

【应用案例】

提高采购绩效四大纲领

埃森哲公司是全球最大的管理咨询公司和技术服务供应商，它原是全球安达信(Arthur Andersen)会计事务所的管理咨询部门，1953 年安达信会计师事务所为帮助通用电气公司(GE)提高薪资处理效率，安装了美国第一台商用电脑，从此开创了数据处理时代，当时的项目领导人 Joe Glickauf 之后被称为是电脑和高科技咨询之父，为管理咨询开创了使用电脑和高科技解决问题的先河，这个项目标志着安达信咨询业务的开始，随着咨询业务的利润最终超过了审计部分，膨胀的咨询部门已经不甘寄人篱下，1989 年成立安盛咨询公司(Andersen Consulting)，2000 年与安达信从经济上彻底分开，2001 年公司更名为埃森哲(Accenture)。埃森哲是全球领先的管理咨询、信息技术及外包服务机构。作为《财富》全球 500 强企业之一，埃森哲全球员工近 236000 名，为遍布 120 多个国家的客户提供服务。截至 2011 年 8 月 31 日结束的财政年度，公司净收入达 255 亿美元。

无论是准备优化内部管理的企业，还是需要提供更高效解决方案的软件厂商，埃森哲的经验之谈都值得一读。“一家公司，如果其采购物料的费用占到其销售产品成本的 55%，那么采购费用每下降 1%，对利润增长所做出的贡献，相当于销售额增加 12%～18%所带来的利润增长。”“中国的生产企业，一般情况下采购支出占产品生产成本的 30%～70%，可见采购费用的下降对提高利润率有何等巨大的潜力。”除了降低成本增加利润以外，采购对企业还有两个重要的作用。

(1) 好的采购是保证产品质量的关键。优质的输入保证优质的产出。

(2) 好的采购是增强竞争力的重要手段。与供应商结成战略联盟的关系，共同开发新材料，强化供应链管理，降低库存，保证到货的及时性，从而可以取得竞争对手所不能具有的竞争优势。

由于采购对企业效益有如此大的影响，那些在采购实践上实行严密管理、不断创新，与合作伙伴建立起良好关系的企业，无疑赢得同业的尊重，被视为采购管理的领先者。

目前国内的大多数企业，在采购管理上还没有形成体系的管理模式，还是粗放的管理方法，很不利于提高企业竞争力。最常见的缺陷是没有集中采购。一个集团，一个大公司，下面的分公司、子公司各设自己的采购部门，相同的物料由不同的部门小批量地重复采购，白白地放弃了规模的优势。另外是没有供应商管理体系。对不同重要程度的供应商没有差异化的管理体制，缺乏定期的供应商审核制度；对供应商的成本构成、供应商的供应缺乏了解；其他的问题包括供应商和存货信息不能共享，采购控制通常是事后控制等。

要改变这种状况，必须建立起行之有效的采购管理机制。埃森哲在为客户提供供应链咨询服务的过程中和对《财富》500 强企业的调查中，发现采购绩效优异的公司，在以下 4 个方面有独到之处。

1. 建立统一的测评机制

在大多数企业中，CEO 和负责采购的副总或其他高层主管，对采购业绩各有自己的评价标准。在某种程度上，这属于正常现象，因为企业的高层管理人员，总有一些与所担任的职位相联系的具体目标，而对不同的事情有不同的优先考虑顺序。很多公司都要应对这种采购评价标准的不连贯状况。在这方面走在前面的公司，CEO 和采购主管使用同一个平衡记分卡(Balanced Scorecard)来评价绩效，以便使每一个人都能够以大致同样的方式理解采购信息。纵贯全公司的平衡记分卡帮助各个不同的业务部门调整它们处理业务轻重缓急的顺序，制定目标和期望，鼓励有利于业务开展的行为，明确个人和团队的责任，决定报酬和奖励，以及推动不间断的改进。

2. 积极的领导作用

有眼光的采购领导的第一件任务，也是最重要的一件任务，是确立全局的采购策略。一般而言，这个策略应该围绕企业如何采购物资和服务，如何提高绩效水平来规范业务实践、政策，优先考虑的事情和做事情的方法。其中最重要的一点，是要把采购和整个供应链管理结合起来。

企业采购供应链管理(Procurement Supplier Chain Management)是以采购产品为基础，通过规范的定点、定价和定货流程，建立企业产品需求方和供应商之间的业务关系，并逐步优化，最终形成一个优秀的供应商群体的方法。

3. 创造性地思考组织架构

采购业务做得好的公司，最常用的组织架构形式是根据同类物品划分组织。这种架构使公司可以在全局范围内聚合采购量，并且有利于集中供应基地。

以采购管理平衡记分卡示例，按同类物品划分的组织架构也有利于采购人员发展深入的行业、产品和供应商知识，并且学会怎样用同一种声音与供应商对话。但是，这种方式也有不足之处。例如，因为要与公司内跨不同事业部的内部客户打交道，协调和合作可能比较困难。地处一隅的用户可能会觉得自己离供应商的选择和管理流程太遥远，因而可能会禁不住想独自与外界的供应商发展和保持关系。

为了应付这种挑战，有些公司尝试集中发展采购知识，例如招标、合同、谈判、服务等，这些知识成为采购优化中心(Centers of Excellence)。在公司内部，这些知识能帮助增加地方用户的接受程度，降低发展关键技能所花的时间和资源，并且有助于在分散的采购环境中培养符合法律和道德规范的行为。

4. 全企业范围内的整合

为了让有效率的、从企业出发的采购理念取得优势地位，领先的公司常常依靠覆盖全企业范围的采购团队。这些团队的成员包括采购、工程和产品开发的代表。不定期的会有财务、销售、分销和 IT 的人员参与。这些团队一起决定策略采购优先考虑的事项，设计物料占有成本模式，发展品种策略，并设计供应商选择标准。

对于大多数的公司来说，在采购方面要取得好的业绩，需要有改变采购能力的意愿。在这些方面做出改进，其效益是明显的。例如据《市场报》报道，河南正龙食品有限公司，仅仅是采购部门实施了零配件采购公示制度，每周对零配件供应商的名称、采购数量、价格公布一次，使实际使用这些零配件的管理人员、技术部门和工人对不同供应商的产品进行比较，并将意见反馈到采购部门，设备维修费就从每月 8000 元降为 4000 元。

美国一家生产贺卡和其他礼仪产品的公司，其下属机构一直是各自独立运作，缺乏集中采购的功能，在埃森哲的帮助下，公司制定了采购管理的远景目标和改变采购能力的规划。新的采购机制注意平衡全球战略和本地实施，提高配合优秀供应商和执行战略采购合同的质量，以及通过招聘、培训和提供恰当的工具等改善采购人员的工作绩效，其结果是在2001年，该公司节省了3200万美元的采购费用。

（资料来源：http：//china. findlaw. cn/info/wuliu/wlzs/20110309/225185. html）

问题思考：

埃森哲公司提高采购绩效的途径主要有哪些？

[复习题]

(1) 试述采购评估的目的。
(2) 试述采购绩效的衡量指标体系，思考为什么选定这些指标。
(3) 采购绩效评估的标准主要有哪些？
(4) 试述标杆管理的分类，并简要阐述标杆管理的实施过程。

[实训巩固]

实训目的

通过训练学习如何正确运用各种指标对采购绩效进行评价，并能够提出改进采购绩效的方法。

实训内容

按教学班级分成若干小组，每个小组人数以4～6人为宜，小组中要合理分工，在教师统一指导下，对有关采购部门(如超市)进行调查，了解采购绩效方面的相关资料，并以小组为单位进行研讨、分析，在充分讨论的基础上，形成小组的课题报告。

实训考核

实训评价的方式有教师评价、小组内部成员评价和第三方评分组成员评价3种，建议教师评价占60%的权重，小组内部成员评价占20%的权重，第三方评分组成员评价占20%的权重，将三者综合起来的得分为该生在该项目的评价分，见表3-10。

表3-10 实训工作评价表

考评人		被考评人	
考评地点			
考评内容	采购绩效的评价实施与改进方法		
考评标准	具体内容	分值/分	实际得分
	工作态度	20	
	团队合作	20	
	实训任务的完成度	30	
	成果展示与汇报	30	
合计		100	

注：考评满分100分，60分以下为不及格，60～69分为及格，70～79分为中，80～89分为良，90分以上为优。

参考文献

[1] 李述容. 采购与供应管理实务[M]. 武汉：武汉理工大学出版社，2007.

[2] 李恒兴，鲍钰. 采购管理[M]. 北京：北京理工大学出版社，2007.

[3] 庞爱玲，杨杰. 商务谈判[M]. 大连：大连理工大学出版社，2009.

[4] 王炬香. 采购管理实务[M]. 北京：电子工业出版社，2007.

[5] 翟光明. 采购与供应商管理[M]. 北京：中国物资出版社，2009.

[6] 王志文. 物资采购管理[M]. 上海：上海交通大学出版社，2009.

[7] 赵明晓. 连锁企业商品采购[M]. 北京：清华大学出版社，2010.

[8] 韦克俭，赵子渌，韦卫华. 实用采购与供应链管理[M]. 北京：中国人民大学出版社，2010.

[9] 靳元，谷祥盛. 优秀采购主管工作标准[M]. 北京：中国时代经济出版社，2010.

[10] 孟祥如. 物流项目招投标管理[M]. 北京：北京大学出版社，2010.

[11] 张琼，李志君. 连锁采购实务[M]. 大连：东北财经大学出版社，2010.

[12] 吴汪友. 采购管理实务[M]. 北京：电子工业出版社，2010.

[13] 张彤，陈玉庚. 采购与供应商实务[M]. 北京：中国物资出版社，2010.

[14] 罗振华，孙金丹. 采购实务[M]. 北京：北京大学出版社，2011.

[15] 李方峻. 采购管理实务[M]. 北京：北京大学出版社，2010.

[16] 蔡改成，李虹. 采购管理实务[M]. 北京：人民交通出版社，2008.

[17] [美]约瑟夫・L・卡维纳托，拉尔夫・G・考夫曼. 采购手册——专业采购与供应人员指南[M]. 吕一林，等译. 北京：机械工业出版社，2001.

[18] [美]罗伯特・蒙茨卡，罗伯特・特伦特. 采购与供应链管理[M]. 3版. 王晓东，刘旭敏，熊哲，译. 北京：电子工业出版社，2008.

[19] [加]米歇尔・R・利恩德斯，[美]哈罗德・E・费伦. 采购与供应管理[M]. 赵树峰，译. 北京：机械工业出版社，2003.

北京大学出版社高职高专财经类规划教材书目

财务会计系列

序号	书　名	标准书号	主　编	定价	出版年月
1	统计学基础	978-7-81117-756-5	阮红伟	30	201101 第 2 次印刷
2	统计学原理	978-7-81117-825-8	廖江平	25	201111 第 3 次印刷
3	统计学原理	978-7-301-21924-9	吴思莹	36	201301
4	统计学原理与实务	978-7-5038-4836-0	姜长文	26	201007 第 5 次印刷
5	实用统计基础与案例	978-7-301-20409-2	黄彬红	35	201204
6	经济学基础	978-7-301-21034-5	陈守强	34	201301
7	经济法实用教程	978-7-81117-675-9	胡卫东	39	201111 第 3 次印刷
8	经济法原理与实务	978-7-5038-4846-9	孙晓平	38	200905 第 3 次印刷
9	财经法规	978-7-81117-885-2	李　萍	35	201202 第 2 次印刷
10	会计基本技能	978-7-5655-0067-1	高东升	26	201211 第 3 次印刷
11	会计基础实训	978-7-301-19964-0	刘春才	29	201201
12	会计基础实务	978-7-301-21145-8	刘素菊等	27	201208
13	企业会计基础	978-7-301-20460-3	徐炳炎	33	201204
14	基础会计	978-7-5655-0062-6	常　美	28	201008
15	基础会计教程	978-7-81117-753-4	侯　颖	30	200907
16	基础会计教程与实训	978-7-5038-4845-2	李　洁	28	201008 第 5 次印刷
17	基础会计教程与实训（第 2 版）	978-7-301-16075-6	李　洁	30	201301 第 2 次印刷
18	基础会计实训教程	978-7-5038-5017-2	王桂梅	20	201106 第 3 次印刷
19	基础会计原理与实务	978-7-5038-4849-0	侯旭华	28	200908 第 3 次印刷
20	财务管理	978-7-5655-0328-3	翟其红	29	201107
21	财务活动管理	978-7-5655-0162-3	石兰东	26	201301 第 2 次印刷
22	财务管理教程与实训	978-7-5038-4837-7	张　红	37	200911 第 3 次印刷
23	财务会计	978-7-5655-0117-3	张双兰	40	201101
24	财务会计（第 2 版）	978-7-81117-975-6	李　哲	32	201003
25	财务会计	978-7-301-20951-6	张严心等	32	201208
26	财务会计实用教程	978-7-5038-5027-1	丁增稳	36	200805
27	财务会计实务	978-7-301-22005-4	管玲芳	36	201301
28	财务管理	978-7-301-17843-0	林　琳	35	201301 第 2 次印刷
29	Excel 财务管理应用	978-7-5655-0358-0	陈立稳	33	201108
30	中小企业财务管理教程	978-7-301-19936-7	周　兵	28	201201
31	财务管理实务教程		包忠明	30	201303
32	成本会计	978-7-5655-0130-2	陈东领	25	201101
33	成本会计	978-7-81117-592-9	李桂梅	28	201207 第 3 次印刷
34	成本会计实训教程	978-7-81117-542-4	贺英莲	23	201101 第 3 次印刷
35	成本费用核算	978-7-5655-0165-4	王　磊	27	201211 第 2 次印刷
36	成本会计	978-7-301-19409-6	徐亚明	24	201211 第 2 次印刷
37	成本会计实务	978-7-301-19308-2	王书果	36	201108
38	成本会计	978-7-301-21561-6	潘素琼	27	201301
39	审计业务操作	978-7-5655-0171-5	涂申清	30	201301 第 2 次印刷
40	审计业务操作全程实训教程	978-7-5655-0259-0	涂申清	26	201204 第 2 次印刷
41	审计学原理与实务	978-7-5038-4843-8	马西牛	32	201007 第 2 次印刷
42	税务会计实用教程	978-7-5038-4848-3	李克桥	37	200808 第 2 次印刷
43	涉税业务核算	978-7-301-18287-1	周常青	29	201101
44	企业纳税实务	978-7-5655-0188-3	司宇佳	25	201101
45	企业纳税与筹划实务	978-7-301-20193-0	郭武燕	38	201203
46	纳税申报与筹划	978-7-301-20921-9	李英艳等	38	201207
47	企业纳税计算与申报	978-7-301-21327-8	傅凤阳	30	201210

序号	书　名	标准书号	主　编	定价	出版年月
48	会计电算化实用教程	978-7-5038-4853-7	张耀武	28	200802
49	会计电算化实用教程（第 2 版）	978-7-301-09400-6	刘东辉	20	200806
50	电算会计综合实习	978-7-301-21096-3	陈立稳等	38	201208
51	会计电算化项目教程		亓文会	33（估）	201301
52	会计英语	978-7-5038-5012-7	杨　洪	28	200908 第 2 次印刷
53	财经英语阅读	978-7-81117-952-1	朱　琳	29	201301 第 3 次印刷
54	行业特殊业务核算	978-7-301-18204-8	余　浩	30	201101
55	预算会计	978-7-301-20440-5	冯　萍	39	201205

经济贸易系列

序号	书　名	标准书号	主　编	定价	出版年月
1	资产评估	978-7-81117-645-2	董亚红	40	201107 第 2 次印刷
2	国际结算	978-7-81117-842-5	黎国英	25	201207 第 2 次印刷
3	国际结算	978-7-5038-4844-5	徐新伟	32	200907 第 2 次印刷
4	国际贸易结算	978-7-301-20980-6	罗俊勤	31	201207
5	货币银行学	978-7-5038-4838-4	曹　艺	28	201206 第 4 次印刷
6	货币银行学	978-7-301-21181-6	王　菲等	37	201209
7	国际金融基础与实务	978-7-5038-4839-1	冷丽莲	33	200708
8	国际金融	978-7-301-21097-0	张艳清	26	201208
9	国际金融实务	978-7-301-21813-6	付玉丹	36	201301
10	国际贸易概论	978-7-81117-841-8	黎国英	28	201204 第 4 次印刷
11	国际贸易理论与实务	978-7-5038-4852-0	程敏然	40	200708
12	国际贸易实务	978-7-301-19393-8	李湘滇	34	201108
13	国际贸易实务操作	978-7-301-19962-6	王言炉	37	201201
14	国际贸易实务	978-7-301-20929-5	夏新燕	30	201208
15	国际贸易实务	978-7-301-20192-3	刘　慧等	25	201203
16	国际贸易实务	978-7-301-16838-7	尚　洁等	26	201208
17	国际商务谈判	978-7-81117-532-5	卞桂英	33	201001 第 2 次印刷
18	国际商务谈判（第 2 版）	978-7-301-19705-9	刘金波	35	201112
19	国际商法实用教程	978-7-5655-0060-2	聂红梅	35	201204 第 2 次印刷
20	进出口贸易实务	978-7-5038-4842-1	周学明	30	200805 第 2 次印刷
21	金融英语	978-7-81117-537-0	刘　娣	24	201009 第 3 次印刷
22	财政基础与实务	978-7-5038-4840-7	才凤玲	34	201001 第 2 次印刷
23	财政与金融	978-7-5038-4856-8	谢利人	37	200808 第 2 次印刷
24	外贸单证	978-7-301-17417-3	程文吉	28	201109
25	新编外贸单证实务	978-7-301-21048-2	柳国华	30	201208
26	国际商务单证	978-7-301-20974-5	刘　慧等	29	201207
27	商务英语学习情境教程	978-7-301-18626-8	孙晓娟	27	201109
28	国际投资	978-7-301-21041-3	高田歌	33	201208
29	商业银行会计实务	978-7-301-21132-8	王启姣	35	201208
30	商业银行经营管理	978-7-301-21294-3	胡良琼等	27	201209
31	保险实务	978-7-301-20952-3	朱丽莎	30	201208
32	国际市场营销项目教程	978-7-301-21724-5	李湘滇	38	201301
33	报关实务	978-7-301-21987-4	董章清等	35	201301
34	报关与报检实务		农晓丹	33（估）	201301
35	报检报关业务：认知与操作	978-7-301-21886-0	姜　维	38	201301
36	外贸英语函电	978-7-301-21847-1	倪　华	28	201301

营销管理系列

序号	书　名	标准书号	主　编	定价	出版年月
1	电子商务实用教程	978-7-301-18513-1	卢忠敏	33	201211 第 2 次印刷

序号	书　名	标准书号	主　编	定价	出版年月
2	网络营销理论与实务	978-7-5655-0039-8	宋沛军	32	201112 第 2 次印刷
3	电子商务项目式教程	978-7-301-20976-9	胡　雷	25	201208
4	电子商务英语	978-7-301-17603-0	陈晓鸣	22	201111 第 2 次印刷
5	市场营销学	978-7-5038-4859-9	李世宗	28	200807 第 2 次印刷
6	市场营销	978-7-81117-957-6	钟立群	33	201207 第 2 次印刷
7	市场调查与预测	978-7-5655-0252-1	徐　林	27	201105
8	市场调查与预测	978-7-301-19904-6	熊衍红	31	201112
9	市场营销理论与实训	978-7-5655-0316-0	路　娟	27	201107
10	市场营销项目驱动教程	978-7-301-20750-5	肖　飞	34	201206
11	市场调查与预测情景教程	978-7-301-21510-4	王生云	36	201301
12	市场调研案例教程	978-7-81117-570-7	周宏敏	25	201101 第 2 次印刷
13	营销策划技术	978-7-81117-541-7	方志坚	26	201012 第 2 次印刷
14	营销策划	978-7-301-20608-9	许建民	37	201205
15	现代推销技术	978-7-301-20088-9	尤凤翔等	32	201202
16	推销与洽谈	978-7-301-21278-3	岳贤平	25	201009
17	商务沟通实务	978-7-301-18312-0	郑兰先	31	201112 第 2 次印刷
18	商务礼仪	978-7-5655-0176-0	金丽娟	29	201207 第 2 次印刷
19	商务礼仪	978-7-81117-831-9	李　巍	33	201205 第 3 次印刷
20	现代商务礼仪	978-7-81117-855-5	覃常员	24	201206 第 3 次印刷
21	商务谈判	978-7-5038-4850-6	范银萍	32	200908 第 2 次印刷
22	商务谈判	978-7-301-20543-3	尤凤翔等	26	201205
23	职场沟通实务	978-7-301-16175-3	吕宏程	30	201208
24	管理学基础	978-7-81117-974-3	李蔚田	34	201204 第 3 次印刷
25	管理学原理	978-7-5038-4841-4	季　辉	26	201007 第 3 次印刷
26	管理学原理与应用	978-7-5655-0065-7	秦　虹	27	201207 第 2 次印刷
27	管理学实务教程	978-7-301-21324-7	杨清华	33	201301
28	企业管理	978-7-5038-4858-2	张　亚	34	201007 第 3 次印刷
29	现代企业管理	978-7-81117-806-7	于翠华	38	200908
30	现代企业管理	978-7-301-19687-8	刘　磊	32	201204 第 2 次印刷
31	通用管理实务	978-7-81117-829-6	叶　萍	39	201101 第 2 次印刷
32	中小企业管理	978-7-81117-529-5	吕宏程	35	201108 第 4 次印刷
33	中小企业管理（第 2 版）	978-7-301-21124-3	吕宏程	39	201208
34	企业管理实务	978-7-301-20657-7	关善勇	28	201205
35	连锁经营与管理	978-7-5655-0019-0	宋之苓	37	201208 第 3 次印刷
36	企业经营管理模拟训练（含记录手册）	978-7-301-21033-8	叶　萍等	29	201208
37	企业经营 ERP 沙盘实训教程	978-7-301-21723-8	葛颖波	29	201301
38	管理信息系统	978-7-81117-802-9	刘　宇	30	200907
39	现代公共关系原理与实务	978-7-5038-4835-3	张美清	25	201003 第 2 次印刷
40	公共关系实务	978-7-301-20096-4	李　东等	32	201202
41	人力资源管理	978-7-5038-4851-3	李蔚田	40	200802
42	人力资源管理实务	978-7-301-19096-8	赵国忻	30	201107
43	消费心理学	978-7-81117-661-2	臧良运	31	201205 第 5 次印刷
44	消费心理与行为分析	978-7-301-19887-2	王水清	30	201112
45	广告原理与实务	978-7-5038-4847-6	郑小兰	32	201007 第 2 次印刷
46	零售学	978-7-81117-759-6	陈文汉	33	201111 第 2 次印刷
47	商品学概论	978-7-5038-4855-1	方凤玲	20	201008 第 3 次印刷
48	秘书理论与实务	978-7-81117-590-5	赵志强	26	200812
49	广告实务	978-7-301-21207-3	夏美英	29	201209
50	营销渠道开发与管理	978-7-301-21214-1	王水清	34	201209
51	商务统计实务	978-7-301-21293-6	陈晔武	29	201209

序号	书　名	标准书号	主　编	定价	出版年月
52	秘书与人力资源管理	978-7-301-21298-1	肖云林等	25	201209
53	市场营销学	978-7-301- 22046-7	饶国霞等	35	201301

物流管理系列

序号	书　名	标准书号	编著者	定价	出版时间
1	现代物流概论	978-7-81117-803-6	傅莉萍	40	201010 第 2 次印刷
2	现代物流管理	978-7-301-17374-9	申纲领	30	201205 第 2 次印刷
3	现代物流管理	978-7-5038-4854-4	沈　默	37	200908 第 3 第印刷
4	现代物流概论	978-7-301-20922-6	钮立新	38	201207
5	企业物流管理	978-7-81117-804-3	傅莉萍	32	201208 第 3 次印刷
6	物流专业英语	978-7-5655-0210-1	仲　颖	24	201205 第 2 次印刷
7	现代生产运作管理实务	978-7-301-17980-2	李陶然	39	201211 第 2 次印刷
8	物流案例与实训	978-7-301-17521-7	申纲领	28	201201 第 2 次印刷
9	物流市场调研	978-7-81117-805-0	覃　逢	22	201102 第 2 次印刷
10	物流营销管理	978-7-81117-949-1	李小叶	36	201205 第 2 次印刷
11	采购管理实务	978-7-301-17917-8	李方峻	28	201205 第 2 次印刷
12	采购实务	978-7-301-19314-3	罗振华	33	201108
13	供应链管理	978-7-301-20639-3	杨　华	33	201205
14	采购与供应链管理实务	978-7-301-19968-8	熊　伟	36	201201
15	采购作业与管理实务	978-7-301-22035-1	李陶然	30	201301
16	仓储管理技术	978-7-301-17522-4	王　冬	26	201007
17	仓储管理实务	978-7-301-18612-1	李怀湘	30	201209 第 2 次印刷
18	仓储与配送管理	978-7-81117-995-8	吉　亮	38	201207 第 3 次印刷
19	仓储与配送管理实训教程	978-7-81117-886-9	杨叶勇	24	201209 第 2 次印刷
20	仓储与配送管理实务	978-7-5038-4857-5	郭曙光	44	201009 第 2 次印刷
21	仓储与配送管理实务	978-7-301-20182-4	李陶然	35	201203
22	仓储与配送管理项目式教程	978-7-301-20656-0	王　瑜	38	201205
23	仓储配送技术与实务		张建奇	33（估）	201301
24	物流运输管理	978-7-301-17506-4	申纲领	29	201109 第 2 次印刷
25	物流运输实务	978-7-301-20286-9	黄　河	40	201203
26	运输管理项目式教程	978-7-301-19323-5	钮立新	30	201108
27	物流信息系统	978-7-81117-827-2	傅莉萍	40	201205 第 2 次印刷
28	物流信息系统案例与实训	978-7-81117-830-2	傅莉萍	26	200908
29	物流信息技术与应用	978-7-301-17212-4	谢金龙	30	201211 第 3 次印刷
30	物流成本管理	978-7-301-20891-5	傅莉萍	28	201207
31	第三方物流综合运营	978-7-301-21213-4	施学良	32	201209
32	物流市场营销	978-7-301-21249-3	张　勤	36	201209
33	国际货运代理实务	978-7-301-21968-3	张建奇	38	201301
34	物流经济地理	978-7-301-21963-8	葛颖波等	29	201301
35	运输组织与管理项目式教程	978-7-301-21946-1	苏玲利	26	201301

相关教学资源如电子课件、电子教材、习题答案等可以登录 www.pup6.com 下载或在线阅读。

扑六知识网(www.pup6.com)有海量的相关教学资源和电子教材供阅读及下载(包括北京大学出版社第六事业部的相关资源)，同时欢迎您将教学课件、视频、教案、素材、习题、试卷、辅导材料、课改成果、设计作品、论文等教学资源上传到 pup6.com，与全国高校师生分享您的教学成就与经验，并可自由设定价格，知识也能创造财富。具体情况请登录网站查询。

如您需要免费纸质样书用于教学，欢迎登陆第六事业部门户网(www.pup6.cn)填表申请，并欢迎在线登记选题以到北京大学出版社来出版您的大作，也可下载相关表格填写后发到我们的邮箱，我们将及时与您取得联系并做好全方位的服务。

扑六知识网将打造成全国最大的教育资源共享平台，欢迎您的加入——让知识有价值，让教学无界限，让学习更轻松。

联系方式：010-62750667，sywat716@126.com（经管），lihui851085153@163.com（物流），linzhangbo@126.com，欢迎来电来信咨询。